Rainer M. Schröder
Drawings Von Dräke

omni bus

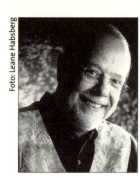

Foto: Leane Habsberg

DER AUTOR

Rainer Maria Schröder, 1951 in Rostock geboren, hat vieles studiert und allerlei Jobs ausprobiert, bevor er sich für ein Leben als freier Autor entschied. Seit Jahren begeistert er seine Leser mit seinen exakt recherchierten und spannend erzählten Abenteuerromanen. Seine Bücher wurden in zehn Sprachen übersetzt und erreichten allein in Deutschland eine Auflage von über 5 Millionen. Nachdem Rainer Maria Schröder lange Zeit ein wahres Nomadenleben mit zahlreichen Abenteuerreisen in alle Erdteile führte, lebt er heute mit seiner Frau in einem kleinen Ort an der Atlantikküste Floridas.

Von Rainer M. Schröder sind bei cbj, cbt und OMNIBUS erschienen:

Abby Lynn – Verbannt ans Ende der Welt (30098)
Abby Lynn – Verraten und verfolgt (30224)
Abby Lynn – Verschollen in der Wildnis (30099)
Abby Lynn – Verborgen im Niemandsland (12646)
Becky Brown. Versprich, nach mir zu suchen (12764)
Dschingis Khan (30037)
Die Falken-Saga, 4 Bände (30033, 30034, 30035, 30036)
Goldrausch in Kalifornien (30038)
Die Irrfahrten des David Cooper (20061)
Die lange Reise des Jakob Stern (12645)
Privatdetektiv Mike McCoy, drei Bände (21014, 21015, 21016)
Kommissar Klicker, Doppeldecker 1 (21385)

Weitere Titel sind in Vorbereitung.

Rainer M. Schröder

Sir Francis Drake
Pirat der
sieben Meere

omni bus

OMNIBUS
ist der Taschenbuchverlag für Kinder
in der Verlagsgruppe Random House

www.omnibus-verlag.de

Band 20126

Umwelthinweis:
Alle bedruckten Materialien dieses Taschenbuches
sind chlorfrei und umweltschonend.

5. Auflage
Erstmals als OMNIBUS Taschenbuch April 1996
Gesetzt nach den Regeln der Rechtschreibreform
© 1980 der deutschsprachigen Ausgabe bei
Wilhelm Heyne Verlag, München
Alle Rechte dieser Ausgabe vorbehalten
Umschlagbild: Peter Klaucke
Umschlaggestaltung: Atelier Langenfass, Ismaning
Herstellung: Luise Wagner
Satz: Uhl + Massopust, Aalen
Druck: Clausen & Bosse, Leck
ISBN 3-570-20126-0
Printed in Germany

Sir Francis Drake

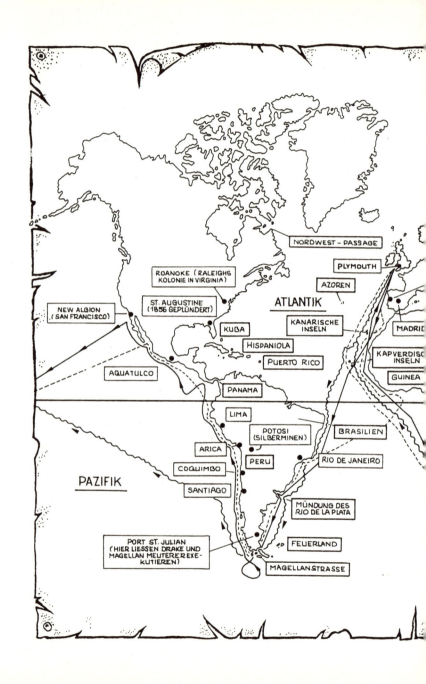

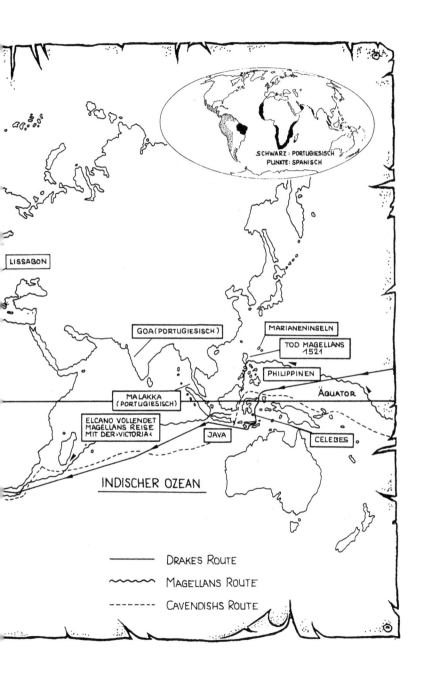

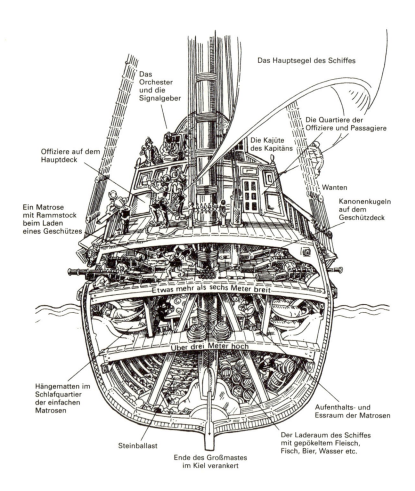

1

John Hampton war am Ende seiner Kräfte. Die Beine drohten, ihm den Dienst zu versagen. Sein hagerer, ausgemergelter Körper protestierte mit heftigen Schmerzwellen gegen diese Strapaze. Er stolperte mehr, als dass er lief. Der unbändige Hass jedoch, der in ihm lorderte, trieb ihn weiter.

Er musste es schaffen und die anderen warnen!

Mit keuchendem Atem und schmerzverzerrtem Gesicht rannte er durch den dichten Wald. Sonnenlicht fiel durch das grüne Blätterdach hoch über ihm und warf helle Flecken auf sein stoppelbärtiges, blutüberströmtes Gesicht. Über den buschigen Augenbrauen klaffte eine breite Platzwunde, die sich quer über die Stirn zog. Und schweißnass klebte das graue, strähnige Haar am Kopf des fünfundvierzigjährigen Mannes.

Zweige peitschten schmerzhaft durch sein Gesicht, als er sich einen Weg durch das verfilzte Dickicht zwischen den Bäumen bahnte. Dann endlich erreichte er den Waldrand, und vor ihm erstreckten sich die weiten, fruchtbaren Felder und kräftig grünen Wiesen, die die hügelige Landschaft um Crowndale in der englischen Grafschaft Devon prägten. Keine dreihundert Yards vom Waldrand entfernt lag der Bauernhof seines Freundes Edmund Drake, der nach langen Jahren zur See eine Familie gegründet hatte und hier in Crowndale sesshaft geworden war.

Benommen taumelte John Hampton aus dem kühlen Schatten der hohen Bäume in das grelle Licht der Morgensonne. Einen Augenblick blieb er schwankend stehen und rang nach Atem. Am liebsten hätte er sich ins Gras fallen lassen, aber diesem quälenden Wunsch gab er nicht nach. Er wusste nur zu gut, dass alles verloren war, wenn er sich jetzt hinsetzte.

Er musste einfach weiter!

Bevor John Hampton wieder loslief, blickte er mit zusammengekniffenen Augen nach links. Dort führte, gut zweihundert Yards entfernt, ein breiter Sandweg mit tiefen Spurrillen, die von den schweren Rädern der Überlandkutschen und Fuhrwerke der Bauern herrührten, durch eine Waldlichtung und schlängelte sich durch die angrenzenden Wiesen und Felder. Die Landstraße verlief in einem Bogen um Edmund Drakes Bauernhof herum und führte dann hinunter nach Crowndale.

Noch lag die Straße ausgestorben im Licht der frühen Morgensonne dieses unheilvollen Pfingstsonntages. Man schrieb das Jahr 1549. Eine scheinbar friedliche Stille lag über dem Land. Doch diese Ruhe war trügerisch. Jeden Augenblick konnten nämlich die aufständischen Katholiken dort auf der Lichtung auftauchen und Feuer und Tod auch hinunter nach Crowndale tragen.

Der Gedanke an das, was die Aufständischen in seinem Dorf jenseits des Waldes angerichtet hatten, verlieh John Hampton neue Kräfte, und er rannte auf den Bauernhof zu.

Francis Drake bemerkte als Erster die hagere Gestalt, die durch das Kornfeld taumelte. Der siebenjährige Junge mit den braunen Haaren und den hellen Augen hockte auf den steinernen Stufen, die zur breiten Tür des Bauernhauses hochführten. Er trug ein einfaches, aber sauberes Leinenhemd, das mit einem dünnen Lederriemen vor der Brust zugeschnürt wurde. Die braune Hose reichte ihm knapp bis zu den Knien.

Francis wartete auf seine Eltern und Geschwister. Um sich die Zeit zu vertreiben, hatte er sein Messer zur Hand genommen und schnitzte einen Birkenstock zurecht. Als er nun den Mann entdeckte, der auf den Bauernhof zurannte, war er nicht etwa erschrocken, sondern einfach nur gespannt, wer das wohl sein mochte und welche Nachricht er brachte. Auch als die Gestalt wild mit den Armen durch die Luft fuchtelte und ihm irgendetwas Unverständliches zuschrie, war Francis noch weit davon entfernt, beunruhigt zu sein. Er hielt nur im Schnitzen inne.

Es kam nicht selten vor, dass Bettler, Straßenhändler und merkwürdige Gestalten, die nicht ganz klar im Kopf waren, auf dem Bauernhof erschienen. Francis hatte sich nie vor ihnen gefürchtet, auch nicht, als er noch kleiner gewesen war. Stets hatte er sie mit unstillbarer Wissensgier beobachtet, so als wollte er sich nichts entgehen lassen, was das Leben in seiner Vielfalt zu bieten hatte.

Schließlich war John Hampton so weit herangekommen, dass Francis das blutüberströmte Gesicht und das zerfetzte Hemd des Mannes sehen konnte. Er erkannte John Hampton jedoch nicht.

Francis Drake legte den Birkenstock beiseite und erhob sich. Das Messer behielt er in der Hand. Eine leichte Unruhe erfüllte ihn nun doch.

»Dad!... Da kommt jemand!«, rief er über die Schulter ins Haus, ohne sich von der Stelle zu rühren. Und nach kurzem Zögern fügte er hinzu: »Er ist im Gesicht ganz blutig!«

John Hampton torkelte über den sandigen Vorplatz des Bauernhofes. Beinahe wäre er zu Boden gestürzt, so erschöpft war er. »Francis...«, keuchte er und fasste sich an die Brust. Er hatte das Gefühl, als müssten seine Lungen jeden Augenblick platzen.

Erschrecken trat in die wachsamen Augen des Jungen. Hastig steckte er das Messer weg, als schämte er sich, es in der Hand behalten zu haben, und lief ihm entgegen. Einen Schritt vor ihm blieb er stehen.

»Onkel John!« Er starrte ihn fassungslos an.

John Hampton verzog das Gesicht. »Habe ich dir einen Schrecken eingejagt?«

Francis schüttelte stumm den Kopf.

»Ich sehe zum Fürchten aus, nicht wahr? Bestimmt hast du mich für einen üblen Strolch gehalten.« John Hampton versuchte, ein Lächeln zustande zu bringen, als er sah, wie erschrocken Francis ihn anschaute. Das Lächeln geriet ihm jedoch zur Grimasse und er schmeckte sein eigenes Blut auf der Zunge.

»Du blutest!«

»So schlimm, wie es aussieht, ist es nicht, mein Junge«, beruhigte John ihn. »Nur eine Platzwunde. Habe schon ganz andere Sachen überlebt.« John Hampton besann sich darauf, dass keine Zeit zu verlieren war, und ging schleppenden Schrittes auf das Hauptgebäude des Bauernhofes zu.

In diesem Augenblick trat Edmund Drake, ein Mann von untersetzter, kräftiger Gestalt, aus der Tür. Man sah auf den ersten Blick, dass Francis das volle braune Haar und die hellen Augen von seinem Vater geerbt hatte.

»Um Gottes willen, John!«, rief Edmund Drake erschrocken. »Wer hat dich so zugerichtet?«

John Hampton verzog hasserfüllt das zerschundene Gesicht. »Die verfluchten Katholiken sind über uns hergefallen, Edmund. Sie haben mein Haus niedergebrannt ... und nicht nur meins. Ich habe geahnt, dass es so kommen würde.«

Die ganze Familie Drake strömte nun aus dem Haus. Francis hatte noch elf Geschwister. Sie alle scharten sich aufgeregt um Hampton, der allmählich wieder zu Atem kam.

Mary, Edmund Drakes stille, aber resolute Frau, warf nur einen kurzen Blick auf Johns Gesicht und eilte ins Haus zurück. Sie holte Salbe, einen Kübel kaltes Wasser und lange Streifen aus Leinenstoff.

»Wie die Heuschrecken sind sie über uns hergefallen«, berichtete John Hampton, während Mary seine Kopfwunde säuberte, kühlte und verband. Dabei hockte er auf einem dreibeinigen Schemel. »Ehe ich recht begriff, was passierte, standen die Häuser meiner Nachbarn schon in Flammen. Ich konnte nicht das Geringste tun. Sie waren in der Überzahl. Mindestens vierzig Katholiken. Wie die tollen Hunde sind sie über uns hergefallen!«

»Schon gut«, versuchte Edmund Drake, ihn zu beruhigen, und legte ihm eine Hand auf die Schulter. »Hauptsache, du bist mit dem Leben davongekommen.«

Hampton sah mit düsterem Blick zu ihm hoch. »Das war pures Glück, Edmund. Als ich von dem Geschrei alarmiert aus meiner Werkstatt rannte, lief ich geradewegs in eine Gruppe Aufständischer hinein. Ich wehrte mich, so gut ich konnte, aber sie umringten mich sofort. Ich bekam einen fürchterlichen Schlag gegen den Kopf und stürzte bewusstlos zu Boden.«

John Hampton tastete unwillkürlich über den Verband und fuhr dann fort: »Das hat mir das Leben gerettet. Die Burschen hielten mich wohl für tot. Als ich wieder zu mir kam, stand auch meine Fassbinderei in Flammen. Ich sah, wie sie unsere Gebetsbücher verbrannten. Niemand bemerkte, dass ich mich davonschlich.«

Mary blickte ihren Mann mit mühsam unterdrückter Angst an. »Sie werden auch nach Crowndale kommen.«

John Hampton nickte. »Sie sind schon auf dem Weg. Und sie werden hier genug Leute finden, die sich ihnen anschließen. Deshalb bin ich, so schnell ich konnte, die Abkürzung durch den Wald gelaufen, um euch zu warnen. Sie werden bald da sein!«

»Wir werden sie gebührend empfangen!«, knurrte Edmund Drake.

»Widerstand ist sinnlos!«, widersprach der Fassbinder heftig. »Wir haben nicht die geringste Chance. Sie sind in der Überzahl, Edmund, glaub mir. Und der Aufstand hat erst begonnen. Die Katholiken werden sich in ganz Devon erheben. Kein Protestant ist jetzt seines Lebens noch sicher. Ihr müsst fliehen!«

»Ich soll das alles aufgeben?« Edmund Drake machte eine Handbewegung, die den Bauernhof und die Felder umschloss. »Für all das habe ich hart gearbeitet ...«

»Wir alle haben hart gearbeitet«, fiel der Fassbinder ihm ins Wort, »aber das wird uns nicht helfen. Es ist sinnlos, sich dieser Meute in den Weg stellen zu wollen. Sie brennen alles nieder und bringen jeden Protestanten, den sie in die Hände bekommen, gnadenlos um.«

Edmund Drakes Blick wanderte zum Haupthaus und den sich anschließenden Stallungen und Scheunen hinüber. Er hatte es zu etwas gebracht. Durch jahrelange, harte Arbeit. Nichts war ihm in den Schoß gefallen. Und das sollte er nun kampflos aufgeben und einfach den Katholiken überlassen?

»Warum fügen sich die verdammten Katholiken nicht in die Entscheidung unseres Königs?« Ohnmächtige Wut klang aus Edmunds Stimme und er ballte die rechte Hand.

»Weil sie nur den Popen in Italien als ihr Oberhaupt akzeptieren«, antwortete John Hampton wütend. »Für sie ist Rom der Nabel der Welt und nicht London.«

Der Fassbinder hatte damit den Kern getroffen.

Vor über fünfzehn Jahren hatte sich König Heinrich der VIII. vom Papst in Rom losgesagt und sich selbst zum Oberhaupt der englischen Kirche gemacht – und zwar aus einem sehr weltlichen Grund: Der Papst war nicht bereit gewesen, die zweite Ehe des Königs für nichtig zu erklären.

Die ungeheuerliche Entscheidung des englischen Königs, sich selbst zur letzten Instanz Gottes auf Erden zu erheben, hatte der Papst mit dem Bannfluch beantwortet. Heinrich der VIII. hatte sich vom Bannfluch jedoch nicht daran hindern lassen, den Aufbau einer von Rom unabhängigen, anglikanischen Kirche in Angriff zu nehmen.

Nach dem Tod Heinrichs des VIII. hatte sein Thronfolger das protestantische Reformprogramm, das auf erbitterten Widerstand der Katholiken gestoßen war, mit Nachdruck fortgesetzt. Die Katholiken, die auch weiterhin einzig und allein den Papst in Rom als ihr geistliches Oberhaupt zu akzeptieren gewillt waren, hatten immer wieder aufbegehrt, niemals jedoch Gewalt angewendet.

Bis zu diesem Pfingstsonntag des Jahres 1549. An diesem Tag war das erste protestantische Gebetbuch eingeführt worden. Diese revolutionäre kirchliche Neuerung hatte die Anhänger des römisch-katholischen Glaubens auf die Barrikaden gebracht und dieser Aufstand sollte auf ganz Devon und Cornwall übergreifen und das Land für kurze Zeit mit einer Woge maßloser Gewalt und religiösen Terrors überschwemmen.

Davon ahnten jedoch weder John Hampton noch Edmund Drake etwas.

»Zur Hölle mit allen Katholiken!«, rief Francis Drake plötzlich und brach das lastende Schweigen, das einen Moment geherrscht hatte.

»Du kannst entweder hier bleiben und zusehen, wie

dein Hof in Flammen aufgeht und deine Frau und deine Kinder ermordet werden, oder aber versuchen, dich und deine Familie in Sicherheit zu bringen«, sagte John Hampton und zuckte mit den Achseln. »Es ist deine Entscheidung, Edmund. Ich für meinen Teil sehe zu, dass ich so schnell wie möglich von hier verschwinde. Diese blutrünstigen Teufel können jeden Augenblick drüben am Waldrand auftauchen.« Er erhob sich so abrupt, dass der Schemel umkippte.

»Warte!« Edmund Drake umklammerte die rechte Hand des Fassbinders mit eisernem Griff und starrte ihn finster an, als wollte er ihn für den Aufstand der Katholiken verantwortlich machen.

»Hast du dich endlich entschieden?«, fragte John.

Edmund Drake nickte knapp. »Wir verschwinden!«, stieß er bitter hervor und gab mit befehlsgewohnter Stimme Anweisungen. »Jane und Anne, geht in die Speisekammer und füllt einen Sack mit Proviant. Francis und Peter, ihr spannt die beiden Braunen vor das Fuhrwerk. Mary, du kümmerst dich um das, was vom Hausstand aufgeladen werden soll. Denkt daran, dass wir nur das Allernotwendigste mitnehmen können. Und jetzt beeilt euch!«

Wenige Minuten später drängten sich die Kinder zwischen zwei Kisten und drei Leinensäcken auf der Ladefläche des Fuhrwerkes. Edmund, seine Frau sowie John hatten vorn auf dem Kutschbock Platz genommen. Rumpelnd setzte sich der Wagen in Bewegung. Die Räder knirschten über den Sand. Edmund Drake wandte sich nicht ein einziges Mal um. Er blickte stur geradeaus.

Francis dagegen ließ den Bauernhof nicht aus den Augen. Merkwürdigerweise erfüllte ihn nicht nur Trauer, sondern auch Freude. Es war schlimm, dass sie alles aufgeben mussten, was ihnen wert und vertraut war. Andererseits war diese Flucht aber auch ein aufregendes Abenteuer.

»Da!... Die Katholiken!«, rief John Hampton plötzlich. »Sie kommen!«

Alle, mit Ausnahme von Edmund Drake, blickten sich nun um. Über vierzig Männer kamen aus dem Wald und folgten mit offensichtlicher Eile der staubigen Landstraße. Sie waren mit Äxten, Mistgabeln, Dreschflegeln und langen Messern bewaffnet, die im Sonnenlicht blitzten. Einige von ihnen trugen zudem noch brennende Fackeln.

Edmund Drake packte die Zügel fester und trieb die Pferde zu einem schärferen Tempo an. Kein Wort kam über seine Lippen. Sein Gesicht war wie aus Stein gemeißelt.

»Sie stecken die Scheune in Brand!«, stieß Francis wenig später hervor, als Flammen an dem lang gestreckten Anbau hochleckten und prasselnd über dem Dach zusammenschlugen.

»Irgendwann werden sie dafür büßen!«, rief der Fassbinder mit heiserer Stimme und drohte mit der geballten Faust. Eine Geste ohnmächtiger Wut.

Francis bemerkte plötzlich, dass seine Mutter still weinte. Und auf einmal spürte er einen grenzenlosen Hass auf die Katholiken, der alle anderen Empfindungen wie eine stürmische Bö hinwegfegte.

2

Ein kühler Wind blies aus Nordost und blähte die Segel der Schiffe, die auf dem Medwayfluss kreuzten. Francis Drake hockte hoch über dem Wasser auf der schmalen Plattform des Ausgucks und blickte sehnsüchtig zu den stolzen Segelschiffen hinüber. Er war jetzt zwölf Jahre alt und wünschte sich nichts sehnlicher, als auf einem dieser Schiffe Dienst tun zu dürfen. Mit vom auffrischenden Wind geröteten Augen beobachtete er, wie die Seeleute an Bord einer stattlichen Karavelle mit atemberaubender Schnelligkeit die Wanten des Großmasters aufenterten und das Segel refften. Heisere Rufe drangen über das Wasser zu ihm ans Ufer.

Und in diesem Augenblick hasste Francis Drake das abgetakelte, verrottete Schiff unter ihm noch mehr, als er es sonst schon tat. Voller Abscheu blickte er auf das namenlose Schiff hinunter, das nun schon seit Jahren der Familie Drake als billiges und armseliges Quartier diente.

Es sah abstoßend hässlich aus ohne Klüverbaum und Bugspriet. Ein Großteil der Reling fehlte. Die Decksplanken waren morsch und teilweise aufgebrochen. Alles, was auch nur einen Penny wert gewesen war, hatte man abmontiert. Aus dem Vorderheck ragte der Stumpf des Fockmastes und verfaulte. Und dort, wo sich früher einmal der Besanmast auf dem Achterdeck in den Himmel gereckt hatte, klaffte ein Loch.

Merkwürdigerweise existierte der Großmast noch, zumindest bis zur Höhe des Ausgucks. Ein jämmerlicher Teil des ehemaligen Riggs und der Wanten hielt den Großmast aufrecht. Dennoch war es nicht ganz ungefährlich, zur Plattform des Ausgucks aufzuentern. Das Tauwerk der

Wanten war an vielen Stellen schon brüchig, doch das hinderte Francis nicht daran, sooft es ging, seinen Lieblingsplatz aufzusuchen.

Das etwa fünfzig Fuß lange Schiff mit dem hoch aufragenden Achterkastell war ein Wrack und schon seit über einem Jahrzehnt nicht mehr seetüchtig. Mit leichter Krängung nach steuerbord lag es am Ufer des Medway und verfaulte langsam im tiefen Schlamm, in den sich der rissige, plumpe Rumpf gegraben hatte. An heißen, windstillen Sommertagen war der Fäulnisgestank, der dann aus allen Ritzen zu quellen schien, Übelkeit erregend.

»Immerhin haben wir ein Dach über dem Kopf und trockene Schlafstellen. Wir sind arm, brauchen aber nicht zu betteln. Dafür können wir Gott nach all dem, was wir durchgemacht haben, dankbar sein!«, hatte sein Vater ihn scharf zurechtgewiesen, als er sich einmal unbedachterweise über den unerträglichen Gestank beklagt hatte.

Sie hatten wahrlich viel durchgemacht. Und Francis würde das sein Leben lang nicht vergessen. Seit dem Aufstand der Katholiken an jenem Pfingstsonntag waren sie ständig auf der Flucht gewesen. Und in diesen Jahren der Not und der Angst hatte er die Katholiken hassen gelernt.

Seit gut zwei Jahren lebten sie nun auf diesem Wrack am Medway. Hier lag die königliche Flotte vor Anker und weiter flussaufwärts befanden sich die Schiffswerften von Chatham. Sein Vater hatte den Traum von einem neuen Bauernhof längst aufgegeben und verdiente sich den ärmlichen Lebensunterhalt als Prediger und Bibelvorleser für die Matrosen und Schiffsbauer. Er war ein großartiger Redner und überzeugter Protestant.

»Vergiss nie, was die Katholiken uns angetan haben!« Diesen Satz bekam Francis fast täglich zu hören, denn sein Vater schickte ihn nicht in die Schule, sondern brachte ihm selbst Lesen und Schreiben bei. Er unterrichtete ihn auch gewissenhaft in Bibelkunde und führte ihn in die anfangs verwirrende Welt der Politik ein.

Während Francis' Blick der Karavelle flussaufwärts folgte, erinnerte er sich daran, was sein Vater vor wenigen Tagen mit finsterer Miene prophezeit hatte.

»Wenn die Königin keine Vernunft annimmt und so weitermacht, wird es bald einen neuen Aufstand geben. Auch hier am Medway, das lasst euch gesagt sein. Und dann wird viel Blut fließen!«

Vor gut einem Jahr, also im Jahre 1553, hatte Maria I. den englischen Thron bestiegen und seitdem gegen den Widerstand der überwiegend protestantischen Bevölkerung versucht, den Katholizismus wieder in England einzuführen. Die Unzufriedenheit des Volkes war noch stärker geworden, als die Königin die Ehe mit dem Prinzen Philipp von Spanien einging. Es gärte in der Bevölkerung, und es sah wirklich so aus, als würde es bald zu einem gewaltsamen Aufstand kommen. Und was dann geschah ...

»Francis!«

Der zwölfjährige Junge auf der schmalen Plattform schreckte aus seinen Gedanken auf. Er beugte sich etwas vor und blickte hinunter auf das Deck des Wracks. Er war überrascht, als er seinen Vater mit leicht gespreizten Beinen neben dem Niedergang, der unter Deck führte, stehen sah. Er hatte gar nicht bemerkt, dass sein Vater aufs Schiff zurückgekehrt war.

»Komm da oben runter, Francis!«, rief sein Vater ihm zu. »Ich habe mit dir zu reden.«

»Aye, aye, Sir!«, rief Francis zurück und schwang sich mit einer geschmeidigen, oft geübten Bewegung über den Rand des Ausgucks. Geschickt turnte er an den Wanten hinunter. Er wusste, dass sein Vater jeden seiner Handgriffe in der Takelage genau und mit dem Blick des Fachmannes beobachtete. Edmund Drake erinnerte sich gern und oft an seine Jahre auf See. Für Francis waren es stets die schönsten Stunden des Tages, wenn sein Vater von seinen Erlebnissen an Bord und in fremden Ländern berichtete. Er konnte nie genug davon bekommen.

Ein verstecktes Lächeln zeigte sich auf Edmund Drakes Gesicht, als Francis sich zwei Yards über dem Deck von den Wanten abstieß und mit einem Satz direkt vor seinen Füßen landete.

»Ja?«, fragte Francis und blickte seinen Vater forschend an.

»Du möchtest Seemann werden, nicht wahr?« Edmund Drake kam sofort zur Sache. Es war nicht seine Art, mit langatmigen Einleitungen Zeit zu vergeuden.

Die Augen des Jungen leuchteten auf. »Lieber heute als morgen!«, versicherte er mit Nachdruck.

»Nun, es sind schlechte, unruhige Zeiten«, sagte Edmund Drake mit sorgenvoller Stimme und fuhr sich mit der Hand durch das schüttere, ergraute Haar. Die vergangenen fünf Jahre hatten tiefe Spuren in seinem Gesicht hinterlassen. »Königin Maria wird mit allen Mitteln versuchen, uns Protestanten in die Knie zu zwingen. Aber viele werden das nicht widerstandslos hinnehmen. Blutige Zeiten stehen uns bevor.«

Mit ernstem Gesicht blickte Francis zu seinem Vater hoch und nickte stumm.

»Du hast das Zeug zu einem guten Seemann«, fuhr Edmund Drake scheinbar ohne jeden Zusammenhang fort. »Das habe ich schon immer gewusst. Außerdem bist du auf einem Schiff sicherer aufgehoben als hier am Medway.«

»Ich darf also zur See gehen?«, vergewisserte sich Francis aufgeregt.

»Ja.«

Francis hatte Mühe, seine überschwängliche Freude im Zaum zu halten. Tausend Gedanken schossen ihm durch den Kopf. »Ich ... werde sofort zum Hafen hinunterlaufen und mich um eine Heuer bemühen«, stieß er hastig hervor. »Vielleicht kann ich schon ...«

»Das brauchst du nicht«, fiel sein Vater ihm ins Wort. »Ich habe mich schon für dich umgehört. Du wirst bei Mister Sheldon anfangen.« Seine Stimme ließ keinen Widerspruch zu. »Er ist Besitzer und Kapitän der *Trinity*.«

Weder der Name des Kapitäns noch der des Schiffes sagten Francis etwas. Das konnte ein schlechtes, aber auch ein gutes Zeichen sein. Er hoffte nur, dass die *Trinity* kein Fischerboot war, denn ihn zog es hinaus auf die Meere und zu fernen Ländern.

Edmund Drake bemerkte den fragenden Blick seines Sohnes. »Die *Trinity* ist eine Bark, ein hübsches Schiff«, erklärte er. »Henry Sheldon ist ein alter, erfahrener Seemann. Du wirst eine Menge bei ihm lernen können, wenn du dir Mühe gibst. Zudem ist er überzeugter Protestant. Mach mir also keine Schande!«

»Und wann ... wann gehe ich an Bord?«

»Ich habe heute Morgen mit ihm gesprochen. Er bricht bei Sonnenaufgang zu einer Reise nach Frankreich auf. Du meldest dich also bei ihm an Bord, sowie du deine Sachen gepackt hast.«

Viel zu packen gab es nicht. Francis rollte zwei Hemden und eine Hose zu einem Bündel zusammen, verstaute sie mit den wenigen Habseligkeiten, die ihm gehörten, in einem Leinensack und verabschiedete sich von seinen Eltern und Geschwistern. Er verließ das stinkende Wrack mit dem berauschenden Gefühl, endlich von der erdrückenden Enge und Untätigkeit befreit worden zu sein.

Frankreich!

So schnell er konnte, lief er an der Wasserfront entlang und hielt Ausschau nach der *Trinity*. Mehrere dutzend Schiffe jeder Größe drängten sich im engen Hafenbecken. Plumpe Leichter und Frachtkähne lagen neben schnittigen Karavellen und mächtigen, kanonenbestückten Galeonen. Kleine Schoner und Barken ankerten zwischen den großen Segelschiffen.

Ein geschäftiges Leben und Treiben herrschte im Hafenviertel und an den Pieren. Fuhrwerke rumpelten über das Kopfsteinpflaster. Vor den Landungsstegen stapelten sich die Tonnen mit Pökelfleisch und Mehl, schwere Segeltuchballen und Kisten mit Waren jeglicher Art. Die Luft war erfüllt von den knappen Kommandos der Vorarbeiter, den Flüchen der Matrosen und den Anpreisungen der Straßenhändler.

Francis zwängte sich durch das Gewühl, wich einem betrunkenen Matrosen aus, sprang auf ein mit Vierkanthölzern beladenes Fuhrwerk und ließ sich ein Stück mitnehmen.

Plötzlich entdeckte er die *Trinity* am Ende der Piers. Er hechtete vom Fuhrwerk, schulterte den Leinensack und musterte die Bark mit kritischen Blicken. Der Dreimaster mit dem Gaffelsegel am Besanmast gefiel ihm auf Anhieb. Der kräftige Rumpf der Bark verriet, dass nicht Schnelligkeit, sondern gute Segeleigenschaften bei jedem Wetter die starke Seite dieses Schiffes waren. Obwohl sich an Deck neben der Frachtluke Kisten und Tonnen stapelten, machte das Schiff einen fast erschreckend sauberen und aufgeräumten Eindruck. Nirgends lag ein Tau oder ein Tampen herum. Alles war ordentlich aufgeschossen oder belegt. Und als Francis zu den hohen Masten hochblickte, die sanft hin und her schwangen, stellte er fest, dass die eingeholten Segel mit Zeisingen sorgsam festgezurrt waren.

Francis' überschäumende Begeisterung erhielt einen kleinen Dämpfer, als ihm klar wurde, dass Kapitän Henry Sheldon seinen Matrosen offensichtlich mehr abverlangte als viele andere Schiffseigner. Francis machte sich keine Illusionen. Harte Arbeit wartete auf ihn. Sein Vater hatte schon gewusst, weshalb er ihm eine Stelle als Decksjunge an Bord der *Trinity* verschafft hatte.

Fest entschlossen, seine Chance zu nutzen und sich nicht unterkriegen zu lassen, schritt Francis Drake über das Fallreep und betrat das Deck der Bark durch die Schanzkleidpforte. Matrosen in verwaschenen himmelblauen Hosen und weiten Jacken rannten geschäftig über das Deck.

Plötzlich stand ein Mann vor ihm. Francis wusste sofort, dass er es mit Henry Sheldon zu tun hatte. Der Kapitän war von kleiner Gestalt. Doch niemand wäre auch nur einen Augenblick auf die Idee gekommen, ihn für einen schwächlichen Mann zu halten. Henry Sheldon strahlte eine derartige Autorität und Kraft aus, dass Francis unwillkürlich zusammenzuckte und sein Bündel fester packte.

»Francis Drake?«, fragte Henry Sheldon in beinahe barschem Tonfall und ohne die Pfeife aus dem Mund zu nehmen.

Francis nickte. »Ja, Sir.«

»Alter?«

»Fast dreizehn, Sir«, antwortete Francis mit belegter Stimme und war auf sich selbst wütend, weil er sich von Henry Sheldons Tonfall einschüchtern ließ.

»Hast du schon mal an Bord eines Schiffes Dienst getan?«

Francis wollte die Frage im ersten Moment bejahen,

denn er hatte schon oft beim Entladen und Beladen von Schiffen als Handlanger geholfen. Aber dann überlegte er es sich anders. Kapitän Sheldon verstand unter »Dienst tun« sicherlich mehr. Deshalb schüttelte Francis den Kopf. »Nein, Sir.«

»So, so«, knurrte Henry Sheldon unfreundlich. »Dein Vater ist ein Gentleman. Wenn es mehr Männer von seiner Sorte gäbe, wäre es um England besser bestellt. Meine Mannschaft ist eigentlich komplett, aber ich wollte deinem Vater einen Gefallen tun.«

Zornesröte schoss Francis ins Gesicht und er schob das Kinn angriffslustig vor. »Ich will keine Gefälligkeit, Sir!« Zum Teufel mit Frankreich und der *Trinity*. Er hatte auch seinen Stolz. »Entweder brauchen Sie einen Decksjungen oder Sie brauchen keinen. Ich tue meine Arbeit genauso gut wie jeder andere, Sir!«

Verdutzt sah Henry Sheldon den Jungen an und runzelte die Stirn. Dann huschte ein amüsiertes Lächeln über das von Wind und Sonne gegerbte Gesicht des Kapitäns. »Du verstehst dich zu wehren, mein Junge. Das gefällt mir. Und wenn du nur halb so fix mit den Händen wie mit dem Mund bist, stehen die Chancen gar nicht so übel, dass du mal ein tüchtiger Matrose wirst.« Er drehte sich um und winkte einen jungen Burschen mit einem sommersprossenübersäten Gesicht heran. »Alan, das ist Francis Drake. Zeig ihm, wo er seine Sachen im Vorschiff verstauen kann. Und dann zurück an die Arbeit. Na los, bewegt euch! Oder wollt ihr, dass ich euch mit der Neunschwänzigen Beine mache?!«

»Aye, aye, Sir!«, beeilte sich Alan zu sagen, fuhr auf der Stelle herum und raunte Francis dabei zu: »Komm mit nach vorn!«

Sie hasteten an den Stapeln von Provianttonnen vorbei

zum Vorschiff, wo sich die primitiven Unterkünfte der Matrosen befanden.

Als Francis hinter Alan den schmalen Niedergang zum Zwischendeck hinunterstolperte und sich dann auch noch im Zwielicht den Kopf an einem Querbalken stieß, fluchte er laut.

»Hölle und Verdammnis, das fängt ja heiter an. Erst droht mir der Kapitän Prügel mit der neunschwänzigen Peitsche an und dann stoße ich mir auch noch den Kopf blutig!«

Alan lachte und es klang ein wenig schadenfroh. »Mir ist es nicht anders ergangen, als ich vor vier Monaten an Bord gekommen bin. Mich hat er auch gleich zusammengeschissen.«

»Dann bist du auch Decksjunge?«, fragte Francis hoffnungsvoll.

»Ja, aber du brauchst vor dem Alten keine Angst zu haben«, beruhigte Alan ihn. »Der ist in Ordnung. Er gibt sich nun mal gern knurrig. Hunde, die bellen, beißen nicht. Das trifft auch auf unseren Käpt'n zu.«

»Dein Wort in Gottes Ohr«, murmelte Francis und klemmte sein Kleiderbündel zwischen zwei dicht nebeneinander stehende Stützbalken.

»Wenn du seine Befehle befolgst und deine Arbeit ordentlich machst, hast du nichts zu befürchten.«

Der neue Decksjunge an Bord der Bark *Trinity* bekam an diesem Tag keine Gelegenheit mehr, sich den Kopf über Kapitän Sheldon und seine Zukunft zu zerbrechen. Als er mit Alan wieder oben an Deck erschien, schickte ihn James Every, der hünenhafte Bootsmann, hinunter in den stickigen Frachtraum. Dort half er beim Verstauen des Proviants und der Waren, die für französische Händler in St. Martin und Rouen bestimmt waren. Stunde um Stunde verging, und Francis hatte den Eindruck, als würde der Strom der Kisten, Tonnen und Ballen kein Ende nehmen.

Als er kurz nach Einbruch der Dunkelheit erschöpft aus dem Bauch der Bark taumelte und sich im Vorschiff neben Alan in eine Decke rollte, schlief er auf der Stelle ein. Die Nacht schien nur wenige Minuten gedauert zu haben. Jedenfalls hatte Francis das Gefühl, als ihn die schrille Pfeife des Bootsmannes jäh aus dem Schlaf holte. Mit schmerzenden Knochen stürmte er an Deck.

Kurze Kommandos zerrissen die friedliche Stille des Morgens. Die Seeleute sprangen in die Wanten und enterten zu den Rahen auf. Die Segel schlugen donnernd im Wind. Der Anker wurde gelichtet und die Leinen am Pier losgeworfen. Der Wind fiel in die Segel und die Bark glitt aus dem Hafen. Als die *Trinity* wenig später mit prall stehenden Segeln an dem verrottenden Wrack vorbeizog, blickte Francis Drake erwartungsvoll in die Zukunft und war dem Schicksal dankbar, das ihn auf die Bark geführt hatte.

Zur selben Zeit, da Francis Drake im Jahre 1554 seine Lehrzeit als Seemann an Bord der *Trinity* begann und schnell feststellte, dass er sich keinen besseren Lehrer als Kapitän Henry Sheldon hätte wünschen können, zur selben Zeit plante Sir Thomas Wyatt der Jüngere, der Anführer der protestantischen Rebellen, einen gewaltsamen Aufstand gegen Königin Maria I.

Besonders von den Schiffen am Medway erhielt der Rebellenführer Unterstützung in Form von Waffen und Munition. Und während Francis Drake zum ersten Mal in seinem Leben den rauen Ärmelkanal überquerte, unternahm Sir Thomas Wyatt von seinem Hauptquartier in Rochester aus einen Angriff auf London.

Der Aufstand schlug fehl. Die Truppen der Königin fügten den Rebellen eine vernichtende Niederlage zu. Sir

Thomas Wyatt geriet in Gefangenschaft und wurde hingerichtet. Königin Maria rächte sich für den versuchten Umsturz mit grausamer Härte. Auf ihren Befehl hin wurden hunderte von protestantischen Rebellen in den Straßen Londons und an den Ufern des Medway aufgehängt. Die grausamen Ketzerverfolgungen verbreiteten Angst und Schrecken im Land – und trugen der Königin den Namen »Blutige Maria« ein.

Als Francis Drake Wochen später an Bord der *Trinity* nach England und zum Medway zurückkehrte, suchte er vergeblich nach seinen Eltern und Geschwistern. Er erfuhr, dass sie hatten flüchten müssen, nachdem der Angriff der protestantischen Rebellenarmee fehlgeschlagen war.

Da jedermann am Medway wusste, dass Henry Sheldon ein überzeugter Protestant war, zog es der Kapitän vor, die Liegezeit im Hafen so kurz wie möglich zu halten. Schon wenige Tage nach ihrer Rückkehr ließ er wieder die Segel setzen. Und diesmal gehörte auch Francis Drake zu den Seeleuten, die blitzschnell zu den Rahen aufenterten und die schweren Segel losmachten. Er war stolz darauf, Seemann und Protestant zu sein. Sein Hass auf die Katholiken hatte neue Nahrung gefunden.

3

Chris Mitchell stieß sich von der Reling ab, ging über das schwankende Achterdeck der Bark und spuckte in Lee über Bord. Einen Augenblick starrte er schweigend nach Nordwesten. »Da braut sich ja ganz schön was zusammen«, knurrte er schließlich. »Weißt du, wonach das aussieht, Francis?«

»Nach Sturm«, antwortete Francis Drake, der Ruderwache hatte. Vor ein paar Minuten war der Horizont im Nordwesten noch klar und hell gewesen. Jetzt aber ballten sich dort dunkle, fast schwarze Wolken. Und wie eine tief hängende schiefergraue Wand überzog die Gewitterfront den nordwestlichen Horizont.

»Vielleicht haben wir Glück und erwischen nur die Ausläufer des Sturms«, hoffte Chris Mitchell und fuhr sich mit der gespreizten Hand durch das flammend rote Haar. »Dann könnten wir ...«

»Schlag dir das aus dem Kopf«, fiel Francis Drake ihm mit spöttischem Unterton ins Wort. »Aus der Tour durch die Wirtshäuser von Plymouth heute Abend wird nichts. Das Unwetter hält direkt auf uns zu, Chris. Wir schaffen es heute nicht mehr bis in den Hafen.«

Chris Mitchell schlug mit der geballten Faust auf die Reling. »So ein Mist!«, fluchte er. »Während der ganzen Reise von Bordeaux bis hierher haben wir gutes Wetter gehabt, sogar in der Biscaya. Und jetzt zieht ein handfester Sturm auf, wo wir es bloß noch ein paar lausige Seemeilen bis nach Plymouth haben. Himmelherrgott, ich könnte verrückt werden vor Wut!«

Francis Drake verzog das Gesicht zu einem Lächeln. Er wusste, dass Chris darauf brannte, seine Heuer in den Wirtshäusern zu vertrinken und zu verspielen.

»Du kriegst noch früh genug Würfel in die Hand«, tröstete er ihn, wurde dann aber schnell wieder ernst. »Besser, du sparst dir den Atem für später, wenn du ihn oben in den Wanten beim Reffen der Segel brauchst, Chris. Wir werden bald alle Hände voll zu tun bekommen.«

Chris Mitchell seufzte schwer und machte ein grimmiges Gesicht. »Das befürchte ich auch«, murmelte er.

»Halte dich nicht mit Wehklagen auf, sondern beweg

dich und mach dem Kapitän Meldung!«, trug Francis ihm auf.

»Der Alte wird sich freuen«, sagte Chris Mitchell und verschwand im Niedergang.

Francis Drake packte das Ruder fester, korrigierte leicht den Kurs der Bark und blickte sorgenvoll nach Nordwesten. Er fuhr nun schon seit acht Jahren zur See. Während dieser Zeit hatte er als Decksjunge, dann als Leichtmatrose und nun auch als Steuermann der *Trinity* so manchen Sturm erlebt. Doch noch nie hatte er solche dunklen, unheilvollen Wolken gesehen, die sich in Windeseile am Horizont zu einem wahren Wolkengebirge auftürmten.

Kapitän Sheldon kam halb angekleidet an Deck. Er hatte geschlafen. Seine Augen blickten jedoch klar und wachsam. »Das hat uns gerade noch gefehlt!«, stieß er knurrig hervor und raufte sich das schüttere Haar. Dann wandte er sich Francis Drake zu.

»Sie bleiben hier am Ruder, Francis!«, befahl der Kapitän mit herrischem, scheinbar unfreundlichem Tonfall. »Ganz gleich was auch passiert. Haben Sie mich verstanden?«

Francis Drake unterdrückte ein Lächeln und erwiderte den grimmigen Blick des Kapitäns mit ausdruckslosem Gesicht. »Aye, aye, Sir!«, bestätigte er den Befehl, der wie eine Zurechtweisung oder Strafe klang, in Wirklichkeit jedoch die höchste Auszeichnung darstellte, die Henry Sheldon aussprechen konnte.

Bis vor etwa einem Jahr hatte der Kapitän und Schiffseigner bei jedem schweren Sturm das Ruder selbst in die Hand genommen. In letzter Zeit trat er jedoch mehr und mehr Verantwortung an Francis Drake ab, der überdurchschnittliche seemännische Fähigkeiten zeigte.

»Kurs?«, fragte der Kapitän knapp.

»Genau Nord«, kam Francis Drakes Antwort, ohne zu zögern. »Voll und bei.«

Henry Sheldon nickte. »Versuchen Sie, den Kurs so lange wie möglich zu halten.«

»Jawohl, Sir!«

Henry Sheldon wandte sich ruckartig um. »Die erste Bö wird gleich einfallen«, brummte er und blickte zum Großmast hoch. »Mister Mitchell, jagen Sie die Leute in die Wanten und lassen Sie reffen. Es hat keinen Sinn, sich die Segel von den Rahen reißen zu lassen.«

Die Seeleute brandeten in die Wanten und refften in fieberhafter Eile die Segel. Der Wind nahm zu und wühlte das Meer auf. Hohe schaumgekrönte Wellen warfen sich der *Trinity* entgegen, die schwer gegen die Brecher ankämpfte. Obwohl es erst früher Nachmittag war, lag schon bald ein unnatürliches Dämmerlicht über der aufgewühlten See. Es war so düster, als wäre die Sonne schon untergegangen.

Nach einer knappen Stunde war der Wind zu Sturmstärke angewachsen und heulte in der Takelage. Rund um die Bark begann das Meer zu brodeln. Gewaltige Brecher trafen das Schiff und schienen es unter die Wasseroberfläche zu drücken. Die Bark ächzte und zitterte unter jedem Wellenschlag.

Francis Drake umklammerte das Ruder und versuchte, den Kurs, so gut es ging, zu halten. Das Schiff lief jetzt nur noch unter Sturmsegeln. Mühsam kletterte es die Wellenberge, die über ihm zusammenzubrechen drohten, bis zum Kamm hoch und stürzte dann mit rasender Fahrt ins Wellental hinunter, um im nächsten Augenblick an der nächsten Woge hochzusteigen.

»Der Sturm nimmt noch zu!«, schrie Francis Drake zum Kapitän hinüber, der sich am geschnitzten Geländer festhielt und dem jaulenden Wind mit vorgerecktem Kinn Trotz bot.

Der Wind zerrte bald mit Orkanstärke an den Masten. Das Sturmsegel hielt der ungeheuren Belastung nicht stand und riss. Die Fetzen knatterten wie Musketenschüsse im Wind. Haushohe Sturzbrecher schlugen über dem Bug zusammen und verwandelten das Deck in einen Hexenkessel brodelnder Gischt.

Nass bis auf die Haut und den peitschenden Windböen schutzlos ausgesetzt, stand Francis Drake am Ruder. Er versuchte, das Schlimmste zu verhindern. Diesen Sturm konnte man nicht unter einem Segel abreiten. Es war auch nicht möglich, den Kurs zu halten. Es kam jetzt einzig und allein darauf an, die Bark vor dem Leckschlagen und Entmasten zu bewahren.

»Wir ziehen Wasser!«, meldete Chris Mitchell und formte dabei die Hände zu einem Trichter, um das Brüllen des Orkans zu übertönen. Noch wurden die Pumpen jedoch mit dem eindringenden Wasser fertig.

Francis verlor völlig das Gefühl für die Zeit. Minuten wurden zu Stunden, wenn die Brecher sich wie riesenhafte Berge auf das Schiff stürzten und es unter sich zu begraben drohten. Mit Entsetzen beobachtete er, wie eine mindestens neun Yards hohe Woge die Bark querab an Steuerbord traf. Die tonnenschweren Wassermassen stürzten auf das Oberdeck. Die Matrosen, die sich am Schanzkleid oder an den Wanten verzweifelt festgeklammert hatten, wurden wie wehrlose Puppen fortgerissen und über Bord gespült. Ihre Köpfe tauchten noch einmal für ein, zwei Sekunden aus der tobenden See auf und verschwanden dann in der Tiefe.

Francis Drake kämpfte mit jeder Welle. Chris Mitchell war ihm zu Hilfe geeilt. Die Kraft, die auf das Ruder einwirkte, war so stark, dass zwei Männer nötig waren, um es unter Kontrolle zu halten.

»Ich habe das Gefühl, wir segeln geradewegs in die Hölle!«, schrie Chris Mitchell und suchte auf dem glitschigen Achterdeck Halt.

»Noch ist nichts verloren«, brüllte Francis Drake zurück und zog den Kopf zwischen die Schultern, als eine heftige Bö Gischt über das Deck wehte.

»Wo ist der Kapitän?«

»Unter Deck!«, antwortete Francis Drake und schrie dabei, so laut er konnte. Der Wind quälte Wanten und Rigg des Schiffes. Das Tauwerk war bis an die Grenze der Belastbarkeit gespannt und sang wie die Saiten eines Instrumentes. »Die Fracht hat sich losgerissen und droht, das Schiff leckzuschlagen!«

»Zum Teufel mit der Fracht!«, brüllte Chris Mitchell. »Das besorgen schon die verdammten Sturzbrecher.«

Und Chris Mitchell hatte Recht. Die harten, gefährlichen Sturzbrecher fügten der Bark sichtlich Schaden zu. Das Schanzkleid war schon an zahlreichen Stellen beschädigt. Spieren und Blöcke wurden von den Masten gerissen und prasselten als lebensgefährliche Geschosse auf Deck. Der Bug des Schiffes hob sich immer schwerfälliger.

Plötzlich passierte es.

Zwei sich kreuzende Wellen türmten sich zu einer gigantischen Woge auf und trafen die *Trinity* mit unvorstellbarer Wucht genau mittschiffs. Deutlich spürten Chris und Francis, wie die Bark weggedrückt wurde und erzitterte. Das gesamte Oberdeck verschwand für mehrere Sekunden unter den weiß schäumenden Wassermassen.

Francis hörte seinen Freund Chris aufschreien und sah im gleichen Augenblick, wie der Großmast splitterte und nach Steuerbord stürzte. Mit einem hellen Knall rissen die

Wanten und das Rigg an Backbord. Der Mast rutschte über das Deck. Und für einen Moment sah es so aus, als würde er im aufgepeitschten Meer verschwinden. Das gesplitterte Ende des Mastes blieb jedoch am Schanzkleid hängen. Mit starker Schlagseite lag die Bark in der aufgewühlten See.

»Wir kentern!«

Francis Drake zögerte nicht eine Sekunde. »Übernimm du das Ruder, Chris!«, schrie er gegen das Heulen des Sturms.

»Was hast du vor?«

»Jemand muss den Großmast von dem Rest der Steuerbordtakelage befreien, damit er über Bord rutschen und sich die Bark wieder aufrichten kann. Und wenn das nicht verteufelt schnell geschieht, schlägt die *Trinity* bei den nächsten schweren Kreuzseen voll und säuft ab wie ein löchriger Eimer!«

»Du bist verrückt! Das schaffst du nie!«

»Hast du einen besseren Vorschlag?« Francis holte die schwere Zimmermannsaxt und eine lange Bootsleine aus der eisenbeschlagenen Schiffstruhe, die neben dem Ruder an Deck festgeschraubt war. Das eine Ende der Bootsleine band er sich um die Hüfte.

Chris Mitchell packte ihn am Arm und wollte ihn zurückhalten. »Vielleicht reißt sich der Mast gleich von selbst los!«, rief er und wusste doch, dass nichts Francis von dem waghalsigen Rettungsversuch abbringen konnte.

»Du wirst gar nicht erst bis zum Mast hinkommen!«, brüllte Chris. »Die Brecher werden dich über Bord spülen. Allein schaffst du das nicht. Ich komme mit. Wir können das Ruder festzurren!«

»Du bleibst hier!« Francis riss sich los und kroch über das rutschige, stark geneigte Deck nach mittschiffs. Die Bark ächzte und stöhnte förmlich unter den Brechern, die donnernd über ihr zusammenschlugen und sie in Stücke zu schlagen versuchten.

Als Francis die Höhe des gesplitterten Großmastes erreicht hatte, band er das andere Ende der Bootsleine um eine der Backbordtaljen. Vorsichtig ließ er dann Leine nach und rutschte über das Deck hinüber nach Steuerbord, das ständig von den gischtenden Wellen überspült wurde.

Einige Seeleute hatten im Niedergang, der zur Kajüte des Kapitäns hinunterführte, Schutz vor den mächtigen Sturzbrechern gesucht. Triefnass und frierend, kauerten sie auf den Stufen. Sie wagten sich nun ein wenig aus ihrer Deckung, als sie Francis Drake erblickten, und schrien ihm etwas zu.

Francis Drake sah nur die Bewegung ihrer Lippen, verstand jedoch kein Wort. Er sah ihre angstgezeichneten Gesichter, vermochte ihre aufgeregten Gesten und Zurufe jedoch im ersten Moment nicht zu deuten.

Als er jedoch die Gestalt neben dem halb über Bord hängenden Großmast entdeckte, begriff er. Die Matrosen im Niedergang hatten ihn auf den Mann dort aufmerksam machen wollen, der sich in die verdrehten Wanten klammerte. Verzweifelt kämpfte er gegen den Sog der zurückflutenden Brecher, die ihn ins Meer zu reißen drohten.

Francis Drake packte die schwere Axt fester, schlitterte am hüfthohen Stumpf des Großmastes vorbei und wurde im nächsten Moment von einer Welle erfasst. Die Woge schleuderte ihn mehrere Yards über das Deck. Die Leine jedoch hielt und rettete ihn davor, über Bord gespült zu werden.

Salz brannte in seinen Augen, als Francis sich wieder aufrichtete. Er hatte die Steuerbordreling erreicht. Und plötzlich sah er das Gesicht des Mannes, der nur ein paar

Yards von ihm entfernt um sein Leben kämpfte, ganz deutlich. Es war der Kapitän.

»Halten Sie noch ein paar Sekunden aus!«, brüllte Francis aus Leibeskräften, stemmte sich gegen die brusthohen Wogen, die über die Steuerbordreling stürzten, und kämpfte sich zu Henry Sheldon hinüber.

Der Kapitän schrie ihm etwas zu.

»Sofort... Wanten... kappen... ist Befehl!« Mehr verstand Francis Drake nicht, doch die Bedeutung der Worte war klar genug. Henry Sheldon dachte nur an die Sicherheit der Bark und nicht an sich selbst.

Ein Brecher drückte Francis mit der Kraft einer Presse gegen das Schanzkleid. Er schrie vor Schmerz auf. Wenn die Leine riss, waren er und der Kapitän rettungslos verloren.

Als das Wasser zurückflutete und das Deck sich ein wenig hob, handelte Francis Drake. Er packte den Kapitän am rechten Handgelenk und zerrte ihn mit aller Kraft zu sich heran.

»Halten Sie sich fest!«, brüllte er. »Nehmen Sie die Leine!«

Kaum hatte Henry Sheldon die rettende Leine ergriffen, als Francis Drake auch schon die schwere Axt schwang. Wie ein Rasender hieb er auf die Takelage ein, die den Großmast hielt. Mehrmals wären er und Henry Sheldon beinahe umgerissen worden. Es sah ganz so aus, als wäre alle Anstrengung vergeblich. Doch plötzlich geriet der Mast in Bewegung. Mit einem hässlichen Geräusch rutschte er über die eingedrückte Steuerbordreling. Die letzten Taue rissen und der Großmast verschwand in der aufgewühlten See.

Sofort hob sich die *Trinity* an Steuerbord und die Brecher rollten gegen den Rumpf, anstatt das Deck mittschiffs zu überspülen. Francis Drake und Henry Sheldon wurden von der heftigen Bewegung der Bark auf die Planken geschleudert, befanden sich aber nicht mehr in direkter Gefahr.

Keuchend stemmte sich der Kapitän hoch und fuhr sich mit der Hand über die schmerzenden Augen. »Hölle und Verdammnis, das war Rettung in letzter Sekunde. Ausgesprochen tollkühn, muss ich sagen.« Aus seinem Mund klang es wie ein Vorwurf und entsprechend blickte er seinen Retter auch an.

»Nicht tollkühner als Sie«, erwiderte Francis Drake schlagfertig. Obwohl ihn jeder Knochen schmerzte, fühlte er sich so gut wie selten zuvor. Der Orkan hatte noch nichts von seiner Wucht verloren. Doch das Bewusstsein, diese kritische Situation gemeistert zu haben, gab neue Kraft.

»Wie meinen Sie das?«, fragte Henry Sheldon angriffslustig.

»Sie haben doch auch versucht, die Wanten zu kappen, nicht wahr?«

Der Kapitän verzog das Gesicht. »Schon möglich, schon möglich«, knurrte er. »Sie hatten hier aber überhaupt nichts zu suchen. Ich hatte Ihnen doch befohlen, am Ruder zu bleiben, ganz gleich was auch geschehe.«

»Chris Mitchell hat das Ruder übernommen. Er ist ein ausgezeichneter Seemann und das wissen Sie.«

Der Kapitän wischte den Einwand mit einer herrischen Bewegung beiseite. »Das tut nichts zur Sache!«

Francis Drake lächelte kaum merklich. »Wenn Sie es natürlich so betrachten, war das Befehlsverweigerung«, sagte er und fügte dann spöttisch hinzu: »Ich brachte es aber nicht über das Herz, die *Trinity* einfach so absaufen zu lassen. Ich weiß auch nicht, warum, aber irgendwie hänge ich an ihr.«

Henry Sheldon musste nun gegen seinen Willen lachen. »Zum Teufel mit Ihnen, Sie haben gut pariert. Die Entschuldigung lasse ich gelten. Aber nun machen Sie, dass Sie wieder dahin kommen, wo Sie hingehören ... ans Ruder nämlich!«

»Aye, aye, Sir!«

Francis Drake kehrte aufs Achterdeck zurück und entlastete Chris am Ruder. Der Sturm tobte noch immer und stellte die Bark auf eine harte Belastungsprobe. Das Schiff rollte und schlingerte. Mühsam kroch es die Wellenberge hoch. Das Deck wurde weiterhin von mächtigen Brechern überspült. Alles, was nicht niet- und nagelfest war, riss sich los. Die Seeleute arbeiteten bis zum Umfallen an den Pumpen. Die Bark tanzte wie ein Korken auf den Wellen und erbebte vom Bug bis zum Heck, wenn die Kreuzseen sie trafen. Es gab noch mehrere kritische Situationen zu meistern.

Endlich aber ließ der Sturm nach. Die Wellen wuchsen nicht mehr wie Berge in die Höhe und der Wind verlor an Kraft.

Doch für die Männer an Bord der *Trinity* gab es noch keine Atempause. Erst als sie Stunden später das Hafenfeuer von Plymouth sichteten, wussten sie sich gerettet. Weder an diesem Abend noch später irgendwann einmal erwähnte Henry Sheldon, dass er sein Leben Francis Drakes entschlossenem Einsatz verdankte.

Knapp vier Monate später erkrankte Henry Sheldon an Typhus. Er wurde von heftigem Fieber geschüttelt und war schon bald nicht mehr in der Lage, seine Koje zu verlassen.

Francis Drake übernahm das Kommando und brachte die *Trinity* in den Hafen von Chatham zurück. Schon nach wenigen Tagen Liegezeit hatten sich die meisten Matrosen von Bord gestohlen. Einige hatten solche Angst vor der Ansteckung, dass sie sich nicht einmal die restliche Heuer ausbezahlen ließen.

Nach zwei Wochen harrten nur noch Chris Mitchell und Francis Drake auf der Bark aus. Auch sie trugen sich mit dem Gedanken, von Bord zu gehen, denn die Ärzte, die sich um Kapitän Sheldon kümmerten, hatten ihn schon aufgegeben.

Am Abend trat die Krisis ein und Henry Sheldon starb noch in derselben Nacht. Da er unverheiratet und kinderlos war, hatte er Francis Drake die *Trinity* und alle seine Habe vermacht.

Francis Drake, noch keine zwanzig Jahre alt, war damit Schiffseigner und Kapitän einer Bark, über die er nach eigenem Ermessen verfügen konnte...

4

Es war an einem heißen, wolkenlosen Junitag des Jahres 1567, als die *Trinity* mit dem letzten Hauch der schwachen Sommerbrise den Hafen von Plymouth erreichte und Anker warf.

Vom Achterdeck seines Schiffes aus verfolgte Francis Drake das Anlegemanöver. Ein Ausdruck der Zufriedenheit und des Stolzes zeigte sich auf seinem braun gebrannten Gesicht. Eine gewinnträchtige Reise nach Frankreich lag hinter ihm. Zudem war er sicher, dass er die Waren, die er in Bordeaux an Bord genommen hatte, in Plymouth mit hohem Profit losschlagen konnte.

Seit fünf Jahren war er nun Eigner und Kapitän der Bark und hatte bewiesen, dass er nicht nur ein hervorragender

Seemann war, sondern auch ein geschickter, erfolgreicher Geschäftsmann. Er hatte es zu etwas gebracht. Und dass er erst fünfundzwanzig war, sah man ihm nicht an. Der dunkelbraune Vollbart machte ihn um einige Jahre älter.

Francis Drake wandte sich an Chris Mitchell, der Steuermann der Bark war, seit Henry Sheldon ihm die *Trinity* vererbt hatte. Mitchell war sein Freund und Vertrauter und der Einzige, von dem er Kritik ertrug.

»Sorge dafür, dass das Schiff entladen wird! Ich gehe indessen an Land und verhandle mit den Halsabschneidern in den Handelskontoren.«

»Du wirst sie schon dahin bekommen, wo du sie haben willst«, erwiderte Chris Mitchell lachend und trieb die Mannschaft zur Arbeit an.

Francis Drake verließ die Bark. Die Hitze lastete auf der Hafenstadt und staute sich in den engen, gewundenen Gassen. Es stank penetrant nach Abfällen und verfaultem Fisch. Nur in den hohen, weitläufigen Handelskontoren ließ es sich gut aushalten. Hier war es um einige Grad kühler, und die Luft war erfüllt von den verschiedenartigsten Düften der gelagerten Waren, die aus allen Teilen der Welt kamen. Es roch nach exotischen Gewürzen, nach getrocknetem Tabak, nach Seidenstoffen und nach rohem Leder.

Francis Drake vermochte seine geschäftlichen Interessen hervorragend wahrzunehmen. Freundlich und zuvorkommend im Auftreten, jedoch hart in der Sache – so verhandelte er mit den Aufkäufern der Kontore. Und was Geschäftstüchtigkeit und Gerissenheit betraf, so stand er ihnen in nichts nach.

Gerade war er mit einem Vorsteher der Kontore über zwei dutzend Kisten mit bestem französischem Wein handelseinig geworden, als er im Durchgang der Lagerhalle einen großen, vornehm gekleideten Mann mit scharf vorspringender Nase und kunstvoll gezwirbeltem Schnurrbart bemerkte. Der Mann mochte Mitte dreißig sein.

Francis Drake stutzte. Und dann wusste er, wen er vor sich hatte. Es war John Hawkins, dessen Familie zu den reichsten Kaufmanns- und bekanntesten Abenteurerfamilien Englands zählte. Francis Drake war um mehrere Ecken herum mit ihm verwandt.

»John!«, rief er erfreut.

John Hawkins drehte sich um. »Francis! Wenn das keine Überraschung ist. Was machst du denn hier in Plymouth?«, erkundigte er sich mit ehrlichem Interesse.

»Ich bin gerade von einer Fahrt nach Bordeaux zurückgekehrt und schlage die Fracht los.«

»Hat es sich gelohnt?«, fragte John Hawkins und zwirbelte seinen Schnurrbart.

Francis Drake lächelte zufrieden. »Ich kann wirklich nicht klagen«, antwortete er diplomatisch. »Aber wollen wir den glücklichen Zufall nicht im *Golden Lion* bei einem guten Glas Wein feiern?«

John Hawkins hatte nichts dagegen einzuwenden und so begaben sie sich in die Wirtschaft gegenüber. Francis Drake bestellte. Und als er mit seinem reichen Verwandten wenige Minuten später auf gute Geschäfte anstieß, überlegte er, wie er das Gespräch am besten auf das Thema lenken konnte, das ihn so brennend interessierte. Er wollte auf keinen Fall unhöflich erscheinen und benötigte deshalb einen Vorwand.

John Hawkins lachte und er hatte allen Grund dazu. Schon zweimal war er nach Westafrika gesegelt und hatte dort Sklaven an Bord genommen. Anschließend hatte er den stürmischen Atlantik überquert und den spanischen Siedlern in der Karibik als erster Engländer die Sklaven mit hohem Profit verkauft. Diese Reisen waren jedoch nicht ohne Risiko gewesen. Die Spanier lagen nämlich fast ständig mit England im Krieg, und den Siedlern war es eigentlich untersagt, englischen Seefahrern und Händlern auch nur einen Nagel abzukaufen. Es war ein höchst gefährliches Geschäft, das John Hawkins da erschlossen hatte. Andererseits wogen die ungeheuren Gewinne, die man im Sklavenhandel erzielen konnte, alle Gefahren mehr als auf.

»Du hast Ärger mit dem spanischen Statthalter von Rio de la Hacha gehabt, nicht wahr?«

Francis Drake nickte und sein Gesicht nahm einen finsteren Ausdruck an. »Miguel de Castellanos heißt dieser Hundesohn, der uns das Geschäft verdorben hat. Anfangs ließ sich alles gut an. Unsere Expedition bestand aus vier Schiffen. Kapitän John Lovell, du kennst ihn ja, befehligte die Flotte. Wir nahmen Kurs auf Westafrika. Vor der Küste von Guinea und bei den Kapverdischen Inseln kaperten wir mehrere portugiesische Schiffe. Sie leisteten heftigen Widerstand, aber unsere Kanonenschüsse lagen besser.

Wir erbeuteten eine Menge Elfenbein, Zucker und eine wertvolle Ladung Neger. Wir segelten also in die Karibik und kamen auch nach Rio de la Hacha. Fast hundert Sklaven wollte man uns dort abkaufen. Wir brachten die Neger an Land und übergaben sie den Spaniern. Und da weigerte sich der spanische Statthalter, die Ware auch zu bezahlen. Er drohte, unsere Schiffe zu versenken. Wir mussten nachgeben und haben somit einen hübschen Batzen Geld verloren.«

»Die Spanier glauben, sich alles erlauben zu können«, sagte John Hawkins zornig. »Aber eines Tages werden sie für ihre Arroganz und Hochnäsigkeit noch einmal büßen.«

»Ich habe ihnen Rache geschworen, John!«, stieß Francis Drake hervor, und Hass funkelte in seinen Augen.

John Hawkins nahm einen Schluck Wein. »Weißt du, wer an dieser himmelschreienden Ungerechtigkeit schuld ist?«, fragte er und beantwortete seine Frage gleich selbst: »Der Papst! Einzig und allein der Papst!«

John Hawkins übertrieb nicht.

Im Jahre 1493 hatte Papst Alexander VI. nur Spanien und Portugal als Kolonialmächte anerkannt. In einer vermessenen, selbstherrlichen Entscheidung hatte er die Welt zwischen Spanien und Portugal aufgeteilt. Alles Land, das östlich des 46. Längengrades neu entdeckt wurde, sollte Portugal gehören, alles Land westlich den Spaniern. In der Schenkungsurkunde, die der Papst dem spanischen König aushändigen ließ, hieß es:

Aus unserer eigenen Machtvollkommenheit und ohne jede Beeinflussung von irgendeiner Seite übergeben wir als Träger der höchsten apostolischen Gewalt alle neu entdeckten Länder und Inseln an Sie und Ihre Erben, vorausgesetzt dass sie nicht einem anderen christlichen König gehören. Bei Strafe der Exkommunikation ergeht das Verbot des Betretens dieser Länder und der Handelsbeziehungen mit ihnen ohne unsere ausdrückliche Genehmigung.

Im Klartext bedeutete das, dass allein die Spanier und Portugiesen die neu entdeckten Länder ausbeuten durften und dort schalten und walten konnten, wie es ihnen beliebte. Frankreich, England und die anderen europäischen Staaten gingen bei dieser Aufteilung der Welt leer aus. Obwohl sie verärgert waren, hielten sie sich an die Weisungen des Papstes, der zu jener Zeit noch mächtig war. Erst als die protestantische Reformation in Europa Fuß fasste, ließ der Einfluss des Papstes nach, und die anderen Staaten begannen aufzubegehren.

»Als Protestant erkenne ich den Papst in Rom nicht an!«, sagte Francis Drake mit erregter Stimme. »Ich bin auch nicht bereit, seine Aufteilung der Welt zu akzeptieren. Wir müssen etwas dagegen unternehmen!«

John Hawkins lachte bitter auf. »Es gibt kaum einen protestantischen Engländer, der nicht deiner Meinung ist, Francis. Aber das mit dem Unternehmen ist leichter gesagt als getan. Wir können schon von Glück reden, dass die Blutige Maria nicht mehr auf dem englischen Thron sitzt.«

»Aber die neue Königin tut auch nicht viel«, murmelte Drake leise.

»Immerhin hat Elisabeth I. der katholischen Restauration den Garaus gemacht«, gab der Sklavenhändler zu bedenken. »Wir Protestanten brauchen nicht mehr um unser Leben zu fürchten. Es herrscht Friede im Land. Das allein ist schon eine ungeheure Leistung. Ich habe die Blutigen Protestantenverfolgungen unter Maria nicht vergessen ...«

»Ich auch nicht!«

John Hawkins seufzte. »England kann sich einen offenen Krieg mit Spanien im Augenblick einfach nicht leisten. Die Staatskasse ist leer. Und sieh dir mal unsere Kriegsschiffe an ... ein jämmerlicher Haufen. Die Königin braucht Zeit, um eine schlagkräftige Marine aufzubauen. Bis dahin muss sie versuchen, Spanien hinzuhalten und über ihre wahren Ziele zu täuschen.«

Francis Drake blickte ihn forschend an. »Du scheinst zu wissen, welche Ziele sie verfolgt«, sagte er mit gedämpfter Stimme.

John Hawkins beugte sich etwas zu ihm vor. »Das liegt doch auf der Hand. Wir wollen unseren Teil vom Kuchen, Francis. Die Spanier segeln mit Schiffen voller Gold, Silber und Juwelen aus den Kolonien nach Hause. Unsere Königin ist nicht gewillt, tatenlos zuzusehen, wie die Spanier immer reicher und mächtiger werden. Es wird Krieg geben.«

»Bis es so weit ist, wird aber noch einige Zeit vergehen.«

»Richtig und die werden wir auf unsere Art nützen«, fuhr John Hawkins fort. »Offiziell wird die Königin nichts gegen die spanische Vorherrschaft in Westindien unternehmen. Sie wird aber auch englischen Kapitänen und ihren Mannschaften nichts in den Weg legen, die auf eigene Faust den Spaniern Konkurrenz machen. Sie wird Männer wie uns, so gut es geht, unterstützen, das kannst du mir glauben.«

»Das klingt recht viel versprechend.«

»Das ist es auch. Ich habe diese Informationen aus erster Hand.«

»Wenn ich das nächste Mal nach Westindien segele, werde ich den Spaniern zeigen, dass man einen Engländer nicht ungestraft übers Ohr haut«, knurrte Francis Drake und trank sein fast volles Glas mit einem Zug leer.

John Hawkins musterte ihn einen Augenblick schweigend. Er schien angestrengt nachzudenken. Schließlich sagte er: »Diese Gelegenheit könnte sich dir schon recht bald bieten.«

Francis Drake runzelte die Stirn. »Wie meinst du das?«, fragte er aufgeregt.

»Ich habe zwei Reisen nach Afrika und zu den Westindischen Inseln unternommen, die sehr erfolgreich gewesen sind«, sagte er spöttisch. »Weshalb sollte ich mein Glück nicht noch ein drittes Mal auf die Probe stellen?«

Francis Drake zuckte wie unter einem Peitschenhieb zusammen. »Du planst eine neue Expedition?«, stieß er aufgeregt hervor, während sich die Gedanken hinter seiner Stirn jagten.

John Hawkins sah sich in der Wirtschaft um, ob ihnen auch niemand zuhören konnte. Da sie jedoch an einem Ecktisch fern der Theke saßen und die einzigen Gäste waren, brauchten sie sich vor ungebetenen Mithörern nicht zu fürchten.

»Von einem Plan kann keine Rede sein«, beantwortete John Hawkins die Frage seines Verwandten. »Ich stecke schon mitten in den Vorbereitungen. Es wird diesmal eine groß angelegte Expedition, die alles bisher Dagewesene in den Schatten stellt. Ich weiß, dass du ein Geheimnis für dich behalten kannst.« Er machte eine dramatische Pause und genoss sichtlich die Ungeduld seines Gegenübers. »Sogar die Königin beteiligt sich an meinem Unternehmen.«

Einen Augenblick starrte Francis Drake ihn sprachlos an. »Ist das wirklich wahr?«, fragte er schließlich.

John Hawkins nickte. »Wir werden mit mindestens sechs Schiffen in See stechen. Die Königin stellt uns die *Jesus of Lübeck* und die *Minion* zur Verfügung. Meine Familie beteiligt sich mit vier Schiffen an der Expedition.«

»Wer finanziert das alles?«, fragte Francis Drake mit einem ganz speziellen Hintergedanken.

John Hawkins lächelte, denn er ahnte, worauf sein Verwandter hinauswollte. »Du weißt genau wie ich, dass meine Familie solch eine Expedition nicht aus der eigenen Tasche bezahlt. Die Risiken sind so hoch. Wir haben also wieder ein Konsortium gegründet und Aktienbriefe ausgegeben. Zahlungskräftige Kaufleute, Angehörige des Hofes, mehrere Minister und sogar die Königin haben durch den Erwerb dieser Aktienbriefe einen Teil der Risiken und der hohen Unkosten auf sich genommen. Wenn die Reise ein Erfolg wird, bekommt jeder Aktieninhaber sein eingezahltes Geld plus den Gewinn zurück. Wer das letzte Mal bei mir 100 Pfund investiert hatte, erhielt bei meiner Rückkehr über 160 Pfund.

»Sechzig Prozent Reingewinn, eine stolze Summe«, sagte Francis Drake anerkennend.

»Aber wir wollen nicht lange um den heißen Brei herumreden«, sagte John Hawkins nun. »Es steht dir im Gesicht geschrieben, dass du dich an meiner Expedition beteiligen willst.«

Francis Drake schnitt eine Grimasse. »Ich kann es nicht leugnen. Ich würde gern dabei sein.«

John Hawkins nickte knapp. »Du bist jung, ehrgeizig und ungeduldig«, sagte er mit leichtem Vorwurf in der Stimme, und Francis Drakes Begeisterung kühlte augenblicklich ab.

»Andererseits bist du aber auch ein ausgezeichneter Seemann«, fuhr John Hawkins ungerührt fort, »und ein sehr umsichtiger Kapitän. Du hast etwas aus dem Geschäft gemacht, das Henry Sheldon dir hinterlassen hat. Du hast ein Gespür für den Wind und die See, Francis. Und das wiegt alles andere auf.«

»Danke, sehr freundlich von dir«, sagte Francis Drake mit kühler Stimme.

John Hawkins lächelte. »Siehst du, genau das meinte ich damit. Du reagierst sofort frostig, wenn man dir etwas sagt, das dir nicht passt. Du bist nicht in der Lage, Kritik zu ertragen. Aber solange du keine Fehler machst, ist das nicht weiter schlimm.« Er nahm seinen Worten die Schärfe, indem er seinem Verwandten zuzwinkerte.

»Allerdings muss ich dir noch etwas sagen, was dir nicht gefallen wird. Wenn du dich meiner Expedition anschließen möchtest, wirst du wohl oder übel deine Bark *Trinity* verkaufen müssen. Dein Schiff ist als Lotsenboot und als Küstensegler hervorragend geeignet. Es ist aber zu klein, um in unserem Verband mitsegeln zu können. Außerdem brauchst du einen hübschen Batzen Geld, um dich an den Kosten des Unternehmens beteiligen zu können. Die Ausrüstung verschlingt eine Menge Geld.«

»Das leuchtet mir ein. Ich hänge zwar an der Bark, aber in diesem Fall würde ich nicht einen Augenblick zögern, sie zu verkaufen!«, versicherte Francis Drake und war froh, dass es wieder um Sachfragen und nicht mehr um persönliche Vorzüge und Fehler ging.

»Aber jetzt kommen wir erst zu dem kritischen Punkt, den du gut durchdenken solltest. Deshalb auch meine Kritik vorhin, die dir nicht geschmeckt hat«, sagte John Hawkins und vermochte sich den kleinen Seitenhieb einfach nicht zu verkneifen. »Du wirst auf einem meiner Schiffe Dienst tun müssen, denn die Kapitänsstellen sind schon vergeben.«

»Und welche Stelle bietest du mir an?«, wollte Francis Drake wissen. Er war ein wenig enttäuscht.

»Die des Ersten Offiziers nach dem Kapitän.«

Francis Drake überlegte nicht lange. Auch ein Offizier hatte bei dieser Expedition die Chance, ein Vermögen zu machen. Außerdem ging es ihm nicht nur um das Geld, sondern um Erfahrungen im Westindiengeschäft. Im Augenblick war John Hawkins der beste Mann.

»Einverstanden«, sagte Francis Drake. »Aber was ist, wenn wir auf See ein feindliches Schiff kapern?«

»Dann erhältst du das frei werdende Kommando.«

Mit dieser Antwort war Francis Drake zufrieden. »Das ist ein Wort.« Er war schon zu viele Jahre Kapitän auf einem eigenen Schiff gewesen, als dass er die Befehlsgewalt eines anderen allzu lange hätte ertragen können. Und da es für ihn feststand, dass John Hawkins' Flottenverband schon bald nach dem Auslaufen ein feindliches Schiff kapern würde, waren die Aussichten gar nicht so schlecht.

»Dann bist du also dabei?«, vergewisserte sich John Hawkins.

»Du hast mein Ehrenwort, John!«

»Topp. Ich freue mich, dass du dich beteiligst. Die Zukunft Englands liegt auf der anderen Seite des Atlantiks. Und solange unsere Königin Spanien den Krieg noch nicht erklären kann, werden wir als Kaufleute die Interessen der englischen Krone wahrnehmen.«

»Wie sehen deine Pläne aus?«, fragte Francis Drake.

»Wir werden zuerst einmal Kurs auf Guinea nehmen und dort Jagd auf Sklaven machen. Die Portugiesen erdreisten sich zwar, das Handelsmonopol an der Westküste Afrikas für sich zu beanspruchen, aber das soll uns nicht stören. Die Burschen sind gar nicht in der Lage, ihren Anspruch auch mit Kanonen zu verteidigen. Und du weißt ja selbst, die Scheichs wollen bezahlt werden. *Wer* sie bezahlt, interessiert sie doch nicht.«

Francis Drake nickte zustimmend. »Werden wir auch Rio de la Hacha anlaufen?«

John Hawkins schmunzelte. »Wir werden sehen. Für heute soll es reichen, Francis. Ich habe noch einige Geschäfte zu erledigen. Alles Weitere besprechen wir in den nächsten Tagen.«

»Wann gehen wir voraussichtlich in See?«

»In etwa drei bis vier Monaten. Anfang Oktober vermutlich. Das ist die beste Zeit.« John Hawkins erhob sich und streckte Francis die Hand hin. »Dann gehörst du also von jetzt an zu meiner dritten Expedition.«

Francis Drake schlug ein und erwiderte den kräftigen Händedruck. Plötzlich fiel ihm noch etwas ein, das er unbedingt geklärt wissen wollte.

»Noch eine Sache, John.«

»Ja?«

»Ich möchte zumindest einen Mann mitnehmen. Chris Mitchell ist sein Name. Ich fahre schon seit zehn Jahren mit ihm zur See. Er ist bei mir Steuermann. Chris ist ein wirklich guter Freund. Zudem hat er Mut und versteht etwas von der See.«

»Solche Männer können wir immer gebrauchen. Falls du ihn jedoch schon jetzt einweihen willst, sorge dafür, dass er sein Wissen für sich behält«, schärfte John Hawkins ihm ein. »Die spanischen Gesandten in London suchen verzweifelt nach einem Beweis, dass unsere Königin mit uns Freibeutern unter einer Decke steckt. Es ist also höchste Vorsicht geboten!«

»Weder von mir noch von Chris wird irgendjemand etwas erfahren«, versicherte Drake. »Du hast mein Wort.«

Sie verabschiedeten sich, und Francis Drake eilte, ganz berauscht von der Aussicht, schon bald wieder nach Westindien zu segeln, zu seinem Schiff zurück. Die Waren stapelten sich schon auf dem Pier.

Mit nacktem, schweißüberströmtem Oberkörper stand Chris Mitchell neben der Frachtluke und überwachte das Entladen der Bark. Dabei packte er auch selbst kräftig mit an. Sein verfilztes, lockiges Haar, das sich den Zähmungsversuchen eines Kammes bisher standhaft widersetzt hatte, leuchtete rot im grellen Sonnenlicht.

Francis Drake hastete über die Landplanke an Deck. »He, Chris! Komm mit hinunter in die Kajüte!«, rief er seinem Freund zu, denn er vermochte die sensationelle Nachricht nicht länger für sich zu behalten.

Chris befahl den Matrosen, ohne ihn weiterzumachen, wischte sich mit einem Stofffetzen den Schweiß ab und folgte Francis unter Deck.

»Hat es Ärger gegeben?«, erkundigte sich Chris Mitchell.

»Bestimmt haben diese Pfeffersäcke versucht, die Preise zu

drücken, nicht wahr? Wenn ich diese Geizhälse mit ihren gepuderten Perücken sehe, juckt es mich jedes Mal in den Fingern. Selbst setzen sie nie den Fuß an Deck eines Schiffes ...«

»Keine Sorge!«, fiel Francis Drake ihm belustigt ins Wort. »Die Ware ist verkauft. Zu einem guten Preis sogar. Deshalb will ich nicht mit dir sprechen.«

»Sondern?«

»Schließ die Tür sorgfältig hinter dir!«, wies Francis ihn an.

»Mein Gott, du machst es ja reichlich spannend«, sagte Chris, tat aber, worum Francis ihn gebeten hatte.

»John Hawkins ist mir im Kontor über den Weg gelaufen«, begann Francis Drake.

Mitchell runzelte die Stirn. »Der Sklavenhändler?«

»Genau der«, bestätigte Drake. »Du weißt ja, ich bin weitläufig mit ihm verwandt. Na ja, wir kamen so ins Gespräch, und unter dem Siegel absoluter Verschwiegenheit vertraute er mir an, dass er gerade eine neue Expedition zusammenstellt. Es ist noch alles streng geheim. Höchste Kreise beteiligen sich an dem Unternehmen und haben ein Finanzkonsortium gebildet.«

Chris Mitchell pfiff leise durch die Zähne. »Der Bursche hat den Dreh raus. Man muss eben die richtigen Beziehungen haben. Jetzt werden vermutlich ein paar reiche Londoner Kaufleute noch reicher werden.«

Drake lächelte. »Mag sein, aber diesmal haben wir dieselbe Chance. Chris Mitchell und der ehrenwerte Francis Drake werden nämlich auch an dieser Expedition teilnehmen«, sagte er und lachte zufrieden über das erstaunte Gesicht seines Freundes. »Ich werde die Bark verkaufen und Aktienbriefe erwerben. Ich habe mit John Hawkins schon alles abgesprochen.«

Chris Mitchell ließ sich auf einen Schemel fallen. Das war eine Nachricht, die es in sich hatte. Viele Fragen bedrängten ihn, doch nur eine war wirklich wichtig.

»Wann gehen wir in See?«, wollte Mitchell wissen.

»Anfang Oktober. Du wirst sehen, die nächsten Monate verfliegen im Handumdrehen. Ich kann es gar nicht erwarten.« Francis Drake holte tief Luft und sprach dann das Wort aus, das gleichbedeutend war mit Ruhm, Reichtum, Rache und Gefahr: »Westindien!«

5

Am zweiten Oktober des Jahres 1567 war es endlich so weit. Die Vorbereitungen für die dritte Expedition unter der Führung von Kapitän John Hawkins waren abgeschlossen. Es hatte in den letzten Wochen Ereignisse und politische Verwicklungen gegeben, die zeitweise das gesamte Unternehmen infrage gestellt hatten. Doch daran dachte nun keiner mehr, als John Hawkins kurz vor Sonnenaufgang den Befehl zum Auslaufen gab. Die Anker wurden gelichtet und die Segel gesetzt.

Der erfahrene Westindienfahrer Hawkins hatte die mächtige *Jesus of Lübeck* zu seinem Flaggschiff gemacht. Das Schiff, das bei allen nur schlicht *Jesus* hieß, gehörte der Königin, die es Hawkins für diese Reise gegen entsprechende Gewinnbeteiligung ausgeliehen hatte. Mit ihren 700 Tonnen war die *Jesus* das größte Schiff des beeindruckenden Flottenverbandes, der aus dem Hafen von Plymouth auslief.

Die *Jesus* war ein stolzer Viermaster mit hohem Vorder- und Achterkastell und glich mit ihren über vierzehn Kanonen einer schwimmenden Festung. Schon auf seiner zweiten Reise vor gut drei Jahren war die *Jesus* sein Flaggschiff gewesen, und er hatte sich auch diesmal wieder für sie entschieden, obwohl er wusste, dass sie schon etwas morsch war. Außerdem drohten die hoch aufragenden Masten bei jedem Sturm über Bord zu gehen. John Hawkins nahm das aber in Kauf, denn wichtiger erschien ihm, dass sein Flaggschiff einen imposanten Anblick bot und über eine große Ladekapazität verfügte.

Vom Achterdeck des Viermasters aus beobachteten John Hawkins, Francis Drake und Chris Mitchell das Auslaufen der Schiffe. Der Kapitän hatte darauf bestanden, dass Drake als Erster Offizier auf seinem Schiff fuhr. Deshalb gehörte Chris Mitchell automatisch zur Besatzung der *Jesus*, die sich an die Spitze des Verbandes gesetzt hatte.

Die anderen fünf Schiffe, die in ihrem Fahrwasser folgten, waren deutlich kleiner als die *Jesus*, die bis 1544 im Besitz der Hanse gewesen war. Da war die *Minion*, die gleichfalls der Königin gehörte und nur 300 Tonnen maß. Die *William and John* mit 150 Tonnen, die *Swallow* mit immerhin noch 100 Tonnen sowie die *Judith* mit 50 Tonnen und das kleine 33-Tonnen-Schiff *Angel* – diese vier Schiffe hatte die Familie Hawkins zur Verfügung gestellt.

»Unsere kleine Flotte kann sich sehen lassen«, meinte Chris Mitchell zu Francis Drake. Stolz sprach aus seiner Stimme.

»Das kann sie wirklich, Mister Mitchell«, stimmte John Hawkins ihm zu. Der Oberbefehlshaber der Expedition strich seinen Schnurrbart glatt. »Die Mannschaften von allen Schiffen zusammen stellen eine schlagkräftige kleine Armee dar. Wir zählen insgesamt vierhundertacht Offiziere, Matrosen und Soldaten.«

»Und ein paar Nichtsnutze und Möchtegernabenteurer«, murmelte Francis Drake geringschätzig und so leise, dass nur Chris Mitchell ihn verstehen konnte.

Francis Drake hielt nicht viel von den Söhnen reicher, einflussreicher Kaufleute und den jungen, gelangweilten Höflingen, die an dieser Expedition teilnahmen und einen Teil der Kabinen im Achterkastell belegten. Er hätte es lieber gesehen, wenn anstelle der Höflinge ein paar Matrosen oder Soldaten mehr an Bord gekommen wären. Aber jetzt ließ sich nichts mehr daran ändern, und die Matrosen mussten zusehen, wie sie mit den parfümierten Höflingen zurechtkamen – und umgekehrt.

Der Wind frischte auf und Drake beobachtete kritisch die Segelmanöver der anderen Schiffe. Die *Minion* machte ihm den besten Eindruck, nicht nur was das Können ihrer Besatzung anging. Die *Minion* hatte offensichtlich bessere Segeleigenschaften und erschien ihm zudem seetüchtiger und robuster als die schon recht betagte *Jesus*. Wenn er, Francis Drake, den Oberbefehl gehabt hätte, so hätte er, ohne lange zu zögern, die *Minion* zu seinem Flaggschiff gemacht.

»Wenn ich doch nur bald ein eigenes Schiff bekomme!« Dieser Wunsch beherrschte sein ganzes Denken. Erster Offizier unter John Hawkins zu sein, reichte ihm längst nicht. Sein Verwandter hatte Recht gehabt: Es fiel ihm nach all den Jahren als Kapitän der *Trinity* schwer, Befehlen anderer zu gehorchen.

Francis Drake wollte selbst befehlen!

6

Sechs Tage lang trieben stetige, günstige Winde die Schiffe nach Süden, vorbei an den Küsten Frankreichs und Spaniens. Am siebten Tag jedoch schlug das Wetter um.

Ein mächtiger Sturm zog auf. Das Unwetter überraschte die Flotte mitten in der Nacht. Noch vom Schlaf benommen, sprangen die Matrosen in die Wanten und bargen die Segel. Der Befehl, die Segel zu reffen, wurde jedoch einige Minuten zu spät erteilt – und das kostete der *Jesus of Lübeck* einen Mast.

»Das fängt ja viel versprechend an«, meinte Chris Mitchell, als die Sturmböen über die Schiffe herfielen wie ausgehungerte Raubtiere über ihre ahnungslosen Opfer und der Besanmast auf dem Achterdeck mit einem hässlichen Bersten splitterte. Mehrere Matrosen stürzten aus den Wanten. Ihre Schreie mischten sich in das Heulen des Sturms. Zwei der Seeleute waren auf der Stelle tot, als sie an Deck aufschlugen.

Der sich ständig drehende Wind trieb die sechs Schiffe in alle Himmelsrichtungen und machte es völlig unmöglich, dem Sturm im Flottenverband zu trotzen. Jeder war in diesem Unwetter auf sich allein gestellt.

Die Männer an Bord der *Jesus* hatten die Positionslichter der fünf anderen Schiffe bald aus den Augen verloren. Sie fanden auch keine Zeit, sich um das Schicksal ihrer Kameraden Gedanken zu machen. Der Sturm hielt sie in Atem.

Stunde um Stunde verging. Es wurde Tag. Der Sturm jedoch tobte mit unerbittlicher Wucht weiter. Er schien mit dem Flaggschiff zu spielen. Es war ein hässliches, nervenaufreibendes und kräftezehrendes Spiel, denn die *Jesus* schien jeden Moment kentern oder auseinander brechen zu wollen.

John Hawkins verfluchte sein Schicksal und glaubte, seine dritte Expedition habe schon am siebten Tag ihr unrühmliches Ende gefunden.

Vier unendlich lange Tage und Nächte dauerte der Sturm. Vier Tage und Nächte, die das Letzte von den Männern abverlangten. Die Pumpen in der Bilge blieben ununterbrochen im Einsatz.

Francis Drake hatte schon so manchen Sturm an Bord der *Trinity* erlebt, aber diese vier Höllentage waren mit nichts zu vergleichen. Es gab nicht eine trockene Stelle an Bord des Schiffes, das ständig hin und her geworfen wurde und jeden Augenblick von der aufgewühlten See verschluckt zu werden drohte. Jede Bewegung in den nassen, mit Salzkrusten überzogenen Kleidern wurde zur Qual.

An Schlaf war während des Sturmes kaum zu denken. War die körperliche Erschöpfung zu groß, taumelte Francis Drake unter Deck und legte sich in die klitschnasse Koje. Für zehn, zwanzig Minuten fiel er dann in einen traumlosen, bleiernen Schlaf, den sich der überanstrengte Körper einfach erzwang – dem wütenden Heulen und Toben des Sturmes zum Trotz.

Längere Ruhepausen waren ihm jedoch nicht vergönnt und auch keinem anderen. Der kalte, schneidende Wind, der durch die zahllosen Ritzen des morschen Schiffes pfiff, und die überkommenden Brecher sorgten dafür, dass niemand an Bord der *Jesus* vergaß, in welch lebensgefährlicher Situation er sich befand.

Am dritten Tag des Sturmes befahl John Hawkins seine Offiziere und die Reisebegleiter, wie die lästigen Höflinge und Söhne reicher Kaufleute offiziell hießen, in die Kapitänskajüte. Es war hier genauso nass und kalt wie auch anderswo auf dem Flaggschiff. Der Sturm hatte zwei der handbemalten Scheiben, die nach achtern hinausgingen, eingeschlagen. Die Öffnungen waren jetzt nur provisorisch mit Brettern vernagelt.

»Dieser verdammte Sturm hat doch auch etwas Gutes«, dachte Francis Drake mit grimmiger Befriedigung, als die leichenblassen Höflinge in die Kajüte wankten. Von ihren eingefallenen Gesichtern konnte man deutlich ihre Todesangst ablesen. Die meisten von ihnen vermochten sich nur noch mit größter Mühe auf den Beinen zu halten. Von der Selbstsicherheit und Arroganz, die sie vor dem Sturm an den Tag gelegt hatten, war nun nichts mehr geblieben. Sie bangten um ihr nacktes Leben.

John Hawkins stand breitbeinig am Kopfende des langen, massiven Eichentisches und glich die heftigen Bewegungen des Schiffes mit dem Körper aus. Sein Schnurrbart hing nass und zerzaust an den Mundwinkeln herunter.

»Ich habe Sie in meine Kajüte gebeten«, begann John Hawkins mit müder, niedergeschlagener Stimme, »weil wir eine Entscheidung treffen müssen. Das Schicksal meint es offensichtlich nicht sehr gut mit uns. Drei Tage dauert dieser Sturm schon. Bisher hat unser Schiff der Naturgewalt getrotzt und ...«

»Es ... es ... ist Wahnsinn, in diesem Orkan noch länger auszuharren!«, fiel ein dicker junger Mann mit aufgeschwemmtem Gesicht dem Kapitän mit erregter Stimme ins Wort. »Ich bin dafür, dass wir auf der Stelle umkehren. Sie setzen unser Leben aufs Spiel!«

John Hawkins blickte ihn an und Zorn flammte in seinen Augen auf. »Unser aller Leben steht auf dem Spiel, Sir Clifton! Eine Expedition dieser Art ist nun mal ein bisschen gefährlicher als ein Jagdausflug!«

Sir Clifton klammerte sich an die Tischkante, um nicht das Gleichgewicht zu verlieren. Er sah so aus, als müsste er sich jeden Augenblick übergeben. »Zum Teufel mit der Expedition!«, stieß er hervor. »Ich verlange, dass Sie Kurs auf Plymouth nehmen!«

John Hawkins blickte in die Runde. »Und wie ist Ihre Meinung, meine Herren?«, fragte er kühl. »Vergessen Sie nicht, dass eine erhebliche Summe Geldes auf dem Spiel steht. Noch hält sich die *Jesus of Lübeck* in diesem Sturm recht tapfer. Das Wetter kann schon bald umschlagen.«

»Für Ihr ›kann‹ gebe ich Ihnen keinen Penny!«, rief Sir Clifton wütend.

Nicht einer der Reisebegleiter sprach sich dafür aus, die Expedition fortzusetzen. Sie wollten so schnell wie möglich wieder festen Boden unter den Füßen haben.

John Hawkins beugte sich ohne großen Widerspruch der Macht der Höflinge. Er war zu sehr mit den Intrigen des englischen Hofes vertraut. Seine Familie gehörte zwar zu den angesehensten und reichsten Kaufleuten Englands, aber er verkannte deshalb noch lange nicht den Einfluss der Adeligen am Hofe. Er konnte es sich nicht erlauben, dass seine Familie in Ungnade fiel, nur weil er die Wünsche einiger Höflinge ignoriert hatte.

»Wir gehen also auf Heimatkurs!«, stellte John Hawkins sachlich fest und gab den entsprechenden Befehl an den Steuermann.

Die *Jesus of Lübeck* kämpfte sich mühsam nach Norden zurück. Die Forderung der seeunkundigen Reisebegleiter schien richtig gewesen zu sein, denn der Sturm hielt an. Er verlor auch in der kommenden Nacht nichts von seiner verheerenden Kraft.

Am Vormittag des elften Oktobers aber schlug das Wetter um. Die See beruhigte sich rasch und der Himmel klarte auf. Die niedergeschlagene Stimmung an Bord war mit dem ersten schwachen Sonnenstrahl wie weggespült.

»Wir sollten die Expedition fortsetzen!«, sagte Francis Drake mit Nachdruck zu John Hawkins. »Noch ist nichts verloren. Die Schäden am Schiff können wir während der Fahrt beheben. Wenn wir nach Plymouth zurückkehren, verlieren viele Leute eine Menge Geld. Und das wird sie nicht gerade freundlich stimmen.«

John Hawkins überlegte nicht lange. »Ich habe auf diesen Wetterumschwung auch nur gewartet, Francis. Wir nehmen Kurs auf die Kanarischen Inseln! Ich hoffe, dass sich die Kapitäne der anderen Schiffe an meine Befehle vor dem Auslaufen erinnern.«

»Laufen wir Gomera an, dann erfahren wir es«, meinte Francis Drake in bester Laune.

»Hoffentlich haben wir kein Schiff verloren«, erwiderte John Hawkins besorgt und dachte an jene letzte Besprechung, die er am Abend vor dem Auslaufen der Expeditionsflotte in Plymouth an Bord der *Jesus of Lübeck* abgehalten hatte. Und er erinnerte sich auch noch sehr gut an seine Worte.

»Für den Fall, dass unsere Flotte einmal aus irgendeinem Grund auseinander getrieben wird«, hatte er zu den in seiner Kajüte versammelten Kapitänen und Offizieren gesagt, »oder ein Schiff den Anschluss an den Verband verliert, sammeln wir uns bei der Insel Gomera, die zu den Kanarischen Inseln zählt. Gentlemen, bitte prägen Sie sich diese Inseln genau ein. Es kann für Sie einmal von entscheidender Bedeutung sein.«

Der Fall war nun eingetreten.

John Hawkins stellte sich insgeheim die bange Frage, wie er handeln sollte, falls sich keines der fünf anderen Schiffe bei Gomera blicken ließ. Es war nicht auszuschließen, dass der Rest seiner Expeditionsflotte schon längst auf dem Weg zurück nach Plymouth war oder dass der Sturm sein Opfer gefordert hatte. Die *Jesus* war dem Schiffbruch ja auch nur um Haaresbreite entgangen.

John Hawkins hatte das fatale Gefühl, als stünde dieses Unternehmen unter keinem guten Stern. Die Expedition mit nur einem Schiff fortzusetzen, würde bedeuten, das schon so enorme Risiko um ein Vielfaches zu erhöhen ...

7

John Hawkins' Befürchtungen erwiesen sich als unbegründet. Acht Tage nach dem Abflauen des Sturmes erreichte die *Jesus* die Kanarischen Inseln, die der Westküste Afrikas vorgelagert sind.

Als der Ausguck hoch oben im Topp des schwankenden Großmastes die Insel Gomera sichtete, strömten die Höflinge und alle wachfreien Matrosen und Offiziere an Deck. Mit spürbarer Spannung beobachteten die Männer, wie die Insel an Steuerbord aus der silbrig glitzernden See wuchs und sich rasch als dunkelgrüner Berg vom Horizont abhob.

»Bald werden wir mehr wissen«, meinte Francis Drake zu John Hawkins, der mit ausdrucksloser Miene zur Insel hinüberstarrte.

Die *Jesus* segelte unter gerefften Segeln an der Westseite der Insel vorbei und steuerte schließlich eine Bucht im Süden an. Diese Bucht war der vereinbarte Sammelpunkt.

»Wahrschau an Deck!«, rief der Ausguck plötzlich aus dem Topp hinunter. »Mastspitzen backbord querab!«

John Hawkins' Kopf ruckte zu dem Mann im Masttopp hoch. »Wie viele?«, schrie er zu ihm hoch.

»Mindestens acht, Sir!«, lautete die Antwort.

Francis Drake war genauso erleichtert wie John Hawkins und all die anderen Männer an Bord der *Jesus*, als sie die Bucht und die fünf vermissten Schiffe vor sich liegen sahen. Jubel brach an Deck aus.

»Rum für alle!«, rief John Hawkins. »Doppelte Portion. Wir haben allen Grund zum Feiern.«

Die Expeditionsflotte war noch einmal glimpflich davongekommen. Abgesehen von einigen gesplitterten Masten, kleineren Schäden an Deck und dem Verlust sämtlicher Beiboote hatten die Schiffe den Sturm gut überstanden. Die Ausbesserungsarbeiten nahmen nur ein paar Tage in Anspruch. Die klaren Quellen auf der Insel wurden genutzt und die Frischwasserfässer aufgefüllt.

Anfang November stach die Flotte wieder in See und nahm nun Kurs auf die Küste Guineas. Die Männer an Bord der Schiffe waren ausgeruht und voller Zuversicht, was den Ausgang dieser Expedition betraf. Sie hatten wieder Vertrauen zu John Hawkins' Erfahrungen und Glück.

Die zweite Etappe der Reise verlief ruhig und ohne Zwischenfälle. Die Winde waren günstig, und Francis Drake nutzte die viele freie Zeit für das Studium der wertvollen Karten, die in John Hawkins' Besitz waren.

Zwölf Tage lang passierte nichts. Dann aber geschah es. Am sechzehnten November, als es bis nach Kap Verde, ihrem Zielhafen an der Guineaküste, nur noch zwei Tage waren ...

»Wahrschau an Deck!«, rief der Ausguck an Bord der *Jesus* aus dem Topp. »Segel backbord querab!«

John Hawkins und Francis Drake begaben sich sofort auf das Achterdeck und spähten angestrengt nach Osten, wo die Küste Westafrikas hinter dem Horizont lag.

»Eine portugiesische Karavelle!«, meldete der Mann im Masttopp wenig später.

»Die schnappen wir uns!«, stieß Francis Drake aufgeregt hervor und blickte zu den Mastspitzen hinüber, die sich als dünne Striche am Himmel abzeichneten.

»Dazu liegen wir in der denkbar schlechtesten Position«, erwiderte John Hawkins bedauernd. »Die *Minion* liegt besser am Wind, Francis. Wir müssten erst über den Bug gehen. Nein, diese Karavelle wird sich Kapitän Philips vornehmen!«

Francis Drake presste die Lippen vor ohnmächtiger Wut zusammen, widersprach jedoch nicht, denn er wusste, dass John Hawkins Recht hatte. Die *Minion* lag nicht nur in der besseren Position für eine Jagd auf die portugiesische Karavelle, sie war auch um einiges schneller als das Flaggschiff.

Als die feindliche Karavelle die fünf englischen Schiffe bemerkte, änderte sie augenblicklich ihren Kurs und ergriff die Flucht. Der Portugiese setzte jeden Fetzen Tuch, den er an Bord hatte, um auch das Letzte aus dem Wind und seinem Schiff herauszuholen. Mit gischtender Bugwelle versuchte er, nach Süden zu entkommen.

John Hawkins erteilte Kapitän Philips mithilfe von Flaggensignalen den Befehl, sofort die Verfolgung aufzunehmen und das feindliche Schiff aufzubringen.

»Das wird unsere erste Prise«, bemerkte John Hawkins zufrieden.

Francis Drake war dagegen gar nicht zufrieden. Das dort drüben hätte *seine* Prise sein können. Dass Kapitän Philips nun die Möglichkeit erhielt, sich hervorzutun, gefiel ihm überhaupt nicht.

Er schluckte seinen Ärger, so gut es ging, hinunter, entfernte sich etwas von John Hawkins und beobachtete mit verkniffener Miene die Manöver der *Minion* in der Hoffnung, Fehler des Kapitäns zu entdecken.

Kapitän Philips jedoch verstand sein Handwerk. Er jagte seine Matrosen in die Wanten, um gleichfalls so viel Segeltuch zu setzen, wie die Masten gerade noch vertragen konnten. Unter voller Besegelung und über Backbordbug segelnd, jagte er der flüchtenden Karavelle hinterher.

»Sie wird nicht weit kommen«, sagte plötzlich eine Stimme hinter Francis Drake. Chris Mitchell war zu ihm ans Schanzkleid getreten, ohne dass er das bemerkt hatte.

Francis Drake nickte knapp. »Der Portugiese hat die Küste in Lee. Er kann gar nicht entkommen. Zum Teufel, ebenso gut hätten wir die Prise machen können.«

Chris Mitchell wusste, worauf Drake anspielte, und zuckte mit den Achseln. »Er hat nun mal die *Jesus* zu seinem Flaggschiff gemacht und nicht die *Minion*. Aber wir werden schon noch unsere Chance bekommen.«

Francis Drake antwortete nicht. Finster starrte er über die Reling nach Westen. Die *Minion* holte sichtlich auf. Gut zwanzig Minuten später befand sich die portugiesische Karavelle in Reichweite der englischen Kanonen.

Geschützdonner dröhnte über das Meer, als Kapitän Philips das Feuer auf die Karavelle eröffnen ließ. Deutlich waren die Rauchwolken zu erkennen, die zwischen den beiden Schiffen trieben. Das Krachen vereinzelter Musketenschüsse wurde von dem Wummern der schweren Kanonen übertönt.

Die Schüsse des Portugiesen lagen viel zu kurz und klatschten aufspritzend in die Wellen, lange bevor sie der *Minion* hätten gefährlich werden können.

Die zweite, absichtlich hoch gezielte Breitseite der *Minion* verwandelte die Segel der Karavelle in löchrige Fetzen. Einige Rahen, Spieren und Blöcke wurden von den schweren Geschossen losgerissen und prasselten mit lautem Krachen an Deck. Der Kapitän der Karavelle gab auf und drehte bei. Seine zerschossenen Segel flappten träge im Wind.

»Ein leichter Sieg. Kapitän Philips ist zu beneiden«, kommentierte Chris Mitchell die Kapitulation des Portugiesen mit spöttischer Stimme, während sich an Bord der *Jesus* und der anderen Schiffe Jubelgeschrei erhob.

Die Überraschung war groß, als John Hawkins erfuhr, dass der Kapitän der portugiesischen Karavelle ein Franzose namens Bland aus Rochelle war. Kapitän Bland hatte das portugiesische Schiff vor einer knappen Woche gekapert. Energisch protestierte er gegen den Überfall, als man ihn auf die *Jesus* brachte und er mit John Hawkins zusammentraf.

Hawkins ließ sich jedoch nicht im Geringsten beeindrucken. »Entweder Sie schließen sich mit Ihrem Schiff und Ihrer Mannschaft meiner Expedition bedingungslos an oder aber Sie bleiben mein Gefangener. Sie haben die Wahl und genügend Zeit, über mein Angebot nachzudenken«, teilte er ihm höflich, aber unmissverständlich mit und ließ ihn abführen.

»Niemals werde ich freiwillig unter Ihnen dienen!«, schrie Kapitän Bland, als man ihn aus der Kajüte brachte.

John Hawkins beachtete ihn nicht weiter und wandte sich Francis Drake zu. »Es sieht so aus, als sollte Kapitän Philips nicht viel von seinem Sieg haben«, sagte er betrübt.

»Wieso?«

»Er ist verletzt. Eine Musketenkugel hat ihn in die rechte Schulter getroffen. Der Feldscher bezweifelt, dass Philips die Verletzung überleben wird«, sagte John Hawkins. »Kurz und gut, er ist auf jeden Fall nicht in der Lage, die *Minion* zu befehligen.«

Francis Drake schwieg.

»Dein Wunsch nach einem eigenen Kommando geht somit schneller in Erfüllung, als du vermutlich erwartet hast«, bemerkte John Hawkins säuerlich. »Du übernimmst ab sofort die *Minion*. Bist du jetzt zufrieden?«

Ein kaum merkliches Lächeln glitt über Drakes Gesicht. »Kannst du mir das verdenken?« Und nach kurzem Zögern fügte er mit erschreckend nüchterner Stimme hinzu: »Natürlich tut es mir um Philips Leid. Aber ich bin froh, dass ich jetzt das Kommando auf der *Minion* habe. Seien wir doch nicht sentimental, John. Jeder weiß, dass er der Nächste sein kann, der von einer Kanonenkugel zerfetzt oder von niederstürzenden Rahen und Blöcken erschlagen wird. Das sind nun mal die Risiken unseres Berufes.« Ohne eine Antwort abzuwarten, verließ Francis Drake die Kapitänskajüte.

Betroffen blickte John Hawkins ihm nach. Er war nicht etwa verärgert, denn das, was Francis Drake gesagt hatte, stimmte. Aber die unerbittliche Zielstrebigkeit, der brennende Ehrgeiz und das mit Intelligenz gepaarte Draufgängertum seines Verwandten verwirrten ihn. Manchmal hatte er das Gefühl, Francis überhaupt nicht zu kennen, und das beunruhigte ihn.

Francis Drake machte sich in diesem Augenblick keine Gedanken darüber, was John Hawkins von seiner Einstellung hielt. Er setzte sofort mit Chris Mitchell zur *Minion* über, kletterte mit bewunderungswürdiger Schnelligkeit die Strickleiter an der Bordwand hoch und betrat das Deck des Schiffes mit dem Gefühl des Sieges, so als hätte er die *Minion* nach einem erbitterten Seegefecht geentert.

Sein Blick wanderte voller Besitzerstolz über das Deck. Endlich war er wieder Herr über ein Schiff. »Jetzt bin ich bereit«, murmelte er triumphierend.

8

Zwei Tage nach dem beinahe lächerlich kurzen Seegefecht erreichte die mittlerweile sieben Schiffe zählende Expeditionsflotte Kap Verde.

John Hawkins wusste von seinen früheren Reisen nach Guinea, dass in Kap Verde nur eine Hand voll portugiesischer Soldaten und Siedler hausten. Der vernichtenden Feuerkraft der englischen Kanonen hatten sie nichts entgegenzusetzen. Dennoch mied er den Stützpunkt, um die Portugiesen nicht unnötig zu provozieren. Es genügte vorerst, dass die Engländer sich einen Teil des gewinnträchtigen Sklavenhandels sicherten, ohne es aber in aller Welt lauthals zu verkünden. Es würde noch früh genug Ärger geben …

Die Flotte warf in einer versteckten Bucht Anker. Eine sichelförmige Landzunge, die von dichter Dschungelvegetation überwuchert war, schützte sie vor der Entdeckung von See aus. Kap Verde war mehrere Meilen entfernt.

Die Sonne versank schon langsam im Westen, als die Anker in das klare, grün schimmernde Wasser der Bucht klatschten. Eine erdrückend feuchte Hitze lag über der Küste und gab den Engländern einen Vorgeschmack dessen, was sie in den nächsten Wochen würden ertragen müssen.

John Hawkins hielt noch am selben Abend eine Lagebesprechung ab; diesmal nicht in der geräumigen Achterkajüte, sondern auf dem Oberdeck. Obwohl die Sonne schon längst jenseits der Landzunge untergegangen war, hatte es sich nicht abgekühlt.

»Um einen guten Profit machen zu können, benötigen wir ungefähr sechshundert Sklaven. Wir müssen damit rechnen, dass viele während der Überfahrt sterben. Im schlimmsten Fall bis zu einem Viertel und das wären hundertfünfzig«, sagte John Hawkins so sachlich und ungerührt wie ein Buchhalter. Und niemand störte sich daran.

»Wenn wir also diese sechshundert Neger zusammenhaben«, fuhr John Hawkins fort, »und unsere Vorräte an Frischfleisch und Wasser aufgefüllt sind, steht unserer Überfahrt nichts im Weg. Bis spätestens Ende Januar müssen wir die Neger aber zusammengetrieben haben, wenn wir noch mit einigermaßen günstigen Winden nach Westindien segeln wollen. Deshalb werden wir schon morgen mit der Arbeit beginnen.«

Fast alle Teilnehmer dieser Expedition waren mehr oder weniger gläubige Christen. Aber nicht einer von ihnen kam auf die Idee, ihr Unternehmen als unchristlich oder gar als verbrecherisch zu betrachten.

Sklavenhandel war ein Geschäft wie jedes andere. Ein Schwarzer war ein Stück Ware wie ein Ballen Stoff oder ein Sack Mehl. Afrikaner waren Heiden und durften daher, ohne dass man moralische Bedenken zu haben brauchte, versklavt werden. Die ersten portugiesischen Sklavenhändler hatten sogar dem Papst in Rom ein paar besonders gut aussehende und kräftige Sklaven geschenkt und niemand hatte daran Anstoß genommen.

Für John Hawkins und seine Männer war die Jagd auf Afrikaner eine Sache, die ihr Gewissen nicht im Geringsten belastete. Zu diesem blutigen Geschäft gehörte auch, dass man die Stranddörfer der Eingeborenen nachts überfiel, ein schreckliches Blutbad anrichtete und die verängstigten Überlebenden gefangen nahm. Eine andere Methode bestand darin, zwei Stämme gegeneinander aufzuhetzen, einen Krieg anzuzetteln und dem Sieger dann die Gefangenen abzukaufen. Oder man kämmte die Küste in Form einer groß angelegten Treibjagd durch. Es gab viele Methoden, die zum Erfolg führten.

Aber diesmal ließ der Erfolg auf sich warten. Mit hundertfünfzig Mann ging John Hawkins an Land. Nach einer Woche hatten sie acht Schwarze gefangen und diese acht Gefangenen hatten sie teuer bezahlen müssen.

Ein kriegerischer Stamm hatte ihnen erbitterten Widerstand geleistet und John Hawkins' Truppe mit einem wahren Pfeilhagel empfangen. Es gab zwar kaum schwere Verletzungen, doch die Pfeile waren vergiftet gewesen und so starben die Männer innerhalb von zehn Tagen auf schreckliche Art und Weise unter heftigen Krämpfen.

Nachdem siebzehn Männer den Tod gefunden hatten, herrschte eine gedrückte Stimmung unter der Expeditionsarmee. Doch mit zäher Verbissenheit führte John Hawkins die Jagd auf Sklaven fort. In mehrere Gruppen aufgeteilt, suchten die Engländer die Flussgebiete vom Rio Grande bis nach Sierra Leone ab. Mehrmals schien sich das Glück ihnen endgültig zuwenden zu wollen. Innerhalb eines Tages überwältigten sie einmal vierundfünfzig Afrikaner. Ein andermal überraschten sie ein Dorf des Nachts und machten fast siebzig Gefangene. Doch diese Glückssträhne riss schnell wieder ab. Die Zeit verstrich und John Hawkins war noch erschreckend weit von seinem Traumziel von sechshundert Sklaven entfernt. Und als das neue Jahr anbrach, hatten Tropenkrankheiten und die Folgen einseitiger Ernährung unter den Männern der Expedition zahlreiche Opfer gefordert.

Am zwölften Januar des Jahres 1568 kehrte John Hawkins zusammen mit Francis Drake, Chris Mitchell und dreißig erschöpften Männern zum Liegeplatz der Schiffe zurück. Die heiße, tropische Nacht senkte sich über die Küste und innerhalb von wenigen Minuten wurde es dunkel.

Am Strand flackerten Feuer. Deprimiert sanken die schwer bewaffneten Engländer, vom langen Marsch ermüdet, in den warmen Sand. Wieder war ein erfolgloser Tag vergangen.

John Hawkins hatte sich bisher heftig dagegen gesträubt, die Expedition für gescheitert zu erklären. Jetzt aber ließ sich das nicht länger aufschieben. Sie hatten ihr Ziel nicht erreicht und mussten deshalb die Konsequenzen ziehen, so schmerzlich es auch war.

Hawkins rief den Rest seiner Mannschaft am Strand zusammen und erklärte ihnen die Lage. »Wir sind vom Pech verfolgt, Männer«, sagte er und gab sich Mühe, seine Niedergeschlagenheit nicht allzu deutlich herausklingen zu lassen. »Wir haben jetzt Mitte Januar und erst knapp hundertfünfzig Neger zusammenbekommen.«

»Dann fehlen uns ja bloß noch vierhundertfünfzig«, rief irgendein Matrose spöttisch.

»Wir haben versucht, was wir konnten«, fuhr Hawkins fort. »Wir sind schon fast zwei Monate hier, und ich halte es nicht für ratsam, noch länger zu bleiben. Ich schlage deshalb vor, dass wir mit unseren Sklaven nach El Mina segeln.«

»El Mina ist ein portugiesisches Fort«, gab Francis Drake zu bedenken. »Man wird uns nicht gerade mit offenen Armen empfangen, John.«

»Die Portugiesen werden sich zu keinen kriegerischen Handlungen verleiten lassen«, widersprach John Hawkins. »Wir haben mehr Kanonen an Bord unserer Schiffe, als sie vermutlich jemals in ihrem Leben gesehen haben. Außerdem werden die Händler in El Mina bestimmt nichts gegen ein gutes Geschäft einzuwenden haben.«

»Möglich«, gab Francis Drake zu und fragte: »Wie soll dieses Geschäft denn aussehen?«

»Wir versuchen, die Sklaven gegen Gold einzutauschen«, erklärte John Hawkins. »Der Erlös wird vermutlich ausreichen, um die Unkosten dieser Expedition abzudecken. Eine andere Wahl bleibt uns gar nicht. Wir werden uns in El Mina neu verproviantieren und dann nach England zurücksegeln. Falls aber jemand einen besseren Vorschlag hat, bin ich gern bereit, ihn mit euch zu diskutieren.«

»Verdammt, nehmen wir Kurs auf El Mina und dann auf Plymouth, bevor wir hier alle krepieren. Noch sind wir wenigstens in der Lage, die Segel zu setzen«, rief ein hagerer Matrose mit einer vernarbten Kopfwunde.

Zustimmendes Gemurmel erhob sich aus den Reihen der Mannschaften. Die Höflinge drängten Hawkins zudem schon seit Wochen, die Rückreise anzutreten. Jeder von ihnen hatte in den letzten beiden Monaten mindestens einen Freund oder Kameraden sterben sehen.

John Hawkins ließ abstimmen. Bis auf eine Hand voll ganz abgebrühter Abenteurer waren alle für den Abbruch der Expedition. »Also abgemacht, wir versuchen zuerst einmal unser Glück in El Mina und gehen dann auf Heimatkurs«, stellte Hawkins fest.

Plötzlich krachte ein Musketenschuss.

Es klang, als wäre eine Kanone abgefeuert worden. Erschrocken sprangen die Männer auf und griffen zu ihren Waffen. Verwirrt blickten sie sich um und suchten nach Angreifern. Waren sie von portugiesischen Soldaten umzingelt?

»Der Schuss kam von dort drüben!«, stieß Francis Drake nicht weniger erschrocken als all die anderen hervor und zog blitzschnell seinen Degen. Die breite Klinge funkelte rötlich im flackernden Schein des Feuers.

»Einer der Wachtposten muss geschossen haben«, meinte Chris Mitchell.

John Hawkins schrie Befehle in die Nacht. Er schickte einige dutzend Männer auf die Schiffe zurück, um die Bordwachen zu unterstützen. Im Notfall sollten die Schiffe schnell gefechtsklar gemacht werden können. Dann teilte er den Rest der Männer in drei Gruppen ein. Bevor er jedoch dazu kam, ihnen weitere Instruktionen zu geben, rief eine kehlige Stimme vom Dschungelrand herüber: »Ihr könnt euch wieder beruhigen! Es ist nur ein einzelner Neger!«

»Bist du es, Thomas?«, fragte einer der Offiziere von der *Angel*.

»Ja.«

»Bring den Neger her, falls er noch am Leben ist!«, rief John Hawkins und veranlasste, dass die Wachen verdoppelt wurden. Man konnte nie wissen.

Der Schwarze war von der Musketenkugel leicht an der rechten Hüfte gestreift worden. Das Geschoss hatte nur die Haut aufgerissen. Der Wachtposten Thomas Williams stieß den Eingeborenen auf das große Lagerfeuer am Strand zu. Dieser hielt beide Arme weit von sich gestreckt, ohne dabei jedoch übermäßig verängstigt zu wirken. Im Gegenteil, seine Haltung drückte einen gewissen Stolz aus. Er hatte die Handflächen nach außen gekehrt. Er war unbewaffnet ins Lager der weißen Männer gekommen – das wollte er mit dieser Geste ausdrücken. Und während er auf die Gruppe um John Hawkins zukam, redete er ununterbrochen in einem primitiven Portugiesisch.

»Das ist ein Bote!«, rief Francis Drake, der selbst ein wenig Portugiesisch sprach, erstaunt.

John Hawkins nickte. »Ja, sieht so aus.« Er beherrschte die Sprache der Portugiesen perfekt und forderte den Gefangenen nun auf zu sagen, wer ihn geschickt und was er ihnen zu übermitteln habe.

Der Eingeborene redete auf John Hawkins ein und versuchte, seinen Worten mit eindrucksvollen Gesten Nachdruck zu verleihen. Er erschlug mit seinen Fäusten einen unsichtbaren Gegner, stach mit einem nicht vorhandenen Messer zu und fuhr sich dann mit der rechten Handkante über die Kehle, während er die Augen verdrehte.

Einige Männer lachten und auch John Hawkins' Gesicht hellte sich allmählich auf. Francis Drake glaubte, einen Ausdruck neu erwachender Hoffnung auf dem Gesicht seines Verwandten bemerken zu können. Was er von der Unterhaltung zwischen Hawkins und dem Schwarzen mitbekommen hatte, konnte einem auch wirklich Hoffnung machen.

»Zum Teufel, worum geht es denn nun?«, fragte Chris Mitchell ungeduldig. »Worüber palavern die beiden?«

»Über einen Krieg«, antwortete Francis Drake.

John Hawkins bedeutete dem Afrikaner zu schweigen und wandte sich an seine Landsleute. Er verbarg seine Erleichterung und Freude nicht länger. »Es sieht ganz so aus, als würde unsere wochenlange Pechsträhne nun endlich ein Ende nehmen, Männer. Vermutlich werden wir nicht nach El Mina segeln.«

»Wieso nicht?«, schrie jemand.

»Wer ist dieser Schwarze?«, fragte ein anderer aus der Menge. Erregtes Stimmengewirr erhob sich.

John Hawkins wartete, bis wieder Ruhe herrschte. »Der Name dieses Negers ist Omoro Kebba«, gab er dann bereitwillig Auskunft. »König Ebou Kundah hat ihn als Boten zu uns geschickt.«

»Wer ist Ebou Kundah?«

»Ebou Kundah ist König eines großen Eingeborenenstammes«, antwortete John Hawkins. »Sein Name ist mir schon bei meinen früheren Reisen an diese Küste zu Ohren gekommen. Ebou Kundah ist ein sehr machthungriger und kriegerischer König.«

»Von kriegerischen Negern haben wir vorerst die Nase voll«, bemerkte ein Matrose trocken. Einige Männer lachten.

»Was hat dieser Kundah mit uns zu tun?«, erkundigte sich nun Chris Mitchell.

John Hawkins lächelte. »Kundah führt Krieg mit einem anderen mächtigen Stamm, der unter der Herrschaft eines gewissen Nyo Bolongo steht. Offensichtlich hat Kundah aber erhebliche Schwierigkeiten, seine Feinde in die Knie zu zwingen. Deshalb hat er Omoro Kebba zu uns geschickt.«

»Sollen wir diesem Kundah dabei helfen, seinen Krieg zu gewinnen?«, fragte Chris Mitchell mit hochgezogenen Brauen.

»Genauso ist es«, bestätigte John Hawkins. »Mittlerweile hat es sich an der ganzen Guineaküste herumgesprochen, dass wir Jagd auf Neger machen. Ebou Kundah fühlt sich einigermaßen sicher vor uns, weil er über eine recht große Streitmacht verfügt. Er lässt uns aber durch Omoro Kebba einen Vorschlag unterbreiten, der recht viel versprechend klingt. Zusammen mit Ebou Kundahs Kriegern sollen wir das Dorf von Nyo Bolongo angreifen und erobern, und alle Gefangenen, die bei diesem Angriff gemacht werden«, fuhr Hawkins fort und schloss ein Scheitern schon in Gedanken aus, »gehören uns. Wenn ich Omoro Kebbas Worten Glauben schenken darf, können wir mit mindestens vier- bis fünfhundert Gefangenen rechnen.«

Aufgeregtes Stimmengewirr folgte Hawkins' Worten. Seine Leute waren ja prozentual am Gewinn der Expedition beteiligt. Nach den langen Wochen des Misserfolges hatten sie sich innerlich schon auf ein kläglich Scheitern dieser Reise eingestellt. Die Vorstellung, auf einen Schlag jetzt an die fünfhundert Sklaven machen zu können, versetzte sie in helle Begeisterung.

»Ich glaube nicht, dass wir da lange überlegen müssen«, meinte Francis Drake. »Solch eine Gelegenheit bietet sich einem nicht jeden Tag.«

John Hawkins und die anderen Offiziere waren derselben Meinung. Außerdem hatten sie keine große Wahl. El Mina war erheblich weniger verlockend als dieser Kriegszug gegen Nyo Bolongo.

John Hawkins ließ seine Mannschaft abstimmen. Das Ergebnis war nicht anders wie erwartet: Alle waren dafür, sogar die Höflinge sprachen sich für die Annahme aus, denn sie dachten an den gewaltigen Profit.

Omoro Kebba strahlte vor Freude und bedankte sich überschwänglich, als John Hawkins ihm mitteilte, dass sein König mit ihrer Unterstützung rechnen könne.

»Ich beanspruche jedoch nicht nur alle Gefangenen für mich«, sagte John Hawkins zu Omoro Kebba, »sondern verlange auch ausreichend Nahrungsmittel für meine Mannschaften. Fleisch, Wasser, Früchte, Brot und was ihr sonst noch zu bieten habt. Bevor diese Lebensmittel nicht auf den Schiffen sind, tun meine Männer keinen Schritt. Richte das deinem König unmissverständlich aus!«

Omoro Kebba versicherte, dass sein König die Bedingungen der weißen Männer erfüllen werde. Und er versprach den ersten Teil der Nahrungsmittel für übermorgen.

»Ebou Kundah hat drei Tage Zeit, Omoro!«, schärfte John Hawkins ihm mit Nachdruck ein. »Wenn bis dahin der erste Teil immer noch nicht bei uns eingetroffen ist, kann Ebou Kundah seinen Krieg allein weiterführen, verstanden?«

Omoro Kebba hatte verstanden.

Die Engländer wichen zur Seite und gaben eine schmale Gasse für den Boten frei. Sie blickten ihm nach, als er auf den Dschungel zulief. Augenblicke später hatte ihn die Schwärze der tropischen Nacht verschluckt.

Jetzt hieß es warten.

9

Jo Rance war spindeldürr und bestand hauptsächlich aus Haut, Knochen und Sehnen. Er machte den Eindruck, als würde ihm das Essen vollkommen gleichgültig sein; und dabei war er Koch auf dem Flaggschiff. Als er in Plymouth an Bord gekommen war, hatten die Matrosen gleich entsprechende Kommentare abgegeben und befürchtet, dass es mit Jos Kochkünsten nicht allzu weit her sein könne.

Aber Jo Rance hatte die Matrosen angenehm überrascht. Er war ein ausgezeichneter Koch und verstand sein Handwerk. Die Speisen, die er zubereitete, waren in Anbetracht dessen, was sonst auf Schiffen den Matrosen serviert wurde, abwechslungsreich und schmackhaft. Und als die Vorräte immer mehr zur Neige gingen, verstand er es, das Beste daraus zu machen. Dass er muffig, meist kurz angebunden und vom Prinzip her pessimistisch war, sahen ihm die Matrosen mittlerweile nach.

Pessimistisch war Jo Rance auch, was die Vereinbarung mit Omoro Kebba betraf. »Vermutlich stecken Kebba und Kundah mit den verfluchten Portugiesen unter einer Decke«, orakelte er. »Mich würde das gar nicht wundern. Diese Neger sind zu allen Gemeinheiten fähig, wenn die Portugiesen sie nur richtig bearbeiten.«

Robert Wright, ein kräftiger Matrose mit schwarzem

Haar und einem etwas kantig wirkenden Gesicht, hockte neben dem schmächtigen Koch im Schatten des Großmastes der *Jesus* und starrte über die kristallklare Bucht zum Dschungelrand hinüber.

»Allmählich glaube ich«, meinte er träge, »dass an deinem Geunke doch was dran ist. Die drei Tage sind schon fast verstrichen und nicht einer von diesen Eingeborenen hat sich blicken lassen.«

»Wir hätten gleich Kurs auf El Mina nehmen sollen«, sagte Jo Rance vorwurfsvoll, und sein Blick suchte John Hawkins, der unter dem Schutz eines Sonnensegels mit den Kapitänen und Offizieren eine Lagebesprechung abhielt.

»Wir sollten die Segel setzen und nicht mehr auf ein großes Wunder hoffen«, knurrte Jo Rance. »Wir haben schon viel Zeit vertan und das ist nicht nur meine Meinung.«

Der Koch hatte Recht. Die Begeisterung unter den Matrosen war einem Gefühl von wütender Niedergeschlagenheit gewichen. Die Frist, die John Hawkins dem König gesetzt hatte, lief in wenigen Stunden ab. Der Nachmittag des dritten Tages war angebrochen.

Viele stellten sich die Frage, was denn nun in Wirklichkeit hinter dem Vorschlag steckte, den Omoro Kebba angeblich im Namen von Ebou Kundah überbracht hatte. Unruhe breitete sich unter den Männern aus. Vielleicht war dieser Omoro Kebba ein von den Portugiesen ausgesandter Späher gewesen, der ihre Stärke und Bewaffnung hatte erkunden sollen?

Keiner mochte mehr die Möglichkeit eines portugiesischen Überraschungsangriffes ausschließen – sogar John Hawkins nicht. Er ließ die Posten noch einmal verdoppeln. Die einzig erfreuliche Nachricht in diesen Tagen war die, dass Kapitän Bland sich entschlossen hatte, Hawkins' Angebot anzunehmen und von nun an loyal unter ihm zu dienen.

Dadurch wurde Francis Drake allerdings das Kommando über die *Minion* los, weil er sie an Kapitän Alan Fletcher abtreten musste, der bis zu diesem Tage die erbeutete Karavelle befehligt hatte. Drake erhielt dafür das 50-Tonnen-Schiff *Judith*, das sich in einem guten Zustand befand, neben der *Minion* aber reichlich klein wirkte.

Francis Drake kam nicht dazu, sich lange über diese Umbesetzung zu ärgern, denn gerade als John Hawkins die Lagebesprechung beenden wollte, geschah das, womit niemand mehr gerechnet hatte: Omoro Kebba tauchte an der Spitze einer schwer bepackten Kolonne von vierzig Trägern auf.

Die Engländer glaubten, ihren Augen nicht trauen zu dürfen, als die Eingeborenen ihre Lasten am Ufer stapelten. Omoro Kebba hatte Wort gehalten. Es war alles da, was John Hawkins verlangt hatte. Eine Stunde später bevölkerten vierzig weitere Schwarze die Bucht.

In vierundzwanzig Stunden waren die Nahrungsmittel auf die Schiffe gebracht und verstaut worden. Und noch am selben Tag rückten John Hawkins, Francis Drake und hundertzwanzig schwer bewaffnete Soldaten und Matrosen aus, um Ebou Kundah bei seinem Angriff auf das Dorf seines Feindes zu unterstützen.

Nach einem knappen Tagesmarsch vereinigte sich die Truppe der Engländer mit der Streitmacht des Königs Ebou Kundah. Die Eingeborenen waren ausschließlich mit Pfeil und Bogen und Speeren bewaffnet.

»Himmel!«, stieß Chris Mitchell beeindruckt, ja fast schon ein wenig erschrocken hervor, als er das Lager erblickte. »Da sind ja gut und gern tausend Eingeborene!«

»Keine Angst«, beruhigte ihn Francis Drake. »Die Burschen haben gehörigen Respekt vor unseren Feuerwaffen. Mit diesen Kriegern würden wir schon fertig werden, wenn's nötig ist. Die meisten ergreifen doch schon die Flucht, wenn sie einen Schuss hören.«

»Hoffentlich verhalten sich Nyo Bolongos Krieger genauso«, sagte Chris Mitchell.

Seine Hoffnung ging nicht in Erfüllung. Nyo Bolongo hatte sich auf einen Angriff sehr gut vorbereitet. Als die Engländer nach einem weiteren anstrengenden Tagesmarsch auf einer breiten, lang gestreckten, mit Büschen bewachsenen Anhöhe Stellung bezogen und zum ersten Mal das angebliche *Dorf* des Stammeshäuptlings Nyo Bolongo zu sehen bekamen, wurden sie unangenehm überrascht.

»Von einem Dorf kann wohl keine Rede sein!«, entfuhr es John Hawkins verärgert.

»Das ist eine regelrechte Stadt!«, rief Francis Drake und schob einige Zweige, die seine Sicht beeinträchtigten, zur Seite.

»Da haben wir uns ja auf etwas eingelassen«, meinte Chris Mitchell ernüchtert.

Gut dreihundert Meter von der Anhöhe entfernt, lag die Siedlung, die Ebou Kundah mithilfe der Weißen erobern wollte. Im Osten führte ein gut zwanzig Meter breiter Fluss an der Siedlung vorbei. Das Wasser floss träge und war von Lehm und Schlamm schmutzig braun getrübt. Im Norden und Westen reichte der dichte Dschungel bis auf hundert Meter an die Siedlung heran. Im Süden lag die Hügelkette mit der mächtigen Anhöhe, die nun Stützpunkt der beiden Truppen war.

Drake hatte noch niemals so viele Eingeborenenhütten auf einem Fleck gesehen wie hier. Er schätzte sie auf mindestens siebzig bis achtzig. Sie waren rund, aus Lehm errichtet und besaßen Dächer aus trockenen Palmwedeln und Zweigen. Wie viele Eingeborene in einer jeden Hütte lebten, war schlecht zu bestimmen. Es mochten zehn, zwanzig oder auch mehr sein.

Es war jedoch nicht die große Anzahl Lehmhütten, die die Siegerstimmung der Engländer so jäh drückte. Es war der hohe Palisadenzaun, der diese Eingeborenenstadt umgab. Über zwei Meter ragten die Pfähle aus dem Boden. Die Palisaden machten zudem nicht den Eindruck, als könnte man sie mit Leichtigkeit überrennen.

»Wir haben es mit mindestens zwei- bis dreihundert Gegnern zu tun«, schätzte Francis Drake. »Und ich bin fest davon überzeugt, dass die Neger dort unten auf unseren Angriff gut vorbereitet sind.«

John Hawkins nickte zustimmend. »Dass wir hier oben auf der Anhöhe sind, wissen sie vermutlich auch schon. Ebou Kundah hat uns ganz schön Sand in die Augen gestreut. Wir müssen mit ihm reden.«

Das Palaver mit dem Häuptling zog sich über mehrere Stunden hin. Er beteuerte immer wieder, dass die Siedlung keinen großen Widerstand leisten werde, wenn sich die Weißen am Angriff beteiligten. Außerdem bestände Nyo Bolongos Stamm zum größten Teil aus Frauen, Kindern und Alten, die an dem Kampf kaum teilnehmen würden.

John Hawkins beriet anschließend mit seinen Leuten das Für und Wider. Viele Männer hatten sich den Überfall zwar leichter vorgestellt, wollten aber nicht unverrichteter Dinge zu den Schiffen zurückkehren.

Außerdem bot sich hier die Chance, mit einem Schlag hunderte von Schwarzen versklaven zu können. Der Reichtum lockte, und als John Hawkins noch einmal über den Angriff abstimmen ließ, waren alle Männer dafür.

10

Der Angriff erfolgte kurz vor Tagesanbruch.

Im Schutz des Zwielichtes, das alle Konturen verschwimmen ließ, rückte John Hawkins mit seinen hundertzwanzig schwer bewaffneten Männern ab. Es war mit Ebou Kundah ausgemacht worden, dass zuerst dessen Krieger die Siedlung von Süden her angriffen. War der Kampf im Gang, sollte Hawkins mit seinen Leuten von Westen her kommen und in die vermutlich weniger gut gedeckte Flanke eine Bresche schlagen. War der Zaun erst überwunden, konnte der Rest nur noch halb so schlimm sein.

Als die Engländer den Dschungelrand im Westen der Siedlung erreicht hatten, bereiteten sich die Männer auf den Angriff vor. Sie überprüften die Pulverladungen ihrer Musketen, die Klingen ihrer breiten Säbel und den Sitz ihrer Brustpanzer. Zum Einreißen und Erklimmen der Palisaden trugen die Männer zudem Äxte, Enterbeile und Seile mit Haken an den Enden bei sich.

»Haltet euch bereit, Männer!«, rief John Hawkins mit gedämpfter Stimme. »Unser Sturm auf den Palisadenzaun muss so schnell und wuchtig kommen, dass den Negern keine Zeit mehr bleibt, Verstärkung dorthin zu schicken, wo wir ihnen in die Flanke fallen.«

Schweigend, mit harten, entschlossenen Gesichtern kauerten die Soldaten und Matrosen zwischen den Büschen, nickten zu dem, was John Hawkins ihnen einschärfte, und warteten auf den Befehl zum Angriff.

Drake spähte mit zusammengekniffenen Augen zur Anhöhe hinüber. Es war schwierig, bei diesem Zwielicht etwas auf weite Entfernungen zu erkennen. Aber wenn er sich nicht völlig täuschte, stand der Angriff von Kundahs

Kriegern kurz bevor. Er wusste, dass Ebou Kundah seine Männer in drei Gruppen eingeteilt hatte, und er glaubte, den ersten Trupp entdeckt zu haben.

»Gleich geht es los«, raunte er Hawkins zu.

John Hawkins wollte etwas erwidern, doch in dem Augenblick griffen Kundahs Krieger an. Im Schutz der Dunkelheit hatten sie sich bis auf etwa hundertsechzig Meter an die Siedlung herangeschlichen. Plötzlich sprangen sie nun auf und stürmten mit markerschütterndem Geschrei auf den Palisadenzaun los. Ein wahrer Pfeilregen ging auf die Siedlung nieder. Schreie schallten über die große Lichtung am Fluss.

Das scheinbar schlafende Dorf erwachte augenblicklich zum Leben. Unzählige Köpfe tauchten hinter dem Palisadenzaun auf und schossen ihre Pfeile auf die heranstürmenden Angreifer ab. Die Eingeborenen in der Siedlung waren vorbereitet. Nyo Bolongo hatte mit dem Angriff gerechnet, daran gab es nun keinen Zweifel mehr, denn seine Männer verteidigten sich so rasch und konzentriert, als hätten sie die ganze Nacht auf diesen Augenblick gewartet.

Ebou Kundah und sein kriegerischer Stamm störten sich nicht daran. Die Geschosse der verhassten Feinde töteten in den ersten Minuten mehrere dutzend Männer. Dennoch aber rannten sie weiter gegen die Palisaden an. Ihr schrilles Geschrei erfüllte die Luft. Der Hass und die Aussicht auf Ruhm trieben sie vorwärts. Zudem wussten sie ja, dass jeden Moment die Weißen mit ihren gefürchteten Waffen in das Kampfgeschehen eingreifen und den Palisadenzaun einreißen würden.

»Los, Männer!«, brüllte John Hawkins. »Geschossen wird aber erst, wenn ihr ein einigermaßen gutes Ziel vor dem Lauf habt!«

Die Engländer stürmten aus ihrer Deckung. Die Sonne,

die direkt über dem Dschungel am Fluss aufging, brachte die Brustpanzer und Helme der Soldaten zum Funkeln. In das Brüllen der Männer mischten sich das metallische Klirren und Scheppern der Säbel, Äxte und Hellebarden.

Francis Drake rannte mit zwei Musketen in den Händen neben John Hawkins her, gefolgt von Chris Mitchell, Jo Rance und Robert Wright. Der Koch schrie sich die Kehle aus dem Leib und schwenkte seine Muskete so wild hin und her, dass Chris Mitchell schon befürchtete, jeden Moment von dem spindeldürren Mann erschossen zu werden.

Die Engländer kamen bis auf dreißig Meter an den Palisadenzaun heran, dann schlugen ihnen Pfeile und Speere entgegen. Ein Pfeil pfiff direkt unter Drakes rechtem Arm hindurch und prallte vom Brustpanzer eines nachfolgenden Soldaten ab.

»Feuer!«, schrie John Hawkins.

Die meisten feuerten aus dem Laufen heraus, was ein genaues Zielen unmöglich machte. Sie glaubten wohl, allein der Detonationsknall der Waffen würde ausreichen, um die Afrikaner in die Flucht zu schlagen. Doch das sollte sich als folgenschwerer Irrtum herausstellen.

Das trockene Knallen und Knattern der Musketen übertönte für einige Augenblicke alle anderen Geräusche, sogar das Wimmern und Schreien der Verletzten. Der Kugelhagel prasselte zum größten Teil gegen die Palisaden und fetzte lange Splitter aus den Pfählen. Höchstens eine Hand voll Schwarzer wurde von den Kugeln getroffen und stürzte tot zu Boden.

Die Krieger von Nyo Bolongos Stamm setzten sich erbittert zur Wehr. Sosehr sie auch die Feuerwaffen und blitzenden Brustpanzer der weißen Männer fürchten mochten, so ergriffen sie jedoch keinesfalls die Flucht. Im Gegenteil, sie brachten den ersten Ansturm zum Halten, bevor John Hawkins' Männer nahe genug an die Palisaden herangekommen waren, um ihre Enterhaken zu schleudern. Und die, die tollkühn weiter nach vorn stürmten, starben im Hagel der Pfeile.

»In Deckung, Männer!«, befahl John Hawkins.

Die Soldaten und Matrosen ließen sich das nicht zweimal sagen. Hastig suchten sie Schutz hinter Bodenerhebungen, Büschen und mächtigen Baumstümpfen.

Francis Drake warf sich mit John Hawkins und einigen anderen in eine tiefe Mulde, in der sie vor dem Pfeilhagel der Eingeborenen einigermaßen sicher waren. Die Dorfbewohner hatten den Angriff der Engländer abgeschlagen und ihnen zudem noch schwere Verluste zugefügt. Der beherzte und erbitterte Widerstand der Eingeborenen wirkte zunächst wie ein Schock, doch dann erfasste John Hawkins als Ersten unbändige Wut.

»Dafür werden diese verfluchten Heiden bezahlen!«, stieß er mit rauer Stimme hervor und blickte über den Rand der Mulde zu den Palisaden hinüber.

Jo Rance massierte sich die Schulter, die er sich beim Sprung in die Grube geprellt hatte, und murmelte spöttisch: »Bisher haben wir bezahlt. Ich schätze, dass wir mindestens fünfzehn Männer bei diesem Angriff verloren haben.«

John Hawkins fuhr herum und blitzte den Koch wütend an. »Niemand konnte wissen, dass die schwarzen Teufel so gut vorbereitet waren. Aber das wird ihnen auch nicht viel nützen, Rance. Wir werden die Siedlung einnehmen.«

Der Koch machte ein dümmliches Gesicht und fragte mit vorgetäuschter Unwissenheit: »Glauben Sie wirklich, dass die Neger das Tor öffnen und sich uns vor die Füße werfen, wenn wir noch einmal mit den Musketen Löcher in den Himmel schießen?«

»Zum Teufel mit dir, Rance!«, fauchte John Hawkins. »Lass dein dummes Gerede! Du weißt ganz genau, was auf dem Spiel steht.«

»Zuerst einmal meine Haut«, gab der Koch trocken zurück.

»Wir werden die Siedlung einnehmen!«, zischte Hawkins. »Wir greifen wieder an. Francis, gib den anderen Bescheid. Sie sollen ihre Musketen laden. Auf mein Zeichen stürmen wir los. Es wäre doch gelacht, wenn wir nicht nahe genug herankämen, um diese verdammten Palisaden einzureißen!«

»John, vielleicht wäre es besser...«, begann Francis Drake und wollte ihm einen anderen Vorschlag machen. Er war nämlich wie Jo Rance der Meinung, dass sie gegen diese Übermacht keine Chance hatten.

John Hawkins schnitt ihm jedoch das Wort ab. »Tu, was ich gesagt habe!«, brüllte er außer sich vor Wut über die Niederlage und die Kritik. »Das ist ein Befehl!«

»Aye, aye, Sir!« Drakes Stimme war kalt. Er kroch aus der Mulde und gab Hawkins' Anweisung weiter. Die Männer murrten, widersetzten sich dem Befehl jedoch nicht.

Zehn Minuten später versuchten die Engländer ihr Glück ein zweites Mal. Mit frisch geladenen Musketen sprangen sie hinter ihrer Deckung hervor, rannten im Zickzack auf den Zaun zu und schwangen ihre Enterhaken. Drei Matrosen schafften es auch wirklich, ihre Haken zu schleudern. Doch schon im nächsten Augenblick wurden sie von mehreren Pfeilen gleichzeitig getroffen und stürzten schreiend in das Gras. Ihnen war nicht mehr zu helfen.

Der Angriff geriet ins Stocken. Schließlich fluteten die Engländer wieder zurück. Es war selbstmörderisch, sich diesem Geschosshagel auszusetzen.

Mit hochrotem Gesicht und zusammengepressten Lippen taumelte John Hawkins in die Mulde zurück. Ein Pfeil hatte ihn am rechten Oberschenkel getroffen. Blut sickerte aus der Wunde. Doch er spürte den Schmerz überhaupt nicht.

»So schaffen wir es nie!«, sagte Francis Drake nun energisch, bevor Hawkins sich in seinem Hass zu einem unbedachten Befehl hinreißen konnte. »Wir haben jetzt schon über dreißig Mann verloren. Das ist Wahnsinn. Auch Ebou Kundahs Krieger weichen zurück!« Er deutete nach Süden hinüber, wo sich die Eingeborenen bis zum Fuß der Anhöhe zurückzogen und neu sammelten.

»Hast du einen besseren Vorschlag?«, knurrte John Hawkins. »Wir müssen diese verdammte Siedlung einnehmen.«

Drake nickte. »Ich weiß, aber auf diese Weise geht es nicht. Zuerst einmal brauchen wir Unterstützung. Unsere gesamte Mannschaft muss hierher. Aber auch das reicht nicht. Mit einem Angriff vom Land aus gelingt uns die Eroberung nie.«

»Sondern?«

»Wir müssen sie vom Fluss aus angreifen«, schlug Drake vor. »Und zwar mit Kanonen. Ebou Kundah hat vergessen, uns zu sagen, dass hier ein Fluss entlangfließt. Ich bin sicher, dass er nicht weit von unserer Bucht entfernt ins Meer fließt. Bestimmt ist er tief genug für die *Judith* oder die *Angel*. Wir könnten eines der Schiffe hierher bringen und die Siedlung unter Kanonenbeschuss nehmen. Eine Breitseite wird genügen, um aus dem Palisadenzaun Kleinholz zu machen.«

John Hawkins sah ihn einen Moment entgeistert an, dann hellte sich sein Gesicht auf. »Das ist die Lösung, Francis! Der Fluss! Wir hätten gleich daran denken sollen.«

»Noch ist es nicht zu spät.« Francis Drake lächelte zufrieden.

»Nimm ein paar Männer und schleich dich zu Ebou Kundah hinüber«, befahl ihm John Hawkins. »Verschafft euch ein paar Kanus und lotet die Wassertiefe des Flusses aus. Falls der Fluss für eines unserer Schiffe befahrbar ist, macht ihr euch sofort auf den Weg zurück zum Lager. Schafft so viele Kanonen wie nur möglich auf die *Angel*. Denkt aber an den Tiefgang.«

»Keine Sorge.«

»Der Rest der Mannschaft soll sich sogleich auf dem Landweg hierher begeben«, fuhr John Hawkins fort. »Wir werden die Siedlung bis zu eurer Rückkehr belagern. Die Neger werden bestimmt keinen Ausbruchsversuch unternehmen. Sie wissen, dass sie in einem offenen Zweikampf keine Chancen gegen uns haben.«

Francis Drake nickte und bedeutete Chris Mitchell und Jo Rance, ihm zu folgen. Alle natürlichen Deckungsmöglichkeiten nutzend, krochen sie zum Dschungel zurück. Dann eilten sie zu Ebou Kundah, um ihn einzuweihen. Eine Stunde später saß Drake in einem Eingeborenenkanu und maß die Tiefe des Flusses.

»Es wird knapp«, stellte er schließlich fest, »aber es wird für die *Angel* reichen. Chris?«

»Ja?«

»Du kehrst zusammen mit Omoro Kebba auf dem Landweg zu unserer Bucht zurück und bereitest alles vor, während ich mit Rance und einem anderen Eingeborenenführer mit dem Kanu flussabwärts fahre.«

So wurde es auch gemacht. Francis Drake folgte dem Strom und lotete ständig die Tiefe aus. Und je näher er der Küste kam, desto zuversichtlicher wurde er. Es gab zwar einige gefährliche Untiefen, auf die das Schiff auflaufen konnte. Wenn man diese jedoch kannte, durften keine großen Probleme mehr auftauchen. Zudem war die Strömung des Flusses so schwach, dass es sogar möglich war, die *Angel* mithilfe von zwei oder drei geruderten Beibooten flussaufwärts zu ziehen.

Noch vor Sonnenuntergang erreichte Drake mit seinen Begleitern die Stelle, wo der Fluss ins Meer mündete. Sie verbrachten die Nacht am Ufer und setzten ihre Fahrt bei Anbruch des Tages wieder fort. Die beiden Eingeborenen, die Omoro Kebba ihnen mitgegeben hatte, paddelten das Kanu nahe an der Küste entlang. Die Sonne stieg höher und höher. Die Luft flirrte über der grellen Oberfläche des Meeres.

Kurz vor den glühend heißen, unerträglichen Mittagsstunden sprang Jo Rance plötzlich im Kanu auf und hätte es beinahe zum Kentern gebracht, wenn die Eingeborenen nicht sofort durch Gewichtsverlagerung das Gleichgewicht wiederhergestellt hätten.

»Da!«, rief er und schlug Francis Drake erleichtert auf die Schulter, »unsere Bucht!«

Als Chris Mitchell am Abend desselben Tages erschöpft vom Gewaltmarsch ebenfalls das Lager erreichte, war er überrascht, Francis Drake bereits anzutreffen. Erleichtert stellte er fest, dass Francis die Mannschaft schon über alles informiert und die notwendigen Maßnahmen getroffen hatte. Die *Angel* und ihre Beiboote waren bereit zum Auslaufen. Auf den Schiffen in der Bucht blieb nur eine Notwache von insgesamt zwanzig Mann zurück. Alle anderen brachen zu Fuß auf, um an der Eroberung der Siedlung teilzunehmen.

11

Eine heiße, schwüle Brise füllte am nächsten Morgen die Segel der *Angel* und ihrer Beiboote. Mit achterlichem Wind lief die *Angel* in den Strom ein und segelte flussaufwärts. Sie machte gute Fahrt. Erst gegen Nachmittag schlief der Wind ein. Doch da befand sich der kleine Konvoi nur noch eine knappe Seemeile von seinem Ziel entfernt. Die Matrosen in den Beibooten nahmen das Schiff in Schlepp und legten sich in die Ruder.

Als die *Angel* hinter der Flussbiegung auftauchte und auf gleicher Höhe mit der Siedlung Anker warf, wurden die Männer auf dem Schiff und in den Booten mit triumphalem Jubelgeschrei begrüßt. Nun war das Schicksal der Eingeborenen in der Siedlung besiegelt.

»Jetzt pflügen wir den Boden mit den Kanonenkugeln um!«, rief John Hawkins begeistert, als er zu Francis Drake an Deck der *Angel* kletterte. »Bringt die Kanonen in Stellung, Männer! Wir haben keine Zeit zu verlieren. Wir greifen noch heute an. Bevor die Sonne untergeht, haben wir die Siedlung erobert!«

Die Matrosen und Soldaten waren nicht mehr zu halten. Trotz der schrecklichen Hitze arbeiteten sie wie die Berserker. Die Kanonen wurden alle nach backbord gebracht und mit schweren Brocktauen und Taljen festgezurrt. Die Kugeln wurden neben den Geschützen an Deck aufgestapelt und Pulver und Lunten aus der Munitionskammer geholt.

Zur selben Zeit besprach sich John Hawkins mit Omoro Kebba und Ebou Kundah. Es wurde abgemacht, dass die Engländer erst als zweite Angriffswelle in die Siedlung eindringen sollten. Hawkins hatte schon vierunddreißig

Männer verloren, deshalb sollten Ebou Kundahs Krieger jetzt die Vorhut bilden, was der Häuptling auch akzeptierte.

Schließlich war es so weit.

Francis Drake blickte zur Siedlung hinüber. Deutlich sah er, dass die Eingeborenen aufgeregt zwischen den Hütten hin und her rannten. Sie schienen zu ahnen, was ihnen bevorstand. Das Auftauchen des Schiffes musste wie ein Schock auf sie gewirkt haben.

Drake drehte sich um und wandte sich an die Geschützmannschaften. »Zielt mit der ersten Salve ins Zentrum der Siedlung!«, befahl er. »Die Treffer werden sie demoralisieren und ihre Verteidigungskraft schwächen. Mit der zweiten Breitseite nehmt ihr euch den Palisadenzaun vor. Seht zu, dass die Schüsse nicht zu weit auseinander liegen. Wir brauchen eine breite Bresche.«

»Von den lächerlichen Pfählen wird auf dieser Seite nichts mehr übrig bleiben!«, versicherte ein breitschultriger Geschützmeister, der eine brennende Lunte in der Hand hielt. »Die Kanaken werden die Hölle auf Erden erleben!«

Zustimmendes Gelächter brandete über das Deck der *Angel.* Nicht einer der Männer verschwendete einen Gedanken daran, dass sie ein verabscheuungswürdiges Massaker planten. Afrikaner waren nun mal Freiwild für sie.

Francis Drake ließ die Sankt-Georgs-Flagge am Großmast hissen, ein rotes Kreuz auf weißem Grund. Das war das verabredete Zeichen, dass sich Ebou Kundahs Krieger und John Hawkins mit seiner Abteilung bereithalten sollten.

Hawkins antwortete mit einem Musketenschuss.

»Feuer!«, befahl Francis Drake.

Acht Zwölfpfünder und sechs Neunpfünder brüllten mit ohrenbetäubendem Donnern auf und spuckten die todbringenden Geschosse aus. Die gewaltige Salve, die wie ein einziger Schuss klang, lag genau im Ziel. Die Kanonenkugeln schlugen durch die Lehmwände und Palmendächer der Häuser wie durch Papier. Ein gutes dutzend Hütten wurden von dieser ersten Breitseite zerstört. Schreie des Entsetzens drangen aus der Siedlung.

Die Geschützbedienungen dagegen jubelten.

»Die Kanonen auswischen, laden und wieder ausrennen!«, feuerte Francis Drake die Männer an. »Nehmt den Palisadenzaun aufs Korn!«

»Aye, aye, Sir!«

»Feuer!«

Das Bersten der Explosionen hallte über die Lichtung. Die Kanonen wurden vom Rückstoß nach hinten gerissen. Die kräftigen Brocktaue verhinderten, dass die Geschütze allzu weit über das Deck rasten und zu einer tödlichen Gefahr wurden. Pulverdampf zog über die *Angel* und verwehrte Drake für einen Augenblick die Sicht. Er hörte den dumpfen Einschlag der Salve, hörte gellende Schreie. Und dann lichtete sich der Geschützqualm, und er sah, dass die Breitseite zu hoch gelegen hatte. Die Geschosse hatten wiederum Lehmhütten getroffen.

»Das war zu hoch, ihr Idioten!«, schrie Francis Drake, außer sich vor Zorn. Jede Salve, die zu hoch lag, tötete dutzende von Dorfbewohnern – und verringerte gleichzeitig ihre Beute. »Ihr sollt den Palisadenzaun in Stücke schießen. Los, Beeilung, wir müssen die Siedlung vor Einbruch der Nacht eingenommen haben!« Die Sonne hing schon tief über dem Dschungel. Bald würde es dunkel werden.

Die Geschützbedienungen beeilten sich, die Kanonen zu reinigen, zu laden und neu auszurichten. Ruß schwärzte die nackten Oberkörper der Männer.

»Die Palisaden, verstanden?«, schrie Drake. »Feuer!«

Die dritte Breitseite ließ die *Angel* erzittern und nach Steuerbord krängen. Diesmal hatten die Geschützführer die Kanonen mithilfe der Richtkeile exakt ausgerichtet. Die Salve lag genau im Ziel. Auf die ohrenbetäubende Explosion folgte ein deutliches Splittern und Bersten von Holz. Vom erhöhten Achterdeck aus beobachtete Drake, wie die schweren Kanonenkugeln die Pfähle in Stücke fetzten und durch die Luft wirbelten. Die Schwarzen, die an dieser Stelle hinter dem Zaun gestanden hatten, wurden auf der Stelle getötet oder schwer verletzt. Die Bresche betrug gute zwei Meter, aber das reichte für einen Frontalangriff noch nicht.

»Weiter so!«, brüllte Drake. »Die nächste Salve muss ein Stück weiter links liegen!«

Minuten später gab Drake den Befehl zur vierten Breitseite. Wieder wurde ein Stück der Palisaden niedergerissen. Einige Kugeln jedoch lagen zu tief und schleuderten vor den Pfählen nur Dreckfontänen hoch.

Nach der sechsten Salve klaffte in der Umzäunung der Siedlung eine fast fünfzehn Meter breite Bresche. Das genügte. Francis Drake ließ die Geschütze noch einmal laden, aber nicht abfeuern.

»Falls der Angriff von Kundahs Kriegern zurückgeschlagen wird, feuern wir noch einmal mitten in die Siedlung«, sagte Drake zu Chris Mitchell, der mit ihm auf dem Achterdeck stand. »Ich glaube aber nicht, dass das nötig sein wird.«

Ebou Kundah stürmte mit seinen Kriegern vor. Brandpfeile schwirrten durch die Luft und blieben in den trockenen Zweigen der Dächer stecken. Überall flammten Brände auf. Ein markerschütterndes Geschrei erfüllte die Luft.

Nachdem die erste Welle die Verteidiger in der Palisadenöffnung nach beachtlichen Verlusten ins Innere der Siedlung zurückgeschlagen hatte, folgten fast zweihundert bewaffnete Engländer unter John Hawkins' Führung.

Ein schreckliches Gemetzel begann. Wer sich von Nyo Bolongos Stamm den Engländern in den Weg stellte, wurde erbarmungslos mit der Muskete niedergeschossen oder von den scharfen, bald blutüberströmten Klingen der Schwerter zu Boden gestreckt. Die Matrosen und Soldaten schlugen und schossen im Blutrausch um sich, brachen jeglichen Widerstand und verschonten auch Kinder und Frauen nicht. Die Strapazen und Misserfolge der letzten Monate hatten in ihnen Aggressionen und Hass angestaut. Hunderte fanden den Tod. Ein Großteil des Stammes flüchtete in den Dschungel. Dennoch war die Beute ungeheuer. John Hawkins' Truppe hatte über zweihundertfünfzig Dorfbewohner gefangen genommen. Ebou Kundah hatte über sechshundert zusammengetrieben.

»Es ist gleich Nacht«, sagte Omoro Kebba, als Hawkins ihn und den Häuptling Ebou Kundah an das Versprechen erinnerte. »Morgen bei Sonnenaufgang könnt ihr so viele Sklaven haben, wie ihr wollt. Ihr könnt euch dann die Stärksten und Gesündesten aussuchen.«

John Hawkins war damit einverstanden. Er gab den Befehl, das Lager am Ufer aufzuschlagen, wo die *Angel* ankerte. Die Gefangenen wurden mit Lederriemen gefesselt und bewacht. Es verstand sich von selbst, dass dieser Erfolg kräftig gefeiert wurde. Der Branntwein, den Francis Drake in weiser Voraussicht von allen Schiffen an Bord der *Angel* hatte bringen lassen, floss in Strömen. Die Expedition war gerettet. Mit den bisher gefangenen Schwarzen hatten sie nun schon über vierhundert Sklaven. Und morgen würden sie noch einmal zweihundert von Ebou Kundah holen.

»Zuerst sondern wir die Kranken und Schwächlichen bei uns aus«, verkündete John Hawkins gut gelaunt. »Und dann holen wir uns den Rest von Ebou Kundah. Ich schätze, unser Einsatz hat sich gelohnt!«

Die Engländer johlten zustimmend. Niemand dachte mehr daran, dass allein in den letzten drei Tagen über vierzig Mann gestorben waren. Die hatten eben Pech gehabt. Und manch einer freute sich insgeheim sogar darüber, dass schon an die hundertfünfzig Mann den Tod gefunden hatten, seit die Flotte Plymouth verlassen hatte. Der Gewinn würde ja umso größer sein, je geringer die Zahl derjenigen war, auf die er verteilt werden musste.

Sogar Jo Rance wurde in dieser wilden, durchzechten Nacht von der Euphorie seiner Kameraden angesteckt. »Wir werden reich nach Plymouth zurückkommen und ich werde ein Wirtshaus eröffnen!«, verkündete er mit schwerer Zunge.

Am nächsten Morgen folgte die Ernüchterung.

Das Geschrei der Wachen riss Drake aus dem Schlaf. Als er an Deck der *Angel* stürmte und die Gefangenen gut bewacht am Boden kauern sah, begriff er zuerst nicht, was das wutentbrannte Geschrei sollte.

Doch dann erfasste sein Blick die Stelle, wo Ebou Kundahs Stamm letzte Nacht gelagert hatte. Und nun wurde Drake mit Erschrecken und heiß aufsteigender Wut klar, weshalb der Stammeshäuptling die Nacht am Rande des Dschungels verbringen wollte. Er hatte von Anfang an nicht im Traum daran gedacht, zu seinem Versprechen zu stehen und seine Gefangenen an die Engländer auszuliefern. Deshalb war er im Schutz der Nacht mit seinem Stamm und den sechshundert Gefangenen im Dschungel verschwunden. Und die Wachen hatten von dem Aufbruch der Eingeborenen nicht das Geringste gehört.

»Zur Hölle mit diesem schwarzen Pack! Hinterhältige Teufel! Keine Ehre im Leib!«, fluchte John Hawkins, als er die Bescherung sah. Er war außer sich vor Wut. »Wie konnte das bloß passieren? Warum haben die Wachen nichts gemerkt? Die Kerle müssen geschlafen haben. Die lasse ich an den Rahen aufhängen!« Er tobte.

Es gelang Drake, seinen Verwandten einigermaßen zu beruhigen. »Es ist bestimmt nicht die Schuld der Wachen«, sagte er nicht weniger wütend und niedergeschlagen als Hawkins. »Sicher hat Kundah seinen Gefangenen gesagt, was ihnen blüht, wenn sie lärmen und ihn verraten. Die Gefangenen sind bestimmt lieber Sklaven von Kundahs Stamm. Vermutlich waren sie deshalb so lautlos.«

Die Wut der hintergangenen Engländer war maßlos. Dass ein Stammeshäuptling es gewagt hatte, sie zu betrügen, war schon Unverschämtheit genug. Dass es ihm aber auch noch gelungen war, mit sechshundert Sklaven, die eigentlich ihnen gehörten, vor ihrer Nase zu verschwinden, war eine Demütigung sondergleichen.

Einige Männer waren dafür, sofort die Verfolgung aufzunehmen und sich an den verräterischen Eingeborenen zu rächen.

John Hawkins hielt jedoch nichts von diesem Plan. »Schlagt euch das aus dem Kopf!«, rief er seiner Mannschaft zu. »Es wird uns nie gelingen, die Verräter im Dschungel aufzuspüren und einzuholen. Im besten Fall würden wir in eine Falle der Eingeborenen laufen. Wir müssen uns damit abfinden.« Und dann rechnete er ihnen vor, dass sie immerhin bereits über vierhundert Sklaven besäßen. »Das sollte genügen, um drüben in Westindien einen passablen Profit zu machen.«

Die Matrosen und Soldaten murrten, sahen aber ein, dass John Hawkins Recht hatte. Und wenn man es genau betrachtete, hatten sie noch Glück im Unglück. Ohne Ebou Kundah hätten sie zweihundertsechzig Sklaven weniger gehabt und wären auf der Fahrt zum Fort El Mina gewesen.

»Bereitet alles zum Abmarsch vor!«, befahl John Hawkins. »In einer Stunde brechen wir auf!«

Die gefangenen Eingeborenen wurden mit Riemen an den Händen gefesselt. Anschließend legte man ihnen eine Schlinge um den Hals, deren Ende an eine lange Leine gebunden wurde, die fast hundert Sklaven miteinander verband. Wer auf den dummen Gedanken verfiel, einen Fluchtversuch zu unternehmen, strangulierte sich dabei selbst. »Sklavenreigen« nannten die Menschenhändler diese Methode, ihre Gefangenen zu ihren Sammelplätzen zu treiben, ohne dabei Angst haben zu müssen, die Schwarzen könnten zu fliehen versuchen. Die Kranken und Gebrechlichen wurden bei dieser Aktion ausgesondert und gnadenlos getötet. In den Augen der Sklavenhändler waren sie nur unnützer Ballast.

Chris Mitchell war ein rauer Bursche, doch dieses Morden widerstrebte ihm. »Weshalb lässt man die Alten und Kranken nicht frei?«, fragte er Francis Drake. »Muss das denn sein?«

Francis Drake zuckte mit den Achseln. »Sie könnten uns gefährlich werden«, sagte er. »Wenn wir ihnen die Freiheit schenken, können sie unserer Marschkolonne folgen und nachts Überfälle unternehmen, um sich zu rächen.«

Chris Mitchell war mit Drakes Erklärung zwar nicht zufrieden, ließ die Sache jedoch auf sich beruhen. Er sah, dass jeglicher Einspruch auf taube Ohren gestoßen wäre.

Eine Stunde später machten sich die Engländer auf den Rückmarsch. Die Soldaten und ein Teil der Matrosen begleiteten den langen Sklavenzug, um ihn vor Überfällen zu schützen. Drake, Mitchell und zwei Dutzend Matrosen ließen sich auf der *Angel* flussabwärts treiben.

Der Sklavenzug erreichte die Bucht ohne Zwischenfälle. Die Engländer verstauten die Gefangenen wie Mehlsäcke in den stinkenden, finsteren Laderäumen der Schiffe. Wer sich zur Wehr setzte oder nicht sofort gehorchte, bekam die Peitsche zu schmecken. Kaum einer der Engländer kannte Mitleid mit den Schwarzen. Für sie waren die Eingeborenen nur ein wertvolles Stück Ware.

Am 3. Februar des Jahres 1568 war es dann endlich so weit. John Hawkins' Expeditionsflotte setzte die Segel und lief aus der geschützten Bucht aus und nahm Kurs auf Westindien.

12

Die Überfahrt dauerte über fünfzig Tage. Endlich kam am 27. März die Insel Dominica in Sicht. John Hawkins und Francis Drake standen an Deck und blickten erregt auf das Land.

»Jetzt wird sich zeigen, ob sich die Expedition gelohnt hat oder nicht«, meinte John Hawkins.

Die Hoffnungen des Sklavenhändlers wurden nicht enttäuscht. Die Flotte segelte während der nächsten Wochen an der Küste Westindiens entlang und machte mit den Spaniern einträgliche Geschäfte. Der spanische König hatte zwar an seine Statthalter in Westindien den Befehl ausgegeben, unter keinen Umständen mit den Engländern Handel zu treiben, aber an diese Order hielt sich praktisch niemand. Die Siedler brauchten dringend Arbeitskräfte. Und da die spanischen Händler nicht in der Lage waren, ihre

Kolonien ausreichend zu versorgen, nahmen die Siedler gern, was Hawkins und seine Männer ihnen anboten.

Sie wurden überall höflich, wenn auch nicht offiziell, empfangen. Sowohl auf der Insel Margarita als auch in Cartagena. Ärger gab es nur mit dem Schatzmeister der berühmten Perlenstadt Rio de la Hacha. Er weigerte sich standhaft, seine Zustimmung zu dem Sklavenhandel zu geben, und verwehrte den Engländern auch, frisches Wasser und Proviant an Bord zu nehmen, obwohl sie beides dringend benötigten.

»Dieser Hundesohn will uns aushungern!«, fluchte Francis Drake hasserfüllt, als John Hawkins seine Kapitäne und Offiziere zu einer Besprechung zusammenrief. »Er weiß genau, dass wir dringend Wasser und Proviant brauchen, und hofft, dass wir nachgeben und unsere Sklaven für ein paar Fässer Frischwasser eintauschen.«

John Hawkins blickte seinen Verwandten mit einem kaum merklichen Lächeln an. »Wenn ich mich recht entsinne, hast du mit Rio de la Hacha früher schon mal schlechte Erfahrungen gemacht, nicht wahr?«

Drake nickte knapp und sein Gesicht wurde dunkel vor Zorn. »Damals hat der Statthalter Miguel de Castellanos neunzig meiner Sklaven beschlagnahmt und mich aus dem Hafen gejagt!«, stieß er hervor. »Diesmal versuchen die Bastarde es wieder. John, ich bin dafür, dass wir den Kerlen endlich einmal eine Lehre erteilen, dass sie so nicht mit uns umspringen können.«

Sein Vorschlag fand ungeteilte Zustimmung.

In derselben Nacht setzte Francis Drake mit hundert Bewaffneten heimlich an Land und schlug einen Bogen um die Stadt. Als dann John Hawkins mit der *Jesus* und der *Minion* einen Scheinangriff von See her unternahm, überrannte Drake mit seinen Leuten die spanischen Posten und eroberte im Handstreich den Palast des Schatzmeisters. Drake und Hawkins waren klug genug und beschränkten sich nur darauf, den verhassten Kommandanten der Stadt für die Dauer ihrer Anwesenheit in Rio de la Hacha gefangen zu halten. Sie krümmten keinem spanischen Soldaten ein Haar.

Die blitzschnelle Eroberung der Stadt hatte den Soldaten auch jeden Mut zum Widerstand genommen. Die Siedler aber waren froh, dass sie mit den Engländern Handel treiben konnten. Sogar der Schatzmeister änderte plötzlich seine Meinung. Vermutlich wollte auch er nicht leer bei diesem einträglichen Geschäft ausgehen. Hawkins verkaufte knapp zweihundert Sklaven an die Siedler, die meist nachts auf die Schiffe kamen und mit kostbaren Perlen und Gold bezahlten.

Bis Mitte Juli hielt sich die Expeditionsflotte noch in der Karibik auf und machte blendende Geschäfte.

Der Handel hatte sich gelohnt. Wenn es ihnen jetzt noch gelang, vor dem Einsetzen der Herbststürme Kuba und die Küste von Florida hinter sich zu lassen, hatten sie beste Aussichten, mit einem beachtlichen Batzen Geld in die Heimat zurückzukehren...

13

Wieder einmal entschied das Schicksal gegen sie. Kaum hatte die Flotte die westlichen Küsten von Kuba passiert und Kurs auf die Straße von Florida genommen, als am 12. August der gefürchtete *furicano* über die Schiffe herfiel.

Vier Tage und vier Nächte wütete der Sturm. Die *William*

and John wurde so weit vom Flottenverband abgetrieben, dass sie später allein die Heimfahrt antreten musste. Das Schlimmste war jedoch, dass die *Jesus* diesen entsetzlichen Sturm nicht heil zu überstehen schien.

Das Flaggschiff schlingerte und stampfte so heftig, dass John Hawkins keine andere Möglichkeit sah, als die hohen Aufbauten kappen zu lassen. Ein Teil des Achterkastells und des Vorderschiffes wurde von den Matrosen entfernt und über Bord geworfen, sodass der Wind weniger Angriffsfläche fand. Aber allzu viel half diese Maßnahme auch nicht. Die Planken waren morsch und die wuchtigen Brecher schlugen schwere Lecks. Mit Entsetzen sahen die Matrosen, wie das Wasser in die Laderäume stürzte.

Ganz verzweifelt wurde die Lage, als der Sturm auch das Ruder der *Jesus* stark beschädigte und das Schiff kaum noch zu manövrieren war. John Hawkins trug sich schon mit dem Gedanken, sein Flaggschiff aufzugeben und sich mit den Überlebenden auf die *Judith* zu retten, denn Francis Drake war es trotz der tobenden See gelungen, in Sichtweite des Flaggschiffs zu bleiben. Der Sturm flaute nach knapp vier Tagen ab. Keine Stunde zu früh. Die Männer an Bord der *Jesus* brauchten nun alle Kraft, um die Lecks einigermaßen abzudichten und das eingedrungene Wasser aus der Bilge zu pumpen.

Fast alle Schiffe waren vom Sturm gezeichnet. Es war ein Ding der Unmöglichkeit, die Fahrt nach England in diesem Zustand fortzusetzen. Hawkins blieb nichts anderes übrig, als an der Küste Floridas nach einem geeigneten Ort zu suchen, wo sie ihre Schiffe reparieren konnten.

Die Küstengewässer jedoch waren zu seicht. Nirgends gab es einen geschützten Ankerplatz. Die Verzweiflung der Männer wuchs, als ein zweiter Sturm, der drei Tage tobte, über sie hereinbrach.

Als sie auch dieses Unwetter überstanden hatten, ohne ein Schiff verloren zu haben, beschloss John Hawkins, alles auf eine Karte zu setzen und den Hafen der mexikanischen Stadt St. John de Ulua anzulaufen. Er wusste, dass man sie dort keineswegs mit offenen Armen empfangen würde, aber ihm blieb keine andere Wahl.

Auf der Fahrt nach St. John de Ulua kreuzten drei plumpe spanische Handelsschiffe den Kurs der englischen Expeditionsflotte. Hawkins und Drake brachten die drei Schiffe auf und nahmen fast hundert Passagiere an Bord – mit sanfter Gewalt.

»Damit werden wir die Einfahrt von St. John de Ulua notfalls erzwingen«, begründete John Hawkins die Geiselnahme. »Unter den Passagieren sind einige recht hoch gestellte Persönlichkeiten.«

Am 16. September kam der Hafen in Sicht. Um die Spanier zu täuschen, ließ John Hawkins die St.-Georgs-Flagge auf allen Schiffen einholen und nur die königliche Standarte auf Großmast setzen. Von der langen Reise waren die Farben der Standarte derart stark ausgeblichen, dass sie von weitem von der spanischen Flagge kaum zu unterscheiden war.

»Wenn das nur gut geht«, murmelte Chris Mitchell besorgt.

»Keine Sorge, die Spanier werden sich ganz ruhig verhalten«, erwiderte Drake, und sein Blick glitt prüfend über die Festungsanlagen zu beiden Seiten der Hafeneinfahrt. Die hellen Häuser der Stadt bildeten einen sichelförmigen Bogen um die Hafenanlagen. Ein Dutzend spanischer Schiffe ankerte an den Kais.

Kanonendonner rollte plötzlich über die Bucht. Rauchwolken stiegen hinter den Festungsmauern in den klaren Septemberhimmel.

Francis Drake lachte. »Die Spanier schießen Salut! Sie halten uns für eine spanische Flotte!«

Chris Mitchell schüttelte ungläubig den Kopf, doch Drake hatte Recht. Die Spanier waren auf John Hawkins' Trick hereingefallen. Das zeigte sich, als die Schiffe der Engländer Anker warfen und eine Abordnung Spanier an Bord des Flaggschiffes kam, um die angeblichen Landsleute zu begrüßen.

»Willkommen an Bord der *Jesus of Lübeck*, Schiff Ihrer Majestät Elisabeth I., Königin von England!«, empfing John Hawkins die hohen Militäroffiziere. »Herzlichen Dank für den freundlichen Empfang.« Fassungslosigkeit und Bestürzung traten auf die Gesichter der Offiziere. Unwillkürlich wollten ihre Hände nach den Degen greifen.

Felipe de Alvarez, Kommandant der Hafenstadt und Leiter der Militärdelegation, fasste sich als Erster. Seine Wangenmuskeln zuckten unter der blassen Gesichtshaut. Der Spanier vermochte seine Wut kaum zu beherrschen.

»Ich bedaure den Irrtum, Capitan«, presste er hervor, und seine fast schwarzen Augen funkelten drohend. »Engländer sind in St. John de Ulua nicht willkommen.«

John Hawkins entging nicht, dass Felipe de Alvarez blitzschnell zu den spanischen Galeonen hinübergeblickt hatte. Und er lächelte befriedigt.

»Meine Schiffe haben mit Müh und Not zwei schwere Stürme überstanden und müssen dringend repariert werden, Exzellenz«, sagte John Hawkins betont freundlich. »Meine Männer werden sich mit den Ausbesserungsarbeiten beeilen, sodass wir Ihre Gastfreundschaft bestimmt nicht allzu lange in Anspruch zu nehmen brauchen.«

Felipe de Alvarez erwiderte barsch: »Sie werden sofort wieder Segel setzen und unseren Hafen verlassen, Capitan! Reparieren Sie Ihre Schiffe gefälligst woanders.«

John Hawkins gab sich enttäuscht und zog die Augenbrauen spöttisch hoch. »Ein Christenmensch wie Sie wird doch nicht so grausam sein, in Not geratene Seeleute wieder aufs Meer zu schicken.«

»Das ist mein letztes Wort!«, zischte Alvarez und wollte sich zum Gehen wenden.

»Einen Augenblick!« John Hawkins' Stimme war plötzlich schneidend.

Die Militäroffiziere fuhren herum.

»Ich hatte gehofft, wir würden uns im Guten einigen«, sagte Hawkins grimmig. »Aber wenn Sie nicht wollen, muss ich wohl oder übel einen anderen Ton anschlagen. Rance, bring die Frauen an Deck!«

»Was soll das?«, fragte Felipe de Alvarez ungehalten.

»Einen Augenblick, Exzellenz«, sagte Hawkins bestimmt.

Jo Rance führte ein Dutzend spanische Frauen an Deck, die verängstigt dreinschauten und sofort in Wehgeschrei ausbrachen, als sie Felipe de Alvarez und seine Begleiter erblickten.

»Schaff sie wieder runter!«, befahl John Hawkins hart und wandte sich wieder Felipe de Alvarez zu: »Ich habe fast hundert Ihrer Landsleute an Bord. Unter ihnen befinden sich einige Herren, die offensichtlich am Hof Ihres Königs gern gesehen sind.«

Felipe de Alvarez wurde blass.

»Was halten Sie davon, wenn wir noch einmal in aller Ruhe über unsere Liegezeit in Ihrem Hafen sprechen, Exzellenz?«, erkundigte sich John Hawkins. »Wenn Sie mir bitte in meine Kajüte folgen würden, meine Herren. Die Kapitäne meiner Flotte erwarten Sie schon.«

Mit verbissenem Gesichtsausdruck folgte Felipe de Alvarez dem Sklavenhändler unter Deck. Widerwillig nahm er an dem mächtigen Eichentisch Platz.

»Stellen Sie Ihre Forderungen!«

John Hawkins blickte ihn fest an. »Ich versichere Ihnen, dass wir ohne Hintergedanken hier eingelaufen sind. Wir sind den Stürmen mit knapper Not entronnen und können die Heimfahrt nicht antreten, bevor nicht die Schäden an den Schiffen behoben sind. Um Ihnen meinen guten Willen zu demonstrieren, werde ich auf der Stelle alle Gefangenen freigeben und nur zwei Männer von Rang als Geiseln an Bord behalten. Dafür verlange ich, dass wir gegen gutes Geld Proviant und alles, was wir zur Instandsetzung brauchen, hier im Hafen kaufen dürfen. Wir zahlen gut. Es werden Ihnen und Ihren Landsleuten also keine Nachteile entstehen, sondern im Gegenteil, Sie werden ein gutes Geschäft machen.«

»Die Entscheidung darüber liegt nicht in meinen Händen«, erwiderte Felipe de Alvarez. »Nur der Rat von Mexiko kann diese Erlaubnis erteilen.«

Drake beugte sich zu Hawkins hinüber. »Der Bursche will uns hinhalten. Der Rat von Mexiko residiert zweihundert Meilen von hier. Es kann Wochen dauern, bis wir eine amtliche Erlaubnis erhalten, John. Und du weißt genau, dass die richtige spanische Flotte jeden Tag im Hafen auftauchen kann. Wir sollten die Sache besser in die eigenen Hände nehmen.«

Hawkins nickte und sagte zu Felipe de Alvarez: »Ich werde sofort einen Kurier zum Rat von Mexiko schicken, Exzellenz. Auch ist uns nicht unbekannt, dass Sie eine spanische Flotte erwarten. Damit es jedoch nicht zu einer kriegerischen Auseinandersetzung kommt, werde ich mit meinen Schiffen die Hafeneinfahrt blockieren, bis wir Antwort vom Präsidenten haben.«

Felipe de Alvarez blieb nichts anderes übrig, als sich mit dieser Regelung einverstanden zu erklären. Bevor er das

Schiff verließ, bedachte er Hawkins und Drake, die ihn bis zur Schanzkleidpforte begleiteten, mit einem Blick, in dem kaum verhohlene Feindschaft lag.

Hawkins schickte sofort einen Kurier los und gab die Geiseln frei. Anschließend bereitete er alles für eine mögliche Auseinandersetzung mit der von den Spaniern erwarteten Flotte vor. Zum Glück lag vor dem Hafen eine kleine, steinige Insel, die die Zufahrt verengte.

»Wenn sie auf unsere Forderungen nicht eingehen, hindern wir ihre Flotte daran, in den Hafen einzulaufen«, sagte Francis Drake. »Wir können die Einfahrt mit ein paar Breitseiten bestreiten und auch auf der Insel Posten aufstellen. Wir haben einfach die bessere Position.«

John Hawkins blickte über das Deck hinweg zu den spanischen Galeonen. »Die Spanier sind nervös, Francis. Weißt du, was die Schiffe da drüben geladen haben? Zweihunderttausend Pfund Gold und Silber!«

»Nein!«, stieß Drake hervor.

»Doch«, bekräftigte Hawkins. »Einer meiner Männer hat es aufgeschnappt, als er die Geiseln an Land begleitete. Die Galeonen warten nur auf die Flotte, die den Schatzschiffen auf der Überfahrt nach Spanien das Geleit geben soll.«

»Zweihunderttausend Pfund ... zum Greifen nah«, murmelte Francis Drake.

»Schlag dir das aus dem Kopf«, herrschte John Hawkins ihn an. »Ich stehe zu meinem Wort. Wir haben auf dieser Reise einen hohen Profit erzielt. Ich möchte nicht, dass es zum Schluss noch zu einem Gefecht mit der spanischen Flotte kommt. Dafür würde unsere Königin kaum Verständnis haben.«

»Hoffentlich halten sich auch die Spanier an die Vereinbarung«, meinte Francis Drake düster. Er hatte da berechtigte Zweifel.

14

Schon am nächsten Morgen tauchten die Mastspitzen der spanischen Flotte draußen vor dem Hafen auf. Hawkins versetzte Matrosen und Soldaten in Alarmbereitschaft und schickte dem spanischen Flottengeneral ein Boot mit der Nachricht entgegen, dass er, John Hawkins, die Einfahrt der spanischen Schiffe in den Hafen nur dann zulassen würde, wenn zuvor verbindliche Vereinbarungen für die Sicherheit der englischen Schiffe und die Aufrechterhaltung des Friedens getroffen wären.

Drei Tage später kehrte der Bote zurück und brachte die Botschaft, dass der Vizekönig Don Martin Enriquez sich höchstpersönlich auf den Weg nach St. John de Ulua gemacht habe, um die Verhandlungen zu führen. Don Martin Enriquez war der mächtigste Mann des spanischen Reiches nach dem König.

»Ich bin gespannt, was uns der Vizekönig anzubieten hat«, sagte Drake skeptisch, als die Nachricht von der Ankunft des Vizekönigs bekannt wurde.

Es war offensichtlich unter der Würde von Don Martin Enriquez, Auge in Auge mit Hawkins zu sprechen. Deshalb nahm er die Verhandlungen über Boten auf. Er ließ viele schöne Worte machen und lobte die Freundlichkeit der Engländer, war jedoch nicht damit einverstanden, dass Hawkins die Insel vor dem Hafen auch nach Einlaufen der spanischen Flotte besetzt halten wollte.

Hawkins hatte zwar die stärkere Position, aber er wusste auch, dass er seinen Triumph nicht ausreizen konnte. Die spanischen Schiffe brauchten den Schutz des Hafens, denn der heftige Nordwind, der jeden Augenblick zu einem Sturm auffrischen konnte, würde die Schiffe zerschmettern oder in den seichten Küstengewässern stranden lassen.

»Ich kann einfach nicht riskieren, dass die spanische Flotte aufgrund meiner Entscheidung zu Bruch geht«, sagte John Hawkins am Abend des Sonntags zu Francis Drake. Die schwere Verantwortung, die auf seinen Schultern lag, war ihm deutlich vom Gesicht abzulesen. Er sah müde und erschöpft aus. »Der Verlust dieser Flotte würde die spanische Krone gut und gern zwei Millionen Pfund kosten.«

»Das könnte zu einem offenen Krieg führen«, meinte auch Drake und nippte an seinem Wein. Der schwache Schein der Kajütlampe erhellte nur den hinteren Teil des Raumes. Die *Jesus* bewegte sich sanft in der Hafendünung hin und her. Holz knarrte vertraut. Und durch das Skylight drangen Stimmen gedämpft hinunter in die Kapitänskajüte.

»Andererseits weißt du nicht, ob diese Schneckenfresser zu ihrem Wort stehen, wenn wir sie in den Hafen hereinlassen«, gab Drake nach einer Weile zu bedenken. »Ich für meinen Teil halte die Spanier für jeden hinterhältigen Trick gut.«

»Und dennoch müssen wir ihnen den Schutz des Hafens zugestehen«, sagte Hawkins widerwillig.

»Der Hafen ist viel zu klein.« Francis Drake erhob sich und trat zum Heckfenster. Er blickte über das dunkle Wasser des Hafens, in dem sich die Lichter der Schiffe spiegelten. »Wir sind schon jetzt recht beengt. Wenn die Flotte einläuft, liegen wir Schiff an Schiff. Neben einem englischen Schiff wird man ein spanisches Schiff vertäuen müssen, John.«

»Das stimmt«, gab Hawkins zu. »Aber dennoch werde ich die Flotte in den Hafen lassen. Ich habe genau wie du meine Zweifel an den freundschaftlichen Beteuerungen des Vizekönigs und des Admirals. Aber ich will keinen Kriegsgrund liefern.«

Kurz darauf erschien Felipe de Alvarez an Bord des Flaggschiffes und überbrachte eine Botschaft des Vizekönigs Don Martin Enriquez. Er erklärte sich mit den Forderungen der Engländer einverstanden. Am selben Abend hielt John Hawkins den schriftlichen Friedensvertrag mit Unterschrift und Siegel des Vizekönigs in seinen Händen.

Am nächsten Morgen nahmen die Trompeter auf dem Achterdeck der *Jesus* Aufstellung. Helle Trompetenklänge schallten über die Bucht. Laut und deutlich ließ John Hawkins anschließend ausrufen, dass unter Androhung der Todesstrafe es keine der beiden Parteien wagen solle, den Frieden zu verletzen.

Unter gegenseitigem Salut lief wenige Stunden später die spanische Flotte unter dem Oberbefehl von Admiral Juan de Ubilla in den Hafen ein. Die Schiffe wurden verabredungsgemäß Seite an Seite vertäut.

»Wenn das bloß gut geht«, meinte Chris Mitchell und beobachtete mit reichlich gemischten Gefühlen, wie seine Landsleute den spanischen Matrosen halfen, ihre Schiffe zu vertäuen.

Drake schüttelte den Kopf. »Es wird nicht gut gehen. Es kann gar nicht gut gehen.«

»Mal den Teufel nicht an die Wand, Francis!«

Drake lachte bitter. »Auf solch eine Chance haben die Spanier doch bloß gewartet. Und ich verwette meinen Gewinnanteil darauf, dass dieser ölige Vizekönig seine Chance nutzen wird. Vermutlich brütet er schon zusammen mit Felipe de Alvarez und dem Flottenadmiral über einem hinterhältigen Angriffsplan.«

»Immerhin ist die Insel in unserer Gewalt«, meinte Chris Mitchell. »Das ist schon beruhigend.«

»Beruhigend?« Drake verzog das Gesicht. »Diese Forderung war eine Frage des Selbsterhaltungstriebes. Im Ernstfall stellt sie aber keine Trumpfkarte dar, sondern hält uns höchstens für kurze Zeit den Rücken frei.«

»Diese verdammten Stürme!«, fluchte Chris Mitchell und raufte sich das rote Haar. »Wir hätten schon halb zu Hause sein können, wenn uns diese *furicanos* nicht überrascht hätten.«

»Chris? Treib die Männer zu höchster Eile an. Sie sollen zunächst nur die schlimmsten Schäden beheben. Und die *Judith* muss jederzeit segelbereit sein.«

Chris Mitchell nickte. »Wir werden aufpassen.«

»Aufpassen genügt nicht!«, herrschte Drake ihn scheinbar grundlos an. »Jederzeit segelbereit, verstanden? Das ist ein Befehl!«

»Aye, aye, Sir«, antwortete Chris Mitchell ohne Überraschung. Es war nicht das erste Mal, dass Francis Drake ihn wie einen x-beliebigen Untergebenen behandelte. Chris Mitchell fuhr schon lange genug zusammen mit Francis zur See, um zu wissen, von welch unerhörtem Ehrgeiz sein Freund besessen war. Drake hatte die Verantwortung für die *Judith* übernommen und wollte um keinen Preis sein Schiff mit der wertvollen Ladung durch Unachtsamkeit verlieren. Der Erfolg war ihm wichtiger als alles andere. Wichtiger auch als jede Freundschaft.

15

Zwei Tage vergingen und die Anzeichen für einen geplanten Angriff der Spanier wurden immer offensichtlicher. Die spanischen Kapitäne und Matrosen versicherten ihren englischen Kollegen zwar ständig und meist noch ungefragt, wie heilig sie die Freundschaft hielten. Doch diese Beteuerungen nahmen ihnen die Engländer bald nicht mehr ab.

»Don Martin Enriquez zieht im Hinterland Truppen zusammen!«, meldete ein englischer Kundschafter am Mittwoch und bestätigte damit die allgemeinen Befürchtungen. »Man spricht von über tausend Soldaten, die sich auf dem Marsch nach St. John de Ulua befinden!«

»Und wann werden sie angreifen?«, wollte John Hawkins wissen.

Der Kundschafter saß erschöpft und abgekämpft auf einem Schemel in Hawkins' Kapitänskajüte. Er rang nach Atem. Sein Gesicht war verdreckt. »Ich konnte ein Gespräch zwischen zwei Offizieren belauschen«, stieß der Matrose mühsam hervor. »Der Angriff ist für Donnerstag geplant.«

»Also morgen«, murmelte Hawkins.

»Hast du noch etwas aufgeschnappt?«, fragte Francis Drake, der zugegen war, weil der Kundschafter, Edward Kent, zur Mannschaft der *Judith* gehörte.

Kent nickte. »Die Offiziere sprachen auch über den bestmöglichen Zeitpunkt und kamen zu dem Schluss, dass es wohl am günstigsten sei, zur Essenszeit anzugreifen.«

»Diese Hunde!«, fluchte John Hawkins und drückte dem mutigen Kundschafter eine Goldmünze in die Hand. »Das hast du hervorragend gemacht, Edward Kent! Du kannst jetzt gehen. Solange wir noch im Hafen liegen, hast du wachfrei.«

»Verbindlichsten Dank, Sir!« Edward Kent steckte das Goldstück schnell in seine Hosentaschen und verließ die Kajüte, nachdem er geschworen hatte, keinem etwas von seinen Beobachtungen zu erzählen.

Am nächsten Morgen rief Hawkins alle Offiziere und Kapitäne zu sich auf die *Jesus* und hielt eine Beratung ab.

»Es gibt keinen Zweifel mehr am geplanten Verrat der Spanier«, begann Hawkins ohne Umschweife. »Es werden Waffen von Schiff zu Schiff gereicht. Jeder von uns hat das beobachten können ...«

»Außerdem sind zahlreiche feindliche Geschütze auf die Insel gerichtet«, fügte Francis Drake wutentbrannt hinzu. »Was das bedeutet, brauche ich wohl keinem von Ihnen zu erklären, Gentlemen!«

»Wir sollten diesen Verrätern zuvorkommen!«, schlug einer der Kapitäne vor. »Noch können wir das Blatt wenden. Ein Überraschungsangriff ...«

»... kann uns alle an den Galgen bringen!«, unterbrach ihn John Hawkins energisch. »Ich glaube nämlich nicht, dass Ihre Königliche Majestät unseren Angriff billigen würde, auch wenn wir noch so überzeugende Gründe haben. Einen offenen Krieg kann sich England nicht erlauben.«

»Und deshalb sollen wir uns seelenruhig in Stücke schießen lassen, ja?«, fragte der Kapitän sarkastisch.

Hawkins verneinte das knapp. »Wir müssen alles versuchen, um den Frieden zu erhalten, so lächerlich das auch klingen mag. Ich werde sofort einen Kurier zum Vizekönig schicken und ihm klar machen, dass uns seine Angriffsvorbereitungen nicht entgangen sind und wir uns bestimmt nicht wie die Tölpel werden überrumpeln lassen. Ich hoffe, das wird ihn zur Einsicht bringen. Vermutlich beruht sein ganzer Plan auf dem Überraschungseffekt. Wenn der nicht mehr gegeben ist, wird er seinen Plan hoffentlich fallen lassen.«

»Das wird seine Ehre nicht zulassen«, wandte Francis Drake ein.

»Wir müssen es versuchen«, beharrte John Hawkins auf seinem Vorschlag. Und so wurde es auch gemacht.

Es schien, als würden sich Hawkins' Hoffnungen erfüllen. Don Martin Enriquez ließ sofort befehlen, die verdächtigen Handlungen einzustellen. Er gab John Hawkins sogar sein Ehrenwort als Vizekönig, dass er allen Versuchen seiner Landsleute, den Frieden zu brechen, energisch entgegentreten werde.

Es hatte den Anschein, als wäre damit die gefährliche Krise gemeistert worden. Doch schon kurz nach der Versicherung des Vizekönigs wurde bekannt, dass sich angriffsbereite spanische Truppen in einem 900-Tonnen-Schiff versteckt hielten, das nahe der *Minion* vertäut lag.

Als John Hawkins nochmals einen Kurier schickte und Don Martin Enriquez zur Rede stellte, zeigte der Vizekönig sein wahres Gesicht. Er ließ den Kurier gefangen nehmen und gab das Signal zum Angriff. Für Don Martin Enriquez waren die Engländer Ketzer und Piraten und somit Feinde Gottes. Für die Feinde Gottes gab es aber nur eine Strafe – den Tod!

16

Das Angriffssignal der spanischen Trompeten wurde schon nach wenigen Augenblicken vom wilden Geschrei der Soldaten und Matrosen übertönt, die von allen Seiten auf die Engländer einstürmten. Entermesser, Degenklingen, Lanzen und Äxte funkelten im Licht. Musketengeknatter mischte sich in das Brüllen der Männer und dumpfer Kanonendonner rollte über die Bucht.

Die Engländer hatten gewusst, dass es zu einem Gefecht würde kommen können, und waren auch darauf vorbereitet. Dieser konzentrierte Ansturm der spanischen Truppen kam dennoch wie ein Schock.

Besonders die Wachen auf der Insel waren entsetzt, als die auf sie gerichteten Geschütze plötzlich abgefeuert wurden. Dutzende von Kanonenkugeln schlugen in den Stellungen der Engländer ein und brachen jeglichen Widerstand, bevor die englischen Soldaten überhaupt dazu kamen, auch nur einen Schuss aus den Messingkanonen abzugeben.

Von einer spanischen Galeone, die in allernächster Nähe ankerte, stürmten schwer bewaffnete spanische Truppen auf die Insel. Die englischen Wachtposten gerieten in Panik und ergriffen die Flucht. Sie versuchten, zu ihren Booten zu kommen. Ihre Verfolger waren jedoch schneller, gnadenlos wurden die Engländer auf der Insel niedergestreckt und erschlagen.

Den Männern auf den englischen Schiffen erging es in der Anfangsphase des Gefechtes nicht besser. Die spanischen Soldaten, die sich auf dem 900-Tonnen-Schiff versteckt gehalten hatten, versuchten zunächst, die *Minion* zu entern.

Gott sei Dank hatte der Kapitän das Schiff schon zum Auslaufen vorbereitet. Und während der Großteil der Besatzung den Angreifern einen verzweifelten und verlustreichen Kampf lieferte, wurden die Bugstange und die Taue am Vorschiff gekappt, um so von den feindlichen Schiffen freizukommen.

Auch John Hawkins und Francis Drake gelang es unter Aufbietung aller Kraft und todesmutigen Einsatzes, ihre Schiffe von den Enterkommandos der Spanier zu säubern und sich aus der lebensgefährlichen Umklammerung durch die feindlichen Schiffe zu befreien.

Aber damit hatte das Gefecht noch längst kein Ende gefunden.

»Wir sitzen in der Falle!«, rief Chris Mitchell an Bord der *Judith* entsetzt, als die Spanier von allen Seiten das Feuer eröffneten.

»Noch ist nichts verloren!«, erwiderte Francis Drake. »Diese Verräter sollen uns kennen lernen, Chris. Sind die Geschütze klar?«

»Aye, aye, Sir!«

»Dann raus mit den Kugeln!«, befahl Drake und schwang seinen Degen.

Die Kanonen der *Judith* brüllten auf. Und mit grimmiger Zufriedenheit stellte Drake fest, dass ein Großteil der Geschosse in die Bordwand des spanischen Kriegsschiffes *Admiral* krachte. Die Salve lag genau in der Höhe des Geschützdecks. Die Kanonenkugeln zertrümmerten die Planken und wirbelten die Männer hinter den feindlichen Geschützen durch die Luft.

Francis Drake sprang vom erhöhten Achterkastell hinunter auf das Mittschiffsdeck und feuerte die Geschützbedienungen mit heiseren Rufen an.

»Beeilt euch, Männer, beeilt euch! Jedes Geschütz feuert unabhängig von den anderen! Es wird geschossen, sowie eine Kanone feuerbereit ist! Die *Admiral* ist euer Ziel, Männer! Ich will, dass ihr den verfluchten Spanier in Stücke schießt! Nehmt die Takelage aufs Korn! Holt die Masten und Rahen herunter! Bohrt das Schiff in den Grund!«

Er lief hinter den Geschützbedienungen auf und ab, das Gesicht hassverzerrt. Er schrie Befehle, beobachtete die Einschläge der Geschosse und kümmerte sich nicht um die Musketenkugeln, die ihm um die Ohren flogen.

Dann begab er sich wieder auf das Achterdeck, um einen Überblick über das Kampfgeschehen zu gewinnen. Er war entsetzt, wie schwer die *Jesus* zugerichtet war. Ein Großteil der spanischen Schiffe musste sich das englische Flaggschiff zum Ziel ihrer vernichtenden Breitseiten ausgewählt haben.

»Lange halten die auf der *Jesus* das nicht mehr aus«, sagte Chris Mitchell betroffen, als eine Salve das Flaggschiff mit voller Wucht traf und meterlange Planken aus dem Vorschiff fetzte. Todesschreie gellten durch die Luft, wurden vom Kanonendonner erstickt. Mit einem lauten Bersten splitterte der Fockmast. Rahen krachten auf das Deck der *Jesus* und erschlugen mehrere Matrosen.

Die Besatzung des Flaggschiffes wehrte sich jedoch mit heldenhafter Verzweiflung. Die Kanonen der *Jesus* wummerten in schnellem Rhythmus. John Hawkins hatte seinen Männern ebenfalls den Befehl gegeben, die Geschütze auf das spanische Kriegsschiff *Admiral* zu richten, da dieses in unmittelbarer Nähe des Flaggschiffes lag.

»Holt ihnen die Masten herunter!«, schrie Francis Drake.

Minuten später ging sein Wunsch in Erfüllung. Gleich zwei Breitseiten schlugen drüben auf der *Admiral* ein. Sowohl Großmast als auch Fockmast des spanischen Kriegsschiffes knickten zur Seite weg, splitterten unter dem Einschlag der Kanonenkugeln wie morsche Hölzer. Dutzende von spanischen Soldaten und Matrosen wurden von herabstürzenden Spieren, Blöcken, Rahen sowie Segeln und Takelage begraben, verletzt oder gar getötet. Panik breitete sich an Bord des Kriegsschiffes aus, das plötzlich mit starker Schlagseite nach Steuerbord im Wasser lag.

»Gebt den Verrätern den Rest!«, feuerte Francis Drake die Geschützbedienungen an. »Wir schaffen es, Männer. Noch zwei derartige Volltreffer und die *Admiral* ist erledigt. Lasst sie zur Hölle fahren!«

Der Volltreffer spornte die Engländer an. In fiebriger Eile wischten sie die Kanonen aus, brachten die Pulverladungen an, rollten die schweren Kugeln in die heiß geschossenen Mündungen, rannten die Geschütze wieder aus und steckten die Lunten in Brand.

Eine halbe Stunde später war die *Admiral* vernichtet. Mehrere Kugeln hatten das Schiff unter der Wasserlinie leckgeschlagen. Die verzweifelten Bemühungen der Mannschaft, die Lecks abzudichten und das einströmende Wasser aus dem Bauch des Schiffes zu pumpen, erwiesen sich als erfolglos. Das ehemals stolze Kriegsschiff sank über den Bug. Schreiend sprangen die Spanier über Bord. Und im nächsten Augenblick sackte die *Admiral* ganz weg. Ein starker Strudel bildete sich, Luftblasen und eine Menge Holz stiegen zur Wasseroberfläche hoch. Dann war alles vorbei.

Nicht jedoch das Gefecht.

Das konzentrierte Geschützfeuer der feindlichen Schiffe hatte die *Jesus* schwer mitgenommen, und Hawkins musste einsehen, dass sein ehemals stolzes und eindrucksvolles Schiff nicht mehr zu retten war. Er verständigte sich deshalb mit dem Kapitän der *Minion* und legte die zum Wrack geschossene *Jesus* so, dass sie die gefährlichen Geschützsalven von Land her abfing und die *Minion* somit vor Treffern aus dieser Richtung schützte.

Die Schlacht dauerte nun schon mehrere Stunden an. John Hawkins hoffte, dass die *Jesus* zumindest bis zum Einbruch der Nacht der *Minion* ausreichend Schutz bot. Beide Schiffe lagen Seite an Seite. Und während die *Jesus* unter den Einschlägen der Kugeln erzitterte, schafften die Matrosen die Ladung, Lebensmittel, Gold und Silber auf die *Minion* hinüber.

Die Situation in der Bucht von St. John de Ulua spitzte sich währenddessen immer mehr zu. Die *Judith* wurde von zwei schweren Geschossen getroffen, die das Schanzkleid mittschiffs durchschlugen und eine Geschützbedienung auf der Stelle töteten. Mehrere Männer auf dem Vorderdeck wurden von Musketenkugeln tödlich getroffen und tränkten den Sand auf den Decksplanken mit ihrem Blut.

Im Vergleich zu den anderen englischen Schiffen kam die relativ kleine *Judith* jedoch noch verhältnismäßig glimpflich davon. Die *Swallow*, obwohl mit 100 Tonnen doppelt so groß wie die *Judith*, hatte Pech. Der Kapitän versuchte, sein Schiff in eine bessere Schussposition zu bringen. Das Segelmanöver misslang. Die Spanier nahmen die *Swallow* von zwei Seiten in die Zange. Das Schiff geriet in ein entsetzliches Kreuzfeuer, das es innerhalb von fünfzehn Minuten in ein Wrack verwandelte. Die *Swallow* sank wie ein Stein.

Der *Angel* erging es nicht besser. Obwohl das 33-Tonnen-Schiff sich mit seinen nur sechs Kanonen tapfer zur Wehr setzte und die Mannschaft verbissen kämpfte, war ihm ein schreckliches Schicksal bestimmt. Eine mächtige spanische Salve schlug in die Heckpartie der *Angel* ein und brachte die Pulverkammer zur Explosion. Das kleine Schiff wurde förmlich in Stücke gerissen. Und nur eine Hand voll Männer konnte sich retten.

Doch auch die Spanier mussten bittere Verluste hinnehmen. Die *Minion* und die *Judith* hatten sich inzwischen auf die *Vizeadmiral* eingeschossen. Sie brannte an mehreren

Stellen und war kaum noch zu retten. Ein drittes spanisches Schiff war mittlerweile ebenfalls versenkt worden.

»Hoffentlich schafft Hawkins es, die *Jesus* schnell zu entladen«, sagte Chris Mitchell unruhig und duckte sich hinter dem Schmuckgeländer des Achterkastells, als eine Kanonenkugel nur knapp einen Meter über seinen Kopf hinwegsauste.

»Wir können ihm nicht länger Feuerschutz geben«, stieß Francis Drake hervor. »Die *Angel* und die *Swallow* sind schon gesunken. Jetzt wird man sich auf uns einschießen, Chris. Und diesem mörderischen Feuer ist die *Judith* einfach nicht gewachsen. Es ist sowieso schon ein Wunder, dass wir bis jetzt so glimpflich davongekommen sind.«

»Sollen wir die Segel setzen und die Flucht ergreifen?«

Francis Drake ging nervös auf dem Achterkastell hin und her. Noch war John Hawkins der Oberbefehlshaber der Expeditionsflotte, und Hawkins hatte ihm signalisiert, dass die *Judith* die andere Flanke der *Minion* decken sollte. Das war ein Befehl. Aber andererseits konnte niemand von ihm verlangen, dass er sich in Stücke schießen ließ. Er war der Überzeugung, dass jedes Schiff allein zusehen musste, wie es dieser Hölle entkam.

»Vor Einbruch der Dunkelheit müssen wir hier raus sein«, sagte Drake mit entschlossener Stimme. »Das bin ich meinen Männern eigentlich schuldig!«

»Francis!«, stieß Mitchell plötzlich erschrocken hervor und zeigte auf den Hafen.

Drake wirbelte herum. Er schluckte und murmelte erschrocken: »Brander! ... Sie versuchen es jetzt mit Brandern!«

Die Spanier hatten John Hawkins' Plan durchschaut und wollten verhindern, dass alle Schätze auf die *Minion* gebracht wurden und dieses Schiff entkommen konnte. Deshalb hatten sie zwei große Schiffe bis unter die Decksplanken mit leicht brennbarem Material voll gestopft und es in Brand gesteckt. Die beiden Brander trieben nun genau auf die *Minion* zu.

»Das ist das Ende der Schlacht«, beschloss Francis Drake nach kühler Einschätzung ihrer Chancen. Er gab sofort den Befehl, die Segel zu setzen und aus dem Hafen auszulaufen. Ihm entging nicht, dass die Männer auf der *Minion* beim Anblick der auf sie zutreibenden Brander in Panik gerieten und nun nicht mehr daran dachten, weiter beim Entladen der *Jesus* zu helfen. »Chris, wir verschwinden!«

»Aye, aye, Sir!«

Die Matrosen auf der *Minion* kappten die Taue, die ihr Schiff mit der *Jesus* verband. Fast gleichzeitig mit der *Judith* setzte das von den schwimmenden Fackeln bedrohte Schiff die Segel. Die Mannschaft der *Minion* war so in Angst und Schrecken versetzt, dass sie den Matrosen und Soldaten, die sich noch auf der *Jesus* befanden, fast keine Gelegenheit mehr gaben, das leckgeschlagene Flaggschiff zu verlassen und sich auf die *Minion* in Sicherheit zu bringen.

Chris Mitchell sah, wie John Hawkins auf die Reling kletterte und mit einem beherzten Sprung auf die schon von der *Jesus* abtreibende *Minion* hinübersprang. Viele, die seinem Beispiel folgten, hatten weniger Glück. Sie stürzten zwischen den beiden Schiffen ins Wasser. Damit war ihr Schicksal besiegelt.

Einige Matrosen retteten sich in ein Beiboot und versuchten, die *Minion* einzuholen. Aber nur einer Hand voll gelang es, die rettenden Planken des Schiffes zu erreichen. Der Rest war der Gnade und Ungnade der Spanier ausgeliefert.

»Mein Gott, Francis!«, rief Mitchell entsetzt. »Wir können unsere Landsleute doch nicht so einfach im Stich lassen.«

Francis Drake sah ihn scheinbar ungerührt an. »Ich weiß sehr wohl, Chris, was diesen armen Teufeln bevorsteht. Die Spanier verstehen sich aufs Foltern. Aber wir können ihnen nicht helfen. Oder möchtest du, dass man auch unserem Schiff die Masten vom Deck schießt? Reiß dich zusammen, Chris, jetzt geht es um unsere Haut. Die Männer auf der *Judith* haben bis zur Erschöpfung gekämpft. Ich bin es ihnen schuldig, zuerst einmal an sie zu denken.«

Chris Mitchell umklammerte das Geländer mit solcher Kraft, dass die Knöchel seiner Hände weiß hervortraten. Er presste die Lippen aufeinander, als er sah, wie einige Engländer verzweifelt versuchten, die *Minion* und die *Judith* schwimmend zu erreichen. Sie schrien und winkten, um auf sich aufmerksam zu machen. Ihre Anstrengungen jedoch waren vergeblich. Die Schiffe wurden immer schneller und dachten gar nicht daran, beizudrehen, um die Schwimmenden an Bord zu nehmen.

Es gelang den beiden Schiffen, den Hafen von St. John de Ulua einigermaßen unbeschadet zu verlassen. Mehrere Kanonenkugeln rissen Löcher in die Segel der *Judith*. Dann aber war Drakes Schiff außerhalb der Reichweite der feindlichen Geschütze.

Kurz darauf brach die Nacht herein. Die Küste Floridas verschmolz mit der pechschwarzen Dunkelheit und die beiden Schiffe verloren schnell den Sichtkontakt. Als der Morgen graute und ein heftiger Nordwind die erschöpften Matrosen in die Wanten jagte, war von der *Minion* weit und breit nichts zu sehen.

»Hoffentlich ist sie nicht auch noch verloren gegangen«, meinte Chris Mitchell düster, und kalte Gischt spritzte ihm ins Gesicht.

Francis Drake starrte mit zusammengekniffenen Augenlidern über die unruhige See. »Was auch immer mit der *Minion* geschehen ist, Chris«, sagte er, und seine Stimme war von erschreckender Kälte, »für diesen schändlichen Verrat werden die Spanier büßen. Ich werde nicht eher ruhen, bis ich mich an ihnen gerächt habe. Das ist ein heiliger Schwur!« Und nach einer Weile des Schweigens sagte er: »Chris?«

»Ja?«

»Womöglich sind wir von der *Judith* die einzigen Überlebenden der Expedition. Vor uns liegt noch eine lange, gefährliche Heimfahrt. Aber wir müssen alles daransetzen, dass dieses Schiff heimatliche Gewässer erreicht. Denn ganz England soll erfahren, was in St. John de Ulua geschehen ist!«

17

Vier qualvolle lange Monate benötigten die *Judith* und die *Minion* für die Rückfahrt nach England. Und während dieser Zeit glaubte jede der beiden Schiffsbesatzungen, als Einzige den spanischen Angriff überlebt zu haben.

Die größten Leiden während dieser Irrfahrt nach Hause mussten die Männer an Bord der *Minion* ertragen. Nur unzureichend mit Tauwerk und Anker ausgerüstet, trieb das Schiff nach der Flucht aus dem Hafen St. John de Ulua tagelang vor der gefährlich seichten Küste Floridas. Ständig stand den Matrosen der Tod vor den Augen. Die Lebensmittelvorräte schrumpften erschreckend schnell. Bald gab es nur noch karge Rationen. Verzweiflung breitete sich an Bord aus, und zahlreiche Männer trugen sich ernsthaft mit dem Gedanken, sich den Spaniern zu ergeben und auf Milde zu hoffen – so sehr quälten sie Hunger und Durst.

Doch nicht einmal dieser Wunsch der Verzweiflung ließ sich in die Wirklichkeit umsetzen, denn nirgends konnten sie eine spanische Siedlung entdecken. In ihrer Not machten die Männer der *Minion* an Land Jagd auf Ratten, Katzen, Hunde und sogar Papageien wurden gierig hinuntergeschlungen. Alles, was irgendwie essbar war, erschien ihnen als Gottesgeschenk. Doch diese Nahrung reichte nicht aus, um die Männer bei Kräften zu halten.

Schließlich wurde der Hunger so stark, dass die Hälfte der Schiffsbesatzung darauf bestand, das Schiff zu verlassen und an Land zu versuchen, den Winter zu überleben. Sosehr sich John Hawkins auch bemühte, er vermochte diese Männer nicht von ihrem Vorhaben abzubringen. So ließ er sie an Land bringen und teilte die restlichen, kargen Vorräte mit ihnen.

Mit gut hundert Mann setzte Hawkins die Reise fort. Mitte November lagen endlich die Küsten Westindiens und die Straße von Florida hinter ihnen. Dann gerieten sie in die kalten, unfreundlichen Regionen des Atlantiks.

Und die Tragödie nahm ihren Lauf. Es verging kein Tag, an dem nicht mindestens ein Matrose an Unterernährung, Typhus, Ruhr oder einer anderen Krankheit starb. Die *Minion* kämpfte gegen ungünstige Winde und glich immer mehr einem Totenschiff. Die Männer, die überlebten, waren so geschwächt, dass jeden Tag mit dem Untergang der *Minion* zu rechnen war. Plötzlich einfallenden Winden und heftigen Sturmböen waren die Matrosen nicht mehr gewachsen. Sie hatten kaum noch die Kraft, die Wanten hochzuklettern und Segel zu setzen oder zu reffen.

Glücklicherweise begegnete die *Minion* einigen englischen Schiffen, die großzügig mit Lebensmitteln und Matrosen aushalfen, und so gelang es am 25. Januar 1569, den rettenden Hafen Mount's Bay in Cornwall zu erreichen.

Die *Judith* lief fünf Tage eher als Hawkins in einem englischen Hafen ein. Am 20. Januar warf Drake im Hafen von Plymouth Anker. Die Besatzung der *Judith* hatte Ähnliches wie die Männer von der *Minion* erdulden müssen. Hunger, Stürme und Krankheiten hatten unzählige Opfer gefordert.

Von den vierhundert Mann am Anfang der Expedition waren knapp siebzig zurückgekehrt. Und Francis Drake war fest entschlossen, all ihre Leiden den Spaniern heimzuzahlen.

18

Schon wenige Wochen nach der Rückkehr trug sich Drake mit großen Plänen, die zum Teil etwas mit seinem Racheschwur, zum größten Teil jedoch etwas mit seiner Ruhmsucht und Geldgier zu tun hatten.

»Ehrlicher Handel mit den spanischen Siedlern ist zu gefährlich«, sagte Drake zu Mitchell. »Wir haben gesehen, was passiert, wenn sie ihr Wort geben. Auf friedlichem Weg werden wir Engländer es in Westindien zu nichts bringen.«

Chris Mitchell schmunzelte. »Willst du einen Privatkrieg beginnen?«

»Du kommst der Sache schon ziemlich nahe«, erwiderte Francis Drake ernst. »Die Königin ist eine vorzügliche Diplomatin. Noch schafft sie es, den spanischen König hinzuhalten und einen direkten Krieg mit Spanien hinauszuzögern. Aber ich glaube nicht, dass sie nach dem Verrat von St. John de Ulua etwas gegen ein paar empfindliche Nadelstiche einzuwenden hat, die man den Spaniern zufügt.«

»Was planst du also?«

»Genau das, was du gesagt hast.«

»Einen Privatkrieg?«

Drake nickte. »So könnte man es nennen.« Seine Stimme wurde lebhafter und nahm nun einen beinahe beschwörenden Klang an. »Du hast doch während dieser Reise selbst gesehen, welch ungeheure Schätze an Gold, Silber, Perlen und Juwelen die Spanier aus ihren Kolonien herausquetschen. Schiffsladungen voll Gold! Und auf der anderen Seite der Landenge von Panama soll es eine Stadt geben, die einmal im Jahr von den Spaniern mit Gold und Silber nur so voll gestopft ist.«

Mitchell lachte ungläubig. »Mein Gott, diese Goldkarawanen sind bewacht!«

»Aber nicht bewacht genug, um einen gut geplanten Überfall unmöglich zu machen!«, widersprach Francis Drake. »Auch die Küstenstädte in Westindien sind nur lächerlich schwach befestigt. Wenn man es nur einigermaßen geschickt anfängt, braucht man bloß zuzugreifen.«

»Wenn das so leicht wäre, hätten das schon andere vor dir gemacht«, wandte Mitchell ein.

»Unsinn!«, erregte sich Francis Drake. »Die andern geben sich nur mit Gerüchten und dem zufrieden, was sie gehört haben. Sie belassen es bei Träumen. Ich aber nicht. Ich habe auf dieser Reise genug beobachtet, um zu wissen, wie man so etwas vorbereitet. Ich werde noch dieses Jahr zu einer neuen Reise nach Westindien aufbrechen, um alles auszukundschaften. Nach außen hin wird das eine Handelsfahrt wie jede andere sein.«

»Dafür brauchst du Schiffe und eine Menge Geld«, sagte Chris Mitchell. »Wo willst du das auftreiben?«

Francis Drake lächelte selbstsicher. »Warte nur ab. Ich werde diese fetten Kaufleute schon zu überzeugen wissen.«

Zu Chris Mitchells größtem Erstaunen gelang es Drake wirklich, einige Kaufleute für sein Unternehmen zu gewinnen. Vermutlich waren die Finanziers von Drakes selbstsicherem Auftreten und seinem fast entwaffnenden Optimismus stark beeindruckt gewesen. Für Francis Drake sprach zudem noch, dass es ihm gelungen war, die *Judith* nach England zurückzusegeln, obwohl er mit den widrigsten Umständen zu kämpfen hatte. Die Kaufleute spürten, dass sie es mit einem wirklich entschlossenen Mann zu tun hatten – und solche Männer waren selten.

Wie er es vorausgesagt hatte, stach Francis Drake noch im selben Jahr mit einem Schiff in See und nahm Kurs auf Westindien. Der Erlös aus dieser Reise reichte, um seine Partner auszuzahlen und zur Finanzierung einer weiteren Reise zu bewegen, die im Jahre 1570 stattfand. Er befehligte diesmal zwei Schiffe, die *Dragon* und die *Swan*. Wiederum kehrte er nach einem knappen Jahr mit gutem Gewinn nach Plymouth zurück.

Seine dritte Reise unternahm er 1571 mit der *Swan*. Wie auch bei allen anderen Reisen zuvor begleitete ihn Chris Mitchell, der mit Bewunderung zusah, mit welcher Zielstrebigkeit und Geduld Drake seinen Coup vorbereitete.

Unter dem Vorwand, mit den Siedlern entlang der westindischen Küste Handel treiben zu wollen, informierte Francis Drake sich eingehendst über alles, was auch nur irgendwie mit den Gold- und Silbertransporten der Spanier zusammenhing. Er legte Karten an und fragte Spanier, die ihm in die Hände fielen, so geschickt aus, dass ihnen überhaupt nicht bewusst wurde, was er wissen wollte.

Und ohne es selbst zu merken, gaben sie wertvolle Informationen preis. Francis Drake war zudem so klug, seine Gefangenen stets wieder freizulassen. Das sprach sich bei den Bewohnern der Siedlungen herum, und niemand hatte Anlass, sich allzu sehr über ihn zu beklagen. Auf diese Weise erwarb er sich sogar den widerwilligen Respekt der Siedler und täuschte sie über seine wahren Absichten – und über seine Gefährlichkeit.

Während dieser drei Reisen gelang es Francis Drake, das Vertrauen einer besonderen Volksschicht zu gewinnen, die in der Region der Landenge von Panama lebte. Die Cimarrons waren Sklaven, die ihren spanischen Herren entlaufen und entkommen waren. Im unzugänglichen Dschungel hatten sie sich zu unabhängigen stammesähnlichen Gruppen zusammengeschlossen und Dörfer errichtet.

Bessere Verbündete hätte Francis Drake gar nicht finden können, denn die Cimarrons kannten jeden Baum, jede Siedlung und jeden Pfad, den die Spanier benützten. Zudem hatten sie sich an das für Europäer so erdrückende Klima gewöhnt und waren in der Lage, trotz der tropischen Hitze schwere Lasten zu tragen. Francis Drake gab sich alle Mühe, ihre Sympathien zu gewinnen. Dass er selbst einmal zu denen gehört hatte, die Schwarze aus ihrer Heimat nach Westindien unter grausamen Begleitumständen verschleppt hatten, ließ er selbstverständlich unerwähnt. Das Kapitel als Sklavenhändler war für ihn Vergangenheit und abgeschlossen.

Von den Cimarrons erfuhr Francis Drake alles über die Schutzvorkehrungen der Siedlungen und über die Stärke der jeweils in einer Garnison stationierten Soldaten. Er hörte auch viel über die wichtige Hafenstadt Nombre de Dios, die auf der Atlantikseite der Landenge von Panama lag. Dorthin wurden die Schätze, die aus dem heutigen

Peru stammten, gebracht. Entweder auf Packeseln oder aber mit kleinen Booten auf dem Chagresfluss.

Ende 1571 kehrten Drake und Mitchell nach England zurück. Drake stürzte sich sofort mit fieberhaftem Eifer in die Vorbereitungen für sein Unternehmen, das ihm Ruhm und Reichtum einbringen sollte.

Er war unermüdlich, ließ sich nicht entmutigen, wenn manchmal etwas nicht so klappte, wie er es sich wünschte. Er wusste, dass die Zeit jetzt reif war.

»Du wirst sehen, wie leicht es sein wird, den Plan auch in die Tat umzusetzen!«, versicherte Drake seinem Freund. »Wir werden nur zuzugreifen brauchen!«

Francis Drake versuchte, alle möglichen Zwischenfälle zu bedenken und in seine Vorbereitungen mit einzubeziehen. So ließ er drei Pinassen bauen, die so konstruiert waren, dass sie in Teile zerlegt und dann wieder zusammengesetzt werden konnten. Mit diesen Pinassen würde er in den seichten Küstengewässern operieren können, ohne Gefahr zu laufen, von spanischen Schiffen aufgebracht zu werden.

Drake nahm ausreichend Munition, Lebensmittel, Werkzeuge, Segeltuch, Tauwerk, Handwaffen und Kanonen mit, um auf alles vorbereitet zu sein. Der Proviant war zudem so bemessen, dass die dreiundsiebzig Männer und Decksjungen, die sich an diesem Abenteuer beteiligten, Verpflegung für ein Jahr hatten.

Am 24. Mai des Jahres 1572 war es endlich so weit. Die *Pascha*, ein 70-Tonnen-Schiff, das Francis Drake zu seinem Flaggschiff erkoren hatte, und das kleine 25-Tonnen-Schiff *Swan* verließen den Hafen von Plymouth. Günstige Winde verhalfen den beiden Schiffen zu einer schnellen, reibungslosen Überfahrt, was Drake als ein gutes Vorzeichen wertete. Ende Juni erreichte er die Karibik. In einer versteckten Bucht ließ er direkt am Wasser ein kleines Fort errichten und die Pinassen zusammensetzen. Schließlich war alles vorbereitet, und er brach mit seinen Männern am Morgen des 20. Juli nach Nombre de Dios auf, um die spanische Stadt zu überfallen und die königlichen Schatzhäuser zu plündern.

19

Nombre de Dios lag in tiefstem Schlaf. Es war drei Stunden nach Mitternacht. Die beste Zeit für einen Überraschungsangriff.

»Lasst die Boote ins Wasser!«, befahl Francis Drake mit gedämpfter Stimme. »Aber gebt Acht, dass ihr keinen Lärm verursacht! Wer mit den Waffen klirrt, bekommt es mit mir zu tun!«

Die Piraten, schemenhafte Gestalten, zogen die Pinassen unter den Büschen hervor. Wasser plätscherte leise gegen die Bordwände. Jemand unterdrückte einen Fluch. Die Männer eilten geschäftig hin und her.

»Sind alle Riemen mit Lappen umwickelt?«, vergewisserte sich Francis Drake. Die Lappen sollten vermeiden, dass beim Rudern das Wasser zu laut gegen die Blätter der Riemen klatschte und sie verriet.

»Alles in Ordnung«, antwortete Chris Mitchell, der sich mit eigenen Augen davon überzeugt hatte, dass nichts vergessen worden war.

»Kommt alle her!«, rief Drake seine Männer zusammen und hielt noch eine kurze Ansprache, bevor sie sich in die Pinassen begaben. »Die Stadt ist miserabel bewacht«, sagte er leise, aber mit eindringlicher Stimme. »Mit großem

Widerstand brauchen wir nicht zu rechnen. Außerdem sind die Siedler von Natur aus feige und denken eher an Flucht als an Kampf. Dasselbe gilt auch für einen Großteil der hier stationierten Soldaten. Es muss nur alles sehr rasch gehen, Leute. Und vergesst nicht, welche Schätze in Nombre de Dios lagern. Jeder von euch hat jetzt die Gelegenheit, sein Glück zu machen. Vergesst das nicht! Und nun ab in die Boote!«

Vorsichtig kletterten die englischen Freibeuter in die Pinassen, legten die Waffen bereit und griffen zu den Riemen. Als ein schwacher Wind aufkam, gab Francis Drake den Befehl, zur Unterstützung das Segel zu setzen.

Die Piratenflotte hielt sich nahe am Ufer und glitt lautlos auf die Hafeneinfahrt zu. Plötzlich bemerkte Francis Drake ein spanisches Schiff, das gerade in die Bucht eingelaufen war.

»Verdammt, legt euch in die Riemen!«, rief Francis Drake, wütend darüber, dass sein Überfall im letzten Augenblick zu scheitern drohte. Tatsächlich hatte der spanische Kapitän die Pinassen bemerkt und ein Beiboot zu Wasser gelassen, um die Bewohner der Stadt zu warnen. »Pullt Männer, pullt! Schneidet dem Boot den Weg ab!«

Bis zum Ufer waren es nur noch hundert Yards. Es gelang den Piraten tatsächlich, das spanische Beiboot abzudrängen. Und dann knirschte auch schon Sand unter den Booten, als sie am Strand aufliefen. Eine feste Kaimauer existierte nicht. Die ersten Häuser befanden sich keine zwanzig Yards vom Landeplatz entfernt.

Francis Drake sprang mit einem Satz aus der Pinasse und rannte das Ufer hoch, gefolgt von siebzig schwer bewaffneten Piraten. Ein spanischer Kanonier, der hinter seiner Kanone die Wache verschlafen hatte, fuhr zu Tode erschrocken hoch.

»Que gente?«, stieß er verwirrt hervor. »Wer da?«

Einer von Drakes Männern gab Antwort mit dem Griffstück seiner Muskete und der Wachtposten sackte bewusstlos in den Sand. Einige Piraten begannen sofort, die Kanone von der Lafette abzumontieren und auf die Stadt zu richten.

»Zwölf Männer bleiben hier und decken unseren Rückzug sowie die Boote!«, rief Francis Drake und blickte zur Ostseite der Stadt hinüber, wo sich hinter den Häusern ein kleiner Berg erhob. Ihm war zu Ohren gekommen, dass die Spanier beabsichtigt hätten, dort oben Geschütze aufzustellen, um im Fall eines Angriffs Nombre de Dios und die gesamte Bucht mit Geschossen bestreichen zu können.

Mit der Hälfte seiner restlichen Truppe stürmte Drake auf die Anhöhe, ohne dabei auf Widerstand zu stoßen. Geschütze fand er nicht. Hastig kehrte er um.

Der flackernde Schein der Fackeln, die Drakes Männer mit sich trugen, das Klirren der Waffen und die heiseren Rufe hatten indessen Soldaten und Bewohner von Nombre de Dios alarmiert. Die Stadt erwachte zu panischem Leben. Schreie des Entsetzens gellten aus den Häusern. Trommelwirbel schallte durch die Gassen und plötzlich setzte heftiges Glockengeläut ein.

Drake schickte eine Abteilung von achtzehn Mann los. »Ihr dringt von Osten her in die Stadt ein. Ziel sind der Marktplatz und das königliche Schatzhaus!«

Die Gruppe hastete davon.

Als Francis Drake den Fuß der Anhöhe wieder erreichte, stellten sich ihm die ersten Spanier in den Weg.

»Tod den Spaniern!«, schrie Francis Drake, feuerte seine Muskete ab und zog seinen Degen. Mit wuchtigen Schlägen drang er auf die Soldaten ein und streckte einen von ihnen mit einem schrecklichen Hieb zu Boden.

Entsetzt ließen die anderen Soldaten ihre Waffen fallen und ergriffen die Flucht. Francis Drake gab seinen Feinden keine Gelegenheit, sich Überblick über die Lage zu verschaffen. Er schickte noch zwei Gruppen aus, die sich von der westlichen Seite dem Marktplatz nähern sollten.

Die Bewohner von Nombre de Dios rannten in panischer Angst durch die Gassen in Richtung auf das Stadttor, das auf die Straße hinausging, die nach Panama führte. Da die Engländer von mehreren Seiten mit viel Getöse und Gebrüll angriffen, schätzten die Spanier die Zahl der Angreifer erheblich höher ein, als sie es in Wirklichkeit war.

Furchtlos, mit grimmig zufriedenem Gesichtsausdruck, führte Francis Drake die Hauptstreitmacht seiner Truppe durch die Gassen zum Mittelpunkt der Stadt. Dabei ließ er es sich nicht nehmen, an vorderster Stelle zu kämpfen.

Ein todesmutiger Spanier sprang plötzlich vom Dach eines Schuppens und landete direkt vor Drake. Der Soldat griff augenblicklich an. Er war ein vorzüglicher Degenfechter. Überrascht wich Drake zurück, erhielt einen heftigen Schlag gegen das linke Bein und riss seine Klinge instinktiv zur Abwehr hoch. Klirrend trafen die Waffen aufeinander.

Francis Drake lachte höhnisch auf, als er den nächsten Hieb des Spaniers parierte. »Lass die Klinge fallen, Mann!«, rief er ihm auf Spanisch zu. »Sonst wirst du sterben!«

»Verfluchter Ketzer!«, schrie der Spanier.

»Wenn du es so haben willst, soll es sein«, knurrte Drake, schlug eine Finte zum Kopf und tötete seinen Gegner mit einem blitzschnellen Stoß.

Von allen Seiten strömten nun die Freibeuter auf den Marktplatz und sammelten sich bei einem mächtigen Baum, der direkt neben der Kirche stand.

»Verdammt noch mal, warum bringt keiner die Glocke

zum Schweigen?«, brüllte einer der Glücksritter, wütend darüber, dass die Glocke hoch über ihm im Kirchturm noch immer Sturm läutete.

Mehrere Männer versuchten auch sofort, in die Kirche einzudringen. Doch das Portal war solide gebaut und fest verbarrikadiert. Und Francis Drake verbot seinen Leuten, sich mit Waffengewalt Einlass zu verschaffen.

»Kümmert euch nicht um die Sturmglocke!«, rief er ihnen zu. »Folgt mir zum Palast des Statthalters. Da gibt es bestimmt etwas zu holen!«

Unter Gegröle und wüstem Jubel zog die Freibeutermeute zum Haus des Statthalters. Das Tor, das in den Innenhof führte und wo normalerweise die Schatzkarawanen ihre gold- und silbergefüllten Säcke und Kisten abluden, stand merkwürdigerweise offen. Kerzenschein erhellte den großen Innenhof mit den tagsüber Schatten spendenden Palmen und Gewächsen. Am Fuß einer Treppe stand ein fertig gesatteltes Pony mit kostbarem Zaumzeug. Vermutlich hatte der Statthalter von Nombre de Dios höchstpersönlich auf dem Rücken des Ponys seine Flucht antreten wollen. Aber die Ereignisse hatten sich so überstürzt, dass ihm noch nicht einmal Zeit geblieben war, standesgemäß zu flüchten.

Die Freibeuter drangen in das Haus ein, eilten durch die Räume und nahmen mit, was ihnen wertvoll erschien. Bis ein lang gezogener Jubelschrei sie alle in das Kellergewölbe des Palastes rief.

Chris Mitchell gehörte zu denjenigen, die den Schatz entdeckt hatten. Im Licht der Kerzen und Fackeln glitzerte vor ihnen ein gewaltiger Stapel Silberbarren. Der Stapel war mindestens zehn Meter lang, zwei Meter breit und bestimmt drei Meter hoch. Und jeder Silberbarren wog gut und gern seine dreißig bis vierzig Pfund.

Der Jubel der Freibeuter kannte keine Grenzen. Gierig stürzten sie auf den Schatz und griffen nach den Barren. In ihrem Beuterausch schienen sie alles andere um sich herum vergessen zu haben. Nur das Silber zählte.

Francis Drake zwängte sich durch die Menge der Männer und schrie: »Lasst die Barren liegen! Lasst die Barren liegen, Männer!« Es dauerte eine Weile, bis er sich Gehör verschafft hatte. »Noch sind wir nicht die Herren der Stadt, Leute. Werdet jetzt bloß nicht leichtsinnig. Der Schatz hier läuft uns nicht weg. Außerdem befinden sich die eigentlichen Reichtümer im königlichen Lagerhaus. Bevor wir nicht dieses Schatzhaus erobert haben und die Stadt uns gehört, legt keiner die Waffe aus der Hand, habt ihr mich verstanden?«

Unwilliges Gemurmel erhob sich.

»Wir bleiben unter Waffen!«, befahl Francis Drake unnachgiebig. »Und jetzt bewegt euch. Was wollt ihr mit Silber, wenn ihr massenweise Gold haben könnt?«

Das wirkte. Die Freibeuter nahmen ihre Waffen wieder auf und räumten hastig das große Kellergewölbe. Als die Mannschaft über den Innenhof zum Tor rannte, kam ihnen ein breitschultriger Schwarzer entgegen. Es war Diego. Er hatte sich ihnen angeschlossen, als die Engländer in Nombre de Dios gelandet waren. Aufgeregt fuchtelte er mit einem Krummsäbel, den er offenbar auf der Straße gefunden hatte.

»Kapitän Drake!«, rief er.

»Was gibt es?«

»Master Wright steckt in Schwierigkeiten«, berichtete Diego hastig. »Ich soll ausrichten, die Pinassen sind in Gefahr. Die Spanier versuchen, sie zu erobern. Allzu lange können sie die Angreifer wohl nicht mehr zurückschlagen.«

Francis Drake wandte sich an John Oxenham. Der gedrungene Mann mit den fast kantigen Schultern und der Glatze war Koch auf der *Pascha*. John Oxenham verstand jedoch nicht nur, mit Pfannen und Kochtöpfen umzugehen, sondern auch mit Muskete und Spieß. Er war furchtlos und ein wahrer Draufgänger.

»John, nimm dir zwei Leute und sieh nach, wie gefährlich die Lage bei den Booten ist«, trug Francis Drake ihm auf. »Komm dann zurück und gib mir Bescheid.«

»Aye, aye, Sir!«, rief John Oxenham.

Drake wandte sich an den Rest seiner Mannschaft. »Wir kehren zum Marktplatz zurück und verschanzen uns dort so lange, bis John wieder da ist.«

»Und was wird mit dem Gold und Silber?«, rief jemand aus der Menge.

»Alles Gold der Erde nutzt uns nichts, wenn die Spanier unsere Boote erobern und uns damit den Rückzug abschneiden«, antwortete Drake, ungehalten über die Frage. »Zum Marktplatz!«

Plötzlich taumelte Francis Drake und konnte sich kaum noch auf den Beinen halten.

»Kapitän!«, schrie Thomas Moone, der Schiffszimmermann, erschrocken, als er den großen Blutfleck an Drakes linkem Bein entdeckte. »Der Kapitän ist verwundet!«

Francis Drake kämpfte gegen die drohende Bewusstlosigkeit an. Seine Glieder wurden kraftlos und sie versagten ihm den Dienst. Er sah noch, wie seine Männer auf ihn zustürzten, sah Chris Mitchells erschrockenes Gesicht.

»Chris ... das Schatzhaus ...«, stieß er hervor, dann stürzte er auf dem Marktplatz in den Sand, bevor ihn noch jemand auffangen konnte.

Die Bestürzung der englischen Freibeuter war groß, als sie die klaffende Wunde am linken Bein ihres Kapitäns entdeckten. Und sie fragten sich, wie Francis Drake nach einer solchen Verwundung sich noch so lange auf den Beinen hatte halten können.

Mitchell und Moone legten sofort einen Notverband aus zwei Halstüchern an und schütteten Drake ein wenig Wasser über das Gesicht, worauf er auch wieder das Bewusstsein erlangte. Eine gewisse Benommenheit jedoch blieb, und es war klar, dass er in dieser Nacht seine Männer auf keinen Fall weiter in den Kampf würde führen können.

»Los, wir bringen ihn zu den Booten!«, befahl Chris Mitchell, ohne lange zu zögern. »Das Leben unseres Kapitäns ist wichtiger als alles andere.«

Niemand widersprach ihm. Sie alle wussten, dass sie ohne Drakes Führung wenig Chancen hatten, reich nach England zurückzukehren. Deshalb meuterten sie auch nicht, als es nun eiligst zu den Booten zurückging.

Robert Wright hatte sich mit seinen Männern hinter den Pinassen verschanzt und hielt die Spanier auf Distanz. Fast mit Gewalt wurde Francis Drake auf eines der Boote gebracht. Er fluchte und redete den Männern zu, ihn doch hier in der Pinasse zurückzulassen und das Unternehmen auch ohne ihn zu einem glücklichen Ende zu führen.

»Die Chance kriegen wir nicht noch einmal!«, beschwor Drake den Zimmermann Thomas Moone. »Noch könnt ihr reiche Beute machen!«

Doch weder Thomas Moone noch die anderen Männer ließen seine Einwände gelten. Wie sollten sie ohne ihren Befehlshaber jemals wieder nach England zurückkehren? Zudem waren sie der festen Überzeugung, dass sie noch genug Beute machen würden, solange Francis Drake nur am Leben bliebe. Deshalb kehrten sie in die Boote zurück und gaben die im Handstreich eroberte Stadt Nombre de

Dios auf. Hastig ruderten sie die Pinassen aus der Reichweite der feindlichen Waffen.

20

Die Freibeuter kehrten in ihre versteckte Bucht zurück und Francis Drake erholte sich schnell von seiner Verletzung. Die Stimmung seiner Leute war recht optimistisch, denn viele von ihnen hatten sich heimlich die Taschen mit wertvoller Beute voll gestopft.

Francis Drake dagegen ärgerte sich über das abgebrochene Unternehmen und hätte es lieber gesehen, wenn seine Männer das Schatzhaus ohne ihn geplündert hätten. Dass diese klaffende Wunde ihn und seine Mannschaft vor einer bitteren Enttäuschung bewahrt hatte, konnte er nicht ahnen. Zu der Zeit, als er die Stadt überfiel, lagerte nämlich kein einziger Goldbarren im königlichen Schatzhaus.

Zum Glück gehörte Francis Drake nicht zu denen, die Vergangenem lange nachhängen. Schon wenige Tage nach dem Misserfolg war er wieder munter auf den Beinen und schmiedete neue Pläne.

»Sehen wir uns einmal an der Küste um, was die anderen spanischen Siedlungen zu bieten haben«, schlug Drake seiner Mannschaft vor. »Gleichzeitig werde ich versuchen, mit den Cimarrons Kontakt aufzunehmen. Es wird nicht leicht sein, die Burschen aufzustöbern.«

Es war Anfang August, als Francis Drake mit der *Pascha*, der *Swan* und den drei Pinassen zu einer Kaperfahrt entlang der Küste Westindiens aufbrach. Schon sechs Tage später brachten die englischen Freibeuter im Hafen von Cartagena eine spanische Fregatte und ein weiteres großes

Schiff aus Sevilla in ihre Gewalt. Sie enterten die Schiffe so schnell, dass die Mannschaften sich schon nach kurzem Kampf ergaben.

Während der nächsten Wochen brachte Francis Drakes kleine Flotte eine Vielzahl spanischer Schiffe auf. Die meisten von ihnen setzten sich kaum oder gar nicht zur Wehr. Francis Drake wies seine Leute an, nur Dinge von Wert auf ihre Schiffe zu schaffen. Gold, Silber oder Juwelen waren selten unter der Beute, meist Lebensmittel. Mit den mächtigen Vorräten, über die Drake nun verfügte, errichtete er längs der Küste an mehreren Stellen geheime Depots. Im Falle einer Flucht konnten sie stets sicher sein, nicht verhungern zu müssen.

Die gefangenen Spanier behandelte Francis Drake ausnahmslos freundlich und zuvorkommend. Nachdem er ihnen alles abgenommen hatte, was er und seine Männer gebrauchen konnten, ließ er sie weitersegeln – sofern er sicher war, dass sie ihm nicht gefährlich werden konnten. Sonst hielt er sie für ein, zwei Wochen gefangen und ließ sie dann frei.

Drake war jedoch nicht darauf aus, die westindischen Gewässer unsicher zu machen, sondern er suchte in erster Linie nach seinen Verbündeten, den Cimarrons. Deshalb ließ er Erkundungstrupps an Land setzen.

Mitte September hatte seine Suche endlich Erfolg – er stieß auf eine Gruppe Cimarrons, die ihn und seine Männer mit großer Gastfreundschaft und Freude aufnahmen. Francis Drake traf bald darauf mit Pedro zusammen.

Pedro lebte mit etwa dreißig Gleichgesinnten in einem versteckten Dschungeldorf, keine acht Meilen von Nombre de Dios entfernt. Er war von kräftiger, eindrucksvoller Gestalt und war aus Westafrika verschleppt worden. Er war klug und furchtlos und deshalb hatten ihn die anderen

Cimarrons auch zu ihrem Führer gemacht. Er hasste die Spanier genauso wie Drake und war nur zu gern bereit, ihm bei den Überfällen zu helfen. Keiner kannte sich so wie die Cimarrons im Dschungel aus. Ohne Führer waren sogar die Spanier, die nun schon etliche Jahre hier lebten, im Dschungel hilflos und verloren.

»Überfälle auf Nombre de Dios oder andere Städte sind nutzlos«, erklärte Pedro mit Nachdruck, als er mit Francis Drake über zukünftige Unternehmungen sprach. »Tausendmal lohnender sind die Schatzkarawanen.«

Francis Drake nickte. »Was weißt du von ihnen?«

Pedro lachte abfällig. »Alles.« Und nach einer Pause sagte er: »Das Gold und Silber, das die verfluchten Spanier aus Mexiko, Peru und Chile holen, bringen sie nach Panama. Diese Stadt liegt auf der anderen Seite der Landenge. Und nur einmal im Jahr stellen sie lange Mauleselkarawanen zusammen, die die Schätze nach Nombre de Dios bringen. Die Karawanen zählen meist um die fünfzig schwer bepackte Maulesel, manchmal auch siebzig oder gar achtzig.«

»Wann brechen die Karawanen auf?«, fragte Drake knapp.

»Die Spanier sind nicht dumm. Sie wissen selbst, wie leicht Nombre de Dios einzunehmen ist«, antwortete Pedro. »Deshalb wartet der Statthalter in Panama ab, bis die spanische Flotte im Hafen von Nombre de Dios eingetroffen ist. Erst dann schickt er das Gold auf den Weg.«

»Und wann läuft die spanische Flotte für gewöhnlich in Nombre de Dios ein?«

Pedro hob die Hände und zuckte mit den Schultern. »Auf den Tag genau kann das keiner sagen, meist jedoch Mitte Januar. Wenn die Kriegsschiffe zum Schutz im Hafen liegen, wird von Panama jeden Tag eine Mauleselkarawane auf den Weg geschickt. Ihr könnt mehr Gold, Silber und Juwelen erbeuten, als ihr tragen könnt.«

Francis Drake sah ihn mit festem Blick an und stellte die entscheidende Frage. »Bist du bereit, mir mit deinen Männern dabei zu helfen?«

Pedro entblößte sein blitzendes schneeweißes Gebiss. »Mit aufrichtigem Vergnügen«, sagte er, ohne zu zögern. »Kein Spanier kann von mir Gnade erwarten!«

Francis Drake unterrichtete seine Leute sofort von dem Plan, die Schatzkarawane zu überfallen, und stieß auf allgemeine Begeisterung. Aber bis Mitte Januar waren es noch ein paar Monate. Francis Drake ließ sie nicht ungenutzt. Er trieb weiter sein Unwesen entlang der Küsten, baute seine geheimen Vorratsdepots weiter aus und bemühte sich, seine Männer, so gut es ging, bei Laune zu halten.

Endlich aber war es so weit.

Die spanische Flotte unter dem Kommando des Flores de Valdes erreichte am 5. Januar 1573 den Hafen von Nombre de Dios. Für den Statthalter auf der anderen Seite der Landenge von Panama war ihre Ankunft das Startzeichen, die Karawanen mit den Schätzen auf den Weg nach Nombre de Dios zu schicken. Auf diesen Tag hatten Francis Drake und seine Freibeuter monatelang gewartet.

21

Im Dschungel war es schattig und nicht viel wärmer als in Cornwall zur Sommerzeit. Die mächtigen Bäume standen dicht an dicht und waren von Lianen überwuchert. Ihre Kronen waren so miteinander verwachsen, dass kaum ein

Sonnenstrahl durch das dichte grüne Blätterdach drang. Merkwürdige Tierlaute erfüllten die Luft und es roch nach Moder.

Vier Tage lang waren die Freibeuter nun schon unterwegs. Die Truppe zählte genau achtundvierzig Mann und nur achtzehn davon waren Engländer, den Rest stellte Pedro mit seinen Cimarrons. Von den Engländern waren neben Francis Drake und Chris Mitchell der Zimmermann Thomas Moone, der Koch John Oxenham, Robert Wright und dreizehn weitere mit von der Partie.

Mehr Männer hatte Francis Drake nicht mitnehmen können, denn Gefechte und Krankheiten hatten schon achtundzwanzig Todesopfer gefordert. Einige hatte er in der Bucht zurücklassen müssen, um die Kranken zu pflegen und die Schiffe zu bewachen.

Vier Cimarrons, die mit dem Gelände hervorragend vertraut waren, gingen der Hauptabteilung etwa eine gute Meile voraus und bahnten lautlos einen Weg durch das Dickicht des Dschungels. Ihnen folgten als wachsame Vorhut zwölf weitere Cimarrons. Dann kamen die Engländer. Die Nachhut bildeten wiederum zwölf Cimarrons. Die Engländer selbst trugen nur ihre Waffen. Die Lasten hatten die Cimarrons ihnen abgenommen.

Am Vormittag des vierten Marschtages führte Pedro die Engländer auf den Gipfel einer Bergkette, die von Osten nach Westen verlief. Dort stand ein riesiger Baum, den vier Männer mit ihren Armen nicht umfassen konnten. In die Rinde waren tiefe Kerben geschlagen, und mithilfe eines Seiles, das über einen Ast geworfen wurde, konnte man fast mühelos am Baumstamm hochklettern. Pedro forderte Drake auf, ihm bis hoch in die Krone zu folgen.

Als Francis Drake die Blätter an der Spitze zur Seite drückte, bot sich ihm eine überwältigende Aussicht. Im

Osten sah er die Karibische See und im Westen den glitzernden Schimmer des Pazifischen Ozeans, den man damals das Südmeer nannte.

Fasziniert blickte Francis Drake nach Westen. Das Südmeer! Vermutlich hatte vor ihm noch kein Engländer dieses Meer mit eigenen Augen gesehen. Und kein Engländer hatte das Südmeer jemals befahren. Nur die Spanier wussten, wie man durch das unvorstellbare Kanallabyrinth der Magellanstraße in das Südmeer gelangen konnte. Und dieses Geheimnis hüteten sie besser als jeden anderen Schatz.

»Eines Tages werde ich den Zugang zum Südmeer finden!«, schwor sich Francis Drake und stieg wieder hinunter. Anschließend schickte er seine gesamte Mannschaft hinauf, damit auch sie das Südmeer zu sehen bekämen.

Vier weitere Tagesmärsche zehrten an den Kräften der Engländer, dann aber konnten sie die ersten Häuser der Stadt Panama sehen. Etwa zwei Meilen von der Stadt entfernt schlugen die Cimarrons und die englischen Freibeuter abseits des Weges ihr provisorisches Lager auf. Francis Drake schickte einen Cimarron, der früher einmal Sklave in Panama gewesen war, in die Stadt, um auszuspionieren, wann mit der ersten Karawane zu rechnen sei. Der Cimarron kehrte wenige Stunden später zurück und brachte beste Nachrichten.

»Der Schatzmeister von Lima beabsichtigt, mit dem ersten Kurierschiff von Nombre de Dios die Heimreise nach Spanien anzutreten«, berichtete der ehemalige Sklave. »Er wird sich noch diese Nacht mit einer Karawane von vierzehn Mauleseln auf den Weg machen. Mindestens acht der Packesel sind mit Gold beladen und einer mit Juwelen.«

»Wir sind wahrlich keine Stunde zu früh gekommen«, meinte Francis Drake erfreut und blickte nach Westen, wo die untergehende Sonne die weißen Häuser von Panama tiefrot färbte. In wenigen Stunden würde die Karawane des Schatzmeisters ihnen direkt in die Arme laufen.

Die englischen Freibeuter überprüften ihre Waffen und überzeugten sich, dass das Pulver ihrer Musketen trocken war. Die Cimarrons legten Pfeil und Bogen bereit, mit denen sie hervorragend umzugehen verstanden.

Pedro und Francis Drake kamen überein, ihre Truppe aufzuteilen. Fünfzig Schritte vom Weg entfernt, ging Francis Drake mit einer Hälfte seiner Männer in Deckung. John Oxenham, die Cimarrons und die restlichen Engländer bezogen auf der anderen Seite des Weges ihre Stellung.

Die Dunkelheit brach herein. Die Engländer flüsterten leise und aufgeregt miteinander. Die Aussicht, noch diese Nacht in den Besitz von unvorstellbar viel Gold und Juwelen zu kommen, versetzte die Freibeuter in eine fiebrige Spannung. Die vielen Toten, die das Unternehmen schon gefordert hatte, die monatelangen Strapazen und das mörderische Klima – all das war vergessen.

»Erst wenn die ersten Maulesel an unseren Stellungen vorbei sind, greifen wir die Begleitmannschaft an!« So lautete Francis Drakes ausdrücklicher Befehl. Und er hatte guten Grund, weshalb er den Zeitpunkt des Angriffs von den Lasttieren abhängig machte. Pedro hatte ihm nämlich berichtet, dass die schwer beladenen Maulesel hintereinander über den Weg getrieben wurden und durch Stricke miteinander verbunden wären. Wenn es ihnen also gelang, die ersten Tiere zu ergreifen, würde es auch für die anderen kein Entkommen geben.

Das Warten machte die Freibeuter unruhig und nervös. Erste Zweifel kamen auf. Vielleicht hatte man den Cimarron als Spion erkannt, ihm eine falsche Information zugespielt und schon spanische Truppen ausgeschickt, um die englischen Freibeuter aus dem Hinterhalt zu überraschen.

Nur die Cimarrons blieben gelassen und zeigten nicht das geringste Anzeichen von Unruhe. Sie waren Meister des Wartens und lagen, fast ohne sich zu rühren, im hohen Gras.

»Da!«, rief Pedro leise und stieß Francis Drake an. »Die Karawane.«

Francis Drake lauschte in die Dunkelheit und vernahm nun auch das Geräusch tief klingender Glocken. Kein Zweifel, die Maultiere kamen. Die Spanier waren bekannt dafür, dass sie ihren Lasttieren volltönende Glocken um den Hals hängten.

Die Freibeuter griffen zu den Waffen.

Robert Pike, ein rauffreudiger Matrose aus Kent, der den Branntwein herunterkippte wie andere Leute Wasser, packte die Neugierde. Und zusammen mit einem gleichfalls neugierigen Cimarron, der noch nicht allzu lange zu Pedros Gruppe gehörte, kroch er näher an den Weg heran. Die Karawane war noch weit entfernt und deshalb fühlte er sich völlig sicher. Der viele Branntwein in seinem Blut machte ihn unvorsichtig und trug dazu bei, dass er den nahenden Hufschlag nicht hörte. Er richtete sich auf und spähte über den gut drei Meter breiten Weg.

Plötzlich schälte sich ein Reiter aus der Dunkelheit. Ein vornehmer Herr zu Pferd mit einem Pagen, der sich am Steigbügel festhielt, war der Karawane im leichten Trab vorausgeritten.

Robert Pike bemerkte ihn zu spät.

»Runter!«, zischte der Cimarron und warf sich auf den Matrosen. Sie fielen ins Gras und pressten sich an den Boden.

Der Reiter hatte jedoch etwas bemerkt und gab seinem Pferd die Sporen. Francis Drake vermochte sich keinen

Reim darauf zu machen, weshalb der Spanier plötzlich losgaloppierte. Von seiner Stellung aus hatte er Robert Pike nicht sehen können.

»Was kann das bedeuten?«, fragte Drake verunsichert den Cimarronführer.

»Ich weiß es nicht.«

»Vielleicht hat man uns entdeckt«, murmelte Chris Mitchell. »Warum sonst hat er sein Pferd gewendet? Und das gerade hier?«

Nach kurzer Absprache beschloss Francis Drake, sein Glück auf die Probe zu stellen und weiter an diesem Ort auszuharren. Er ahnte nicht, dass der Reiter den Schatzmeister von seiner Entdeckung informiert hatte. Der Schatzmeister, der nicht sicher sein konnte, ob der Reiter nicht vielleicht einer Täuschung zum Opfer gefallen war, stoppte seinen Zug. Er ließ eine zweite Karawane mit Lebensmitteln vor – sozusagen als Köder.

Als die ersten Maulesel auf der Dschungellichtung auftauchten, wo die Freibeuter lauerten, griff Francis Drake an.

Die Cimarrons und Engländer stürmten hinter ihrer Deckung hervor, feuerten ihre Musketen ab und bemächtigten sich der ersten Tiere. Erstaunlicherweise leisteten die Treiber keinen Widerstand und flüchteten sofort in den Dschungel. Nur einer der Haupttreiber wurde überwältigt.

Schon während des kurzen Gefechtes wurde Francis Drake stutzig, weil weder Soldaten die Karawane begleiteten noch ihnen Widerstand geleistet wurde.

»Wo sind das Gold und die Juwelen?«, schrie John Oxenham, nachdem er mehrere Säcke mit dem Dolch aufgeschlitzt und nichts als Lebensmittel gefunden hatte.

»Diese Karawane führt kein Gold mit sich!«, stieß der

Haupttreiber erschrocken hervor, als ein Freibeuter ihm die Klinge seines Entermessers an die Kehle setzte.

»Du lügst, du Hundesohn!«, schrie der Engländer.

»Ihr seid entdeckt worden. Einer Eurer Männer hat sich am Wegrand gezeigt. Da hat man unsere Lebensmittelkarawane vorgeschickt, um zu überprüfen, was an der Geschichte des Reiters wahr ist«, sprudelte der Haupttreiber hervor. »Wertvoll sind nur die beiden Pferdelasten mit Silber!«

»Robert Pike hat uns das eingebrockt!«, brüllte ein Freibeuter mit wutverzerrter Stimme und wollte dem angetrunkenen Matrosen an die Gurgel.

Francis Drake ging dazwischen. Er funkelte Robert Pike kalt an. »Das klären wir später!«, rief er mit schneidender Stimme, und der Freibeuter ließ von Robert Pike ab.

Die anderen Engländer hätten Robert Pike am liebsten auf der Stelle gelyncht. Ihre Wut war mehr als verständlich. Durch sein Verhalten war ihnen die Karawane des Schatzmeisters entgangen. Aber nicht nur das, die Spanier waren jetzt gewarnt und würden ihnen Soldaten auf den Hals schicken.

Francis Drake mahnte seine Männer zur Vernunft und verhörte den Haupttreiber, der sich als ziemlich redselig herausstellte.

»Man wird schon bei Anbruch des Tages nach Euch suchen«, erklärte er. »Soldaten aus Panama, Venta Cruz und Nombre de Dios werden die Verfolgung aufnehmen. Wenn Ihr es mit dieser großen Streitmacht nicht aufnehmen könnt, solltet Ihr besser die Flucht ergreifen.«

Francis Drake besprach sich mit Pedro. Auch er hielt die Flucht für das Ratsamste. Deshalb befahl Drake seinen Leuten, sich ausreichend mit Proviant einzudecken.

Bitter enttäuscht begaben sich die Freibeuter wenig später unter Führung der Cimarrons auf den Rückzug. Das Schicksal wollte offenbar nicht, dass ihr Plan gelang.

22

Auf dem Rückzug eroberten die Engländer mithilfe der Cimarrons die kleine Stadt Venta Cruz, die nur wenige Meilen von Panama entfernt und direkt auf ihrem Fluchtweg lag. Robert Pike, der seinen folgenschweren Fehler wieder gutmachen wollte und auf tollkühne Weise voranstürmte, wurde bei dem Angriff schwer verletzt und starb kurz darauf. Niemand weinte ihm eine Träne nach. Die Männer waren hart und nur vom Gedanken an Gold erfüllt.

Nachdem Drakes Leute Venta Cruz geplündert und ein paar Tage besetzt gehalten hatten, zogen sie wieder weiter. Dass die spanischen Truppen sie nicht aufspürten, verdankten sie einzig und allein den Cimarrons. Auf Schleichwegen verließen sie die gefährliche Region und kehrten zur Bucht zurück, wo die Schiffe versteckt lagen.

Die Männer waren missgestimmt. Viele plädierten dafür, auf die Schiffe zurückzukehren und ihr Glück wieder auf See zu versuchen. Spanische Schiffe zu kapern, erschien ihnen erheblich erfolgversprechender als ein Unternehmen an Land. Francis Drake gab dem Wunsch seiner Männer schließlich nach und schickte die Cimarrons in ihre Dörfer zurück, nachdem er sie reichlich beschenkt hatte.

Während der nächsten Wochen kaperten die Engländer mehrere spanische Handelsschiffe, die Beute hielt sich jedoch sehr in Grenzen und gab keinen Anlass zur Begeisterung.

Francis Drake hatte seinen Plan trotz aller Rückschläge

noch nicht aufgegeben. Er wusste, dass die Goldkarawanen in wenigen Wochen die gesamten Schätze, die während eines Jahres in Panama angehäuft worden waren, nach Nombre de Dios brachten. Und nur während dieser wenigen Wochen war es möglich, mit einem Schlag unermesslich reich zu werden.

Als den Engländern am 21. März ein französisches Freibeuterschiff unter dem Kommando des Hugenotten Guillaume de Testu begegnete und Testu Interesse an Drakes Plan zeigte, wurde ein zweiter Versuch besprochen.

Francis Drake nahm sofort wieder Kontakt mit den Cimarrons auf. Aus je zwanzig Engländern und Franzosen sowie zwei Dutzend Cimarrons setzte sich die neue Truppe zusammen. Sieben Meilen legten die Männer im dichten Dschungel zurück. Dabei hielten sie die gleiche Marschordnung ein, die sich schon beim ersten Unternehmen gegen Panama so hervorragend bewährt hatte: vier Cimarrons als Späher und Wegweiser, dann die Vorhut aus zehn Cimarrons, dahinter die Engländer und Franzosen und am Schluss wieder Cimarrons als Nachhut.

Francis Drake beabsichtigte jedoch nicht, sein Glück ein zweites Mal vor den Toren Panamas zu versuchen. Er wusste, dass jetzt täglich Schatzkarawanen von Panama nach Nombre de Dios geschickt wurden, wo noch immer die Flotte im Hafen vor Anker lag. Und diesmal wollte er direkt vor Nombre de Dios eine der Karawanen abfangen.

Dass französische Freibeuter an dem Unternehmen teilnahmen, stieß bei den Cimarrons auf wenig Zustimmung. Sie trauten den Franzosen nicht. Und es hatte Drake viel Überredungskunst gekostet, ehe sich die ehemaligen Sklaven bereit erklärt hatten, die Franzosen mitmachen zu lassen.

Auch Chris Mitchell hatte für Testu und seine Leute

reichlich wenig übrig. Er war misstrauisch und hegte Zweifel, was ihre Ehrenhaftigkeit betraf. Außerdem mochte er ihr großspuriges Gehabe nicht.

Doch Francis Drake lächelte nur, als er seine Bedenken äußerte. »Sie werden sich schon an unsere Abmachungen halten, Chris. Die Cimarrons warten doch nur darauf, ihnen eine Abreibung zu verpassen. Nein. Testu hat gegen uns keine Chance.«

»Hoffentlich«, brummte Chris.

»Außerdem wird für jeden mehr Gold da sein, als er tragen kann.«

»Das dachten wir das letzte Mal auch«, murmelte Chris Mitchell.

Francis Drake wischte den Schweiß von der Stirn und lachte verächtlich. »Die Spanier sind feige und lernen nicht aus ihren Fehlern«, sagte er und sprach damit die Wahrheit aus. »Statt ihre Schatzstädte und die Wege besser zu bewachen, lassen sie alles beim Alten, obwohl sie wissen, dass wir uns noch immer hier in der Gegend herumtreiben. Das wird sie teuer zu stehen kommen!«

Eine Meile vor der Stadt schlug die Truppe ihr Lager auf. Und schon bevor die ersten Sonnenstrahlen die Dunkelheit im Osten aufhellten, waren die Männer auf den Beinen und postierten sich entlang des Weges.

Es war der 1. April.

Es wurde hell, und dann lag der Weg, der nach Nombre de Dios führte, im strahlenden Sonnenschein. Der Klang zahlloser Glöckchen drang an die Ohren der Freibeuter. Für sie war das die schönste Musik, die sie sich vorstellen konnten. Die Späher, die die Cimarrons ausgeschickt hatten, berichteten von drei Karawanen, die sich dem Versteck der Freibeuter näherten. Zweihundert Maultiere, beladen mit Gold, Silber und Juwelen.

Die Spannung wuchs.

Würde wieder etwas dazwischenkommen?

Und dann tauchten die Karawanen vor ihnen auf. Soldaten und Treiber waren ahnungslos und rechneten nicht mit einem Überfall so kurz vor Nombre de Dios.

Als es so weit war, sprang Francis Drake auf und schrie: »Feuer!«

Das Krachen der Musketen folgte seinem Befehl auf der Stelle. Die insgesamt fünfundvierzig Soldaten, die die drei Karawanen begleiteten, wurden völlig überrascht. Bevor sie an Gegenwehr überhaupt denken konnten, hatten schon zehn von ihnen den Tod gefunden. Die restlichen Soldaten griffen zu ihren Waffen und erwiderten das Feuer, während die Treiber sich blitzschnell aus dem Staub machten und im Dschungel verschwanden.

Die Cimarrons überschütteten die Spanier, die sie wie nichts sonst auf der Welt hassten, mit ihren Pfeilen. Und sie waren ausgezeichnete Schützen. Ein Spanier, der auf einem prächtigen Hengst in Richtung Nombre de Dios flüchten und vermutlich Hilfe herbeiholen wollte, kam nicht weit. Chris Mitchell beobachtete, wie einer der Cimarrons einen Pfeil auf die Sehne legte, den Bogen spannte und losließ, scheinbar ohne überhaupt gezielt zu haben. Der Pfeil warf den Fliehenden vom Pferd und tötete ihn auf der Stelle.

Die Spanier erkannten, dass sie keine Chance hatten, dieses Gefecht zu gewinnen. Deshalb zogen sie sich immer mehr zurück. Viele von ihnen waren auch schon verwundet.

Als die Freibeuter sahen, dass die Soldaten mehr an Flucht als an Gegenwehr dachten, stürmten sie hervor, um ihnen im Nahkampf den Rest zu geben. Entermesser und Schwerter schnitten durch die Luft, klirrten gegen das

Metall der Panzer, die einige der Soldaten trugen, trafen aber oft genug auch ungeschützte Körperpartien.

Die Wucht und die gnadenlose Härte, mit der die Freibeuter auf die Soldaten eindrangen, erschreckten die Spanier und jagten sie endgültig in die Flucht.

»Testu!«, schrie ein Franzose plötzlich. »Testu hat es erwischt. Ein Bauchschuss!«

»Zum Teufel mit Testu!«, rief John Oxenham. »Wir haben es geschafft. Das alles gehört uns!« Er raufte sich das Haar. »Wie sollen wir das bloß wegschleppen?«

Francis Drake war genauso berauscht vom Erfolg wie alle anderen auch. Die Beute betrug mehr als 30 Tonnen an Gold, Silber und Juwelen. Zweihundert schwer beladene Maultiere mit unvorstellbaren Schätzen auf ihren geduldigen Rücken! Wie sollten sie das alles bloß wegschaffen?

Die Freibeuter brachen die Kisten auf und zerrten schwere Platten und Barren aus purem Gold heraus. Das kostbare Metall glänzte im Sonnenlicht. Und kleine hölzerne Truhen waren bis oben hin mit funkelnden Juwelen gefüllt.

»Wir können nur einen geringen Teil mitnehmen!«, beschwor Francis Drake seine Männer, die damit anfingen, sich so schwere Lasten auf die Schultern zu laden, dass sie unter dem Gewicht schon nach zweihundert Metern zusammenbrechen würden. »Nehmt Vernunft an, Leute! Wir müssen damit rechnen, dass die geflohenen Spanier Verstärkung holen. Außerdem wird man die Schüsse in Nombre de Dios gehört haben. Viel Zeit haben wir also nicht. Nehmt nur so viel mit, wie ihr gut tragen könnt, ohne dabei in der Flucht behindert zu werden. Zu viel Gold kann euch den Kopf kosten!«

»Wegen des Goldes sind wir doch hierher gekommen!«, schrie ein Franzose und dachte gar nicht daran, auf Drakes

Worte zu hören. Er raffte zusammen, was er in die Hände bekam.

»Es ist eine Schande, diese Schätze hier zurückzulassen!«, protestierte auch John Oxenham, und seine Augen glänzten fiebrig.

»Den Rest vergraben wir!«, entschied Francis Drake. »Wer wegen ein paar Goldplatten mehr seinen Kopf riskieren möchte, soll es meinetwegen tun. Ich nehme nur so viel mit, wie ich bequem tragen kann.«

Die meisten Engländer folgten seinem Beispiel. Sie wählten besonders wertvolle Goldbarren und Juwelen aus und vergruben den Rest, gut 15 Tonnen, unter alten Bäumen und in den Höhlen, die Landkrebse in den Boden gewühlt hatten. Einen Teil warfen sie auch in den schlammigen Ufersand eines nahe gelegenen Flusses, der nicht allzu viel Wasser führte, und hofften, die Spanier würden die Schätze nicht finden.

Nach zwei Stunden waren sie mit dem Vergraben der Schätze fertig und traten den Rückmarsch an. Manche schleppten ganze Kisten oder Säcke mit Gold. Vor allem die Franzosen trauten sich zu viel zu. Ihre Gier brachte ihnen, wie Drake vorausgesagt hatte, den Tod. Einer der Franzosen wurde schon am nächsten Tag von den Spaniern aufgegriffen und verriet unter der Folter das Versteck der Schätze.

Zwei Tage nach dem fantastischen Überfall auf die Schatzkarawane erreichten die Freibeuter die Küste und mussten zu ihrem Erschrecken feststellen, dass spanische Schiffe die Ufer nach ihnen absuchten.

Francis Drake hatte mit dem Rest seiner Leute, die bei den Schiffen geblieben waren, eine stille Bucht als Treffpunkt vereinbart. Dorthin sollten sie mit den Pinassen kommen. Doch als die Freibeuter erschöpft, aber immer noch im Glückstaumel zur Bucht gelangten, war von den Booten weit und breit nichts zu sehen.

»Was ist, wenn die Spanier inzwischen unsere Schiffe entdeckt und vernichtet haben?«, fragte Chris Mitchell beunruhigt, als er eine kleine Flotte von sieben spanischen Booten entdeckte, die keine zwei Meilen vor der Küste kreuzten und von einem starken Westwind über die See getrieben wurden.

»Diese dreckigen Spanier suchen unser Versteck schon seit mehreren Monaten – und völlig ohne Erfolg«, erwiderte Francis Drake zuversichtlich. »Weshalb sollten sie gerade jetzt Glück haben?«

»Weil sie mehr Schiffe haben, seit die Flotte aus Sevilla in Nombre de Dios Anker geworfen hat.«

Drake schüttelte den Kopf. »Das stimmt nicht. Die Schatzschiffe müssen bewacht werden, nach unserem erfolgreichen Überfall vielleicht sogar mehr denn je. Und das bedeutet, dass der Großteil der Flotte im Hafen gebunden bleibt.«

»Da hast du Recht.«

»Ich nehme eher an, dass das Wetter ihnen einen Strich durch die Rechnung gemacht hat«, sagte Drake und deutete mit dem Kopf nach Westen, wo sich der Horizont bedenklich verdunkelte.

Chris Mitchell nickte. »Es sieht nach Sturm aus. Vielleicht sind sie deshalb gar nicht erst ausgelaufen.«

»Sie werden schon kommen«, meinte Drake und wandte sich dann an seine Truppe. »Wir müssen in ein, zwei Stunden mit Sturm rechnen! Wir schlagen unser Lager deshalb im Schutz der Palmen auf. Obwohl ich fest davon überzeugt bin, dass wir keine Spanier zu fürchten brauchen, stellen wir Doppelwachen auf. Niemand soll uns das Gold wieder abnehmen können.«

Es wurde getan, was Drake angeordnet hatte. Und die Cimarrons halfen den Engländern und Franzosen dabei, kleine Hütten zu errichten, die vor Wind und Regen schützten.

Der Wind nahm zu, und Stunden später fegte ein heftiger Sturm an der Küste entlang und zwang die Spanier, früher als geplant den Rückzug anzutreten und Schutz im Hafen zu suchen. Regenschauer prasselten gegen die Dächer der Palmhütten und verwandelten den Boden in schlammigen Morast.

Am nächsten Morgen flaute der Sturm ab. Die Pinassen zeigten sich jedoch immer noch nicht. Die Stunden vergingen und nirgends war ein vertrautes Segel zu entdecken. Die Freibeuter verbargen ihre Furcht nun nicht länger und drangen in Francis Drake, doch irgendetwas zu unternehmen.

Die Cimarrons schlugen vor, auf dem Landweg zum Versteck zu marschieren. Doch Drake erschien dieses Unterfangen als zu gefährlich, zumal sie gut sechzehn Tage unterwegs sein würden.

»Lasst uns ein großes Floß bauen und in See stechen!«, sagte Francis Drake schließlich. Der Sturm hatte genügend Bäume entwurzelt und am Strand angeschwemmt. Und sie hatten alles mit, was sie zum Bau brauchten.

So machten sich die Freibeuter an die Arbeit, banden die mächtigen Stämme im seichten Uferwasser zusammen, errichteten einen Mast und nähten ein Notsegel aus einigen Zwiebacksäcken. Thomas Moone, der Zimmermann, fertigte aus einem jungen Stamm ein Ruder, das zwar einen äußerst primitiven Eindruck machte, aber funktionierte, und das war die Hauptsache.

Da die Baumstämme keinesfalls alle Männer und die tonnenschwere Beute zu tragen vermochten, beschloss

Francis Drake, nur mit drei Begleitern loszusegeln. Er wählte den Zimmermann Thomas Moone, einen schweigsamen, aber tatkräftigen Matrosen namens John Smith und natürlich Chris Mitchell aus.

»Ihr könnt euch darauf verlassen, dass wir bald wieder zurück sein werden – und zwar mit unseren Schiffen!«, versicherte Francis Drake und rief den Männern, die am Ufer zurückblieben, noch zu: »Alle Spanier Westindiens zusammen könnten mich nicht daran hindern, euch und die Beute hier wieder abzuholen!«

Mit diesem Versprechen stieß Francis Drake in See. Das Segel aus Zwiebacksäcken blähte sich, die Taue spannten sich und der Mast hielt. Das Floß gehorchte dem Druck des Ruders und nahm Fahrt auf. Wasser spülte über die Baumstämme und bildete Strudel um die Füße der Männer.

Die Sonne stand hoch am Himmel, der grell wie ein glühend weißes Seidentuch war. Francis Drake und seine Kameraden waren der tropischen Sonne schutzlos ausgesetzt. Bei jeder größeren Woge standen die Männer bis zu den Hüften im Wasser. Salz lagerte sich auf ihrer Haut ab und brennende Schwären entstanden. Durst quälte die Männer. Die Wellen wurden stärker und brachten das Floß immer häufiger in bedrohliche Lagen. Verzweifelt klammerten sich Mitchell, Moone und Smith am Mast fest, um nicht über Bord gespült zu werden.

Sechs schrecklich lange Stunden vergingen.

Plötzlich fuhr John Smith auf. »Segel voraus!«, rief er mit heiserer Stimme. »Drei Strich Backbord voraus! Das müssen unsere Leute sein! Herr Jesus Christ, sei unseren Seelen gnädig! Was wir getan haben...« Er dämpfte seine Stimme und begann zu beten.

»Es können auch Spanier sein«, sagte Chris Mitchell realistisch. Man musste mit dem Schlimmsten rechnen. Besser eine angenehme als eine unangenehme Überraschung.

Aber es waren *ihre* Boote!

Sie waren gerettet – und die Beute!

Noch in derselben Nacht erfüllte Francis Drake sein Versprechen und segelte mit den Booten zur Bucht, wo der Rest seiner Truppe mit den Schätzen in höchster Unruhe auf ihn wartete. Der Jubel war groß, als die Pinassen in die Bucht einliefen.

Nachdem die Engländer mit den Franzosen die Beute gerecht geteilt hatten, trennte man sich. Auch die Cimarrons kehrten reich beschenkt in ihre Dörfer im Dschungel zurück.

Dann ließ Francis Drake die Fregatte für die Heimreise am Strand kielholen, vom Muschelbewuchs säubern und mit einer neuen Teerschicht versehen. Er überprüfte die Takelage und verwandte größte Sorgfalt auf die Reisevorbereitungen. Er achtete darauf, dass auch genügend Frischwasser und Lebensmittel unter Deck verstaut wurden, denn es lagen noch lange Wochen auf See vor ihnen. Sosehr er das Gold auch liebte, satt konnte man nicht davon werden.

Endlich war alles bereit.

»Anker lichten und Segel setzen!«, befahl Francis Drake an einem klaren Junimorgen. Sein Blick erfasste noch einmal die ovale Bucht mit der schmalen Einfahrt, die Palmen, die sich dicht bis ans Ufer drängten, den weißen Sand und das ganz allmählich abfallende Ufer mit dem türkisblauen Wasser. Dann wanderte sein Blick hinaus auf das Meer und verlor sich irgendwo jenseits der Horizontlinie. Dort im Osten lag England!

Zwischen ihm und seinem ersten großen Triumph über die verhassten Spanier lag *nur* noch der Atlantische Ozean.

Aber ohne zu wissen, warum, fühlte er in diesem Moment, dass niemand ihn jetzt noch aufzuhalten vermochte. Er war der Sieger!

23

Unangefochten und ohne unerfreuliche Zwischenfälle erreichte Francis Drake mit seiner arg zusammengeschrumpften Mannschaft am 9. August 1573 den heimatlichen Hafen von Plymouth. Es war noch sehr früh am Morgen, als der Anker fiel und die letzten Segel eingeholt wurden.

Francis Drake hätte sich gar keinen besseren Tag und Zeitpunkt für seine Rückkehr aussuchen können, denn es war Sonntag und die Zeit des Gottesdienstes. Die Kirchen leerten sich jedoch, sehr zur Betrübnis der Priester, als bekannt wurde, dass der Seefahrer Francis Drake aus Westindien zurückgekehrt war und unermessliche Beute gemacht hatte. Die Nachricht machte in Windeseile die Runde und alles strömte zum Hafen hinunter.

Die Sympathie und Begeisterung des Volkes waren groß, als die Matrosen des Freibeuterschiffes der neugierigen Menge Einzelheiten über ihre abenteuerliche Fahrt berichteten. Sie alle waren als mehr oder weniger arme Schlucker nach Westindien aufgebrochen und nun als vermögende, ja reiche Männer nach England zurückgekehrt.

Dennoch musste Francis Drake schnell erkennen, dass zwischen der Sympathie des Volkes und der des königlichen Hofes ein gewaltiger Unterschied lag. Königin Elisabeth stand gerade mit dem König von Spanien in Verhandlungen und beabsichtigte, den trügerischen Frieden durch einen Vertrag mit den Spaniern einigermaßen zu festigen. Da war es nur zu verständlich, dass Francis Drakes Kaperfahrt ihr ganz und gar nicht ins Konzept passte – wie sehr sie im Stillen auch Drakes Erfolg begrüßen mochte.

»Es ist besser, wir tauchen für eine Zeit lang unter«, sagte Francis Drake, nachdem er von gut meinenden Kaufleuten in die neue politische Lage eingeweiht worden war. Schon im nächsten Jahr sollte der Vertrag unterzeichnet werden, und in Anbetracht dieser Entwicklung wäre es äußerst unklug gewesen, weiterhin unter den Augen der spanischen Gesandten in England zu bleiben. Es war nämlich nicht ausgeschlossen, dass sich Königin Elisabeth auf Drängen der Spanier genötigt sah, die Beute, die er und seine Männer in Westindien gemacht hatten, zu konfiszieren. Aber das wäre noch nicht einmal das größte Unrecht gewesen, das ihm drohte. Wie seine Freunde in Plymouth ihm zu verstehen gegeben hatten, konnte es durchaus sein, dass man ihn verhaftete und der Piraterie anklagte, nur um die Spanier zu besänftigen. Dann drohte ihm der Galgen und das war keine erfreuliche Aussicht.

»Aber wo sollen wir denn hin?«, fragte Chris Mitchell und lachte plötzlich lauthals los, als er sich der irrwitzigen Situation bewusst wurde, in der sie sich befanden. »Herr im Himmel, Francis, wir sind steinreich und werden von allen Engländern für das, was wir getan haben, bewundert. Und doch müssen wir uns verstecken wie gewöhnliche Tagediebe! Wofür haben wir denn unser Leben aufs Spiel gesetzt?«

Francis Drake hob beschwichtigend die Hände. »Keine Sorge, die Zeiten ändern sich auch wieder. Niemand glaubt, dass der Friede von langer Dauer sein wird. Es ist einfach nur besser, wenn wir uns dem direkten Zugriff des Hofes und der Papisten entziehen. Unser Geld legen wir gut an. Außerdem werden wir uns nicht zu verstecken brauchen.«

»Sondern?«

»Das Kämpfen steckt dir doch ebenso im Blut wie mir, nicht wahr, Chris?«

»Weshalb fragst du, Francis?«

»Weil wir nach Irland gehen werden, um an einem Feldzug teilzunehmen.«

»Feldzug?«, wiederholte Chris Mitchell verwundert und sah Drake verständnislos an. »Ich hab mich nie besonders für Politik interessiert, die spanischen Machenschaften einmal ausgenommen. Das mit dem Feldzug musst du mir erklären.«

»Da gibt's nicht viel zu erklären«, sagte Francis Drake. »Der erste Earl of Essex braucht Männer, die etwas vom Krieg verstehen, denn er will Ulster erobern. Wir werden ihn dabei tatkräftig unterstützen.«

»Meinetwegen«, antwortete Chris Mitchell. »Schauen wir uns Irland an.«

Als Francis Drake mit Chris Mitchell 1575 nach England zurückkehrte, war die Gefahr, wegen Piraterie angeklagt und gehängt zu werden, gebannt. Der im Vertrag von Bristol zum Ausdruck gebrachte Wille, jegliche kriegerischen Handlungen zu unterlassen, war mehr und mehr verblasst. Der Vertrag war noch nicht einmal das Pergament wert, auf dem er geschrieben stand. Der Papst hatte die Königin exkommuniziert und entthront, obwohl das nur eine ohnmächtige Geste war. Die Spanier dagegen beschränkten sich nicht nur auf Gesten, sondern unterstützten und zettelten Verschwörungen an, die das Ziel hatten, Königin Elisabeth vom Thron zu stürzen – zugunsten Maria Stuarts, der Königin von Schottland.

Der Spanierhass hatte mittlerweile den Großteil der englischen Bevölkerung erfasst und eine bessere Voraussetzung für seine nächsten Unternehmungen konnte sich Francis Drake gar nicht wünschen.

Seefahrer, Kaufleute und Höflinge schmiedeten ständig neue Pläne, wie das Monopol der Spanier und Portugiesen zu brechen sei. Zahllose Wissenschaftler stellten Vermutungen darüber an, auf welche Weise man zu den Gewürzinseln kommen könnte. Bisher gab es nur einen einzigen bekannten Weg zu dieser Inselgruppe – die Magellanstraße an der südlichen Spitze des amerikanischen Kontinents, die aus einem Labyrinth unzähliger kleiner und großer Wasserstraßen besteht. Die Spanier und Portugiesen besaßen so genannte *roteiros*, eine Art Logbuch, in das der Steuermann alle Daten und Beobachtungen notiert hatte, die wichtig waren, um in diesen unbekannten und gefährlichen Gewässern stets auf sicherem Kurs zu bleiben. Bisher war noch nicht ein einziger *roteiro* in die Hände der Engländer gefallen, die, ohne zu zögern, ein Vermögen für solch ein Logbuch gezahlt hätten. Doch auf den Verkauf von Seekarten und anderen nautischen Daten stand in Spanien und Portugal die Todesstrafe. Außerdem hatte nur ein sorgsam ausgewählter Kreis Zugang zu diesen geheimen Aufzeichnungen. Und so war es noch keinem Engländer gelungen, in das Südmeer, den Stillen Ozean, vorzudringen.

Francis Drake, der das Südmeer vom Gipfel jenes mächtigen Baumes auf der Landenge von Panama mit eigenen Augen gesehen und seinen Schwur nicht vergessen hatte, hegte jedoch den Verdacht, dass die Anstrengungen seiner Landsleute eben noch nicht groß genug gewesen waren, um das Geheimnis zu lüften.

»Es muss auch ohne die *roteiros* der verfluchten Papisten gehen!« Diese Auffassung vertrat Francis Drake mit Vehemenz, als er im Kreis einflussreicher Kaufleute mögliche Unternehmungen und Beutezüge gegen spanische Kolonien erörterte. »Magellan hatte ja auch keinen Führer, der ihm den richtigen Weg durch die Wasserstraßen gezeigt hätte. Er hat eben gesucht, Gentlemen! Weshalb sollten wir Engländer es nicht auch schaffen?«

»Mister Drake hat gar nicht mal so Unrecht«, murmelte einer der reichen Kaufleute.

»Zumindest ist es einen Versuch allemal wert«, fügte Francis Drake hinzu.

Dieser Meinung schloss sich auch die englische Königin an. Elisabeth trug sich schon längst mit dem Gedanken, den Spaniern und Portugiesen ernsthaft Konkurrenz zu machen. Die iberischen Völker holten einfach zu viel Reichtum aus ihren Kolonien in der Neuen Welt heraus, als dass England dem weiterhin tatenlos zusehen konnte.

Hinzu kam, dass die englischen Gelehrten – und nicht nur diese – eine höchst aufregende Theorie vertraten: Sie nahmen an, dass im südlichen Teil des Stillen Ozeans noch ein weiterer neuer Kontinent existierte – *Terra Australis Incognita* hatten sie diesen unentdeckten, verheißungsvollen Kontinent genannt. Angeblich lag er südwestlich von Feuerland und beherbergte unermessliche Reichtümer an Gold, Silber, Juwelen und Gewürzen.

An Gründen für eine neue, umfangreiche Expedition mangelte es demzufolge nicht. Allerdings mussten alle Vorbereitungen streng geheim gehalten werden, denn niemand, besonders nicht die spanischen Gesandten, durften erfahren, welches Ziel die Schiffe, die in Plymouth ausgerüstet wurden, wirklich hatten. Angeblich sollte die Flotte zu einer Reise nach Alexandria aufbrechen, um den Handel mit den arabischen Völkern auszubauen. Sogar die Matrosen und alle Offiziere der Schiffe glaubten das. Erst auf hoher See, wenn keiner mehr sein Wissen verkaufen oder im Suff preisgeben konnte, sollten sie die Wahrheit erfahren.

Dass Francis Drake die Leitung dieser Expeditionsflotte, die aus fünf Schiffen bestand, übergeben wurde, verwunderte keinen, der mit den Einzelheiten des Unternehmens vertraut war. Francis Drake war der Einzige, der genügend Erfahrungen mit den spanischen Kolonien hatte und den eisernen Willen und das Durchsetzungsvermögen mitbrachte, um solch eine kühne Expedition zu einem Erfolg zu führen. Für ihn persönlich bedeutete das Unternehmen die größte Herausforderung seines Lebens – aber auch seine größte Chance.

24

Ein kalter Wind jagte über den Hafen von Plymouth und riss an den festgezurrten Segeln der vor Anker liegenden Schiffe. Es war ein grauer, ungemütlicher Novembertag und es lag Schnee in der Luft. Die Temperaturen waren gefallen, und so mancher Matrose wünschte, in einem Kontor oder einem Handwerksbetrieb arbeiten zu können – und nicht auf einem Wind und Wetter preisgegebenen Schiff.

Chris Mitchell stand zwischen zwei mannshohen Kistenstapeln, die sich mittschiffs auf dem 100-Tonnen-Schiff *Pelican* neben der Frachtluke auftürmten. Er hatte den fellbesetzten Kragen seiner warmen Jacke hochgeschlagen und blickte angestrengt zum Kai hinüber. Dort war vor wenigen Minuten Thomas Doughty aus einer Kutsche gestiegen, Drakes neuer Freund aus den Irlandfeldzügen, elegant und wie immer nach der letzten Mode gekleidet, und sprach angeregt auf einen Fremden ein.

Chris Mitchell hatte wenig für diesen Höfling übrig. Doughty war ihm ein wenig zu charmant und geistreich. Und sein Lächeln erschien ihm eine Spur zu freundlich, um für echt gehalten zu werden. Leider vertrat Francis da eine völlig andere Meinung.

Hinter ihm klappte die Tür, die zu den Kajüten im Achterkastell führte. Unwillkürlich drehte sich Chris Mitchell um.

Es war Francis Drake. Auch er trug einen Fellmantel. Der Pelz hatte fast dieselbe dunkelbraune Farbe wie sein Vollbart und sein dichtes Haupthaar.

»Gibt es Schwierigkeiten?«, fragte Francis mit hochgezogenen Augenbrauen.

»Weshalb?«, fragte Chris zurück.

»Weil du so missgestimmt aussiehst.«

»Das liegt wohl am Wetter«, wich Chris Mitchell aus. »Wird Zeit, dass die Reisevorbereitungen abgeschlossen sind und wir in wärmere Zonen kommen.«

Francis Drake stieg über einen Ballen Lederhäute hinweg und musterte seinen langjährigen Freund misstrauisch. »Das ist nicht der wahre Grund, Chris!«

»Wieso?«

»Das Wetter hat dir noch nie viel ausgemacht«, sagte Drake ihm offen ins Gesicht. »Also, was ist es?«

Mitchell verzog das Gesicht. »Wir lassen das besser, Francis. Es führt ja doch zu nichts.«

Unwillig sah Francis Drake ihn an. »Zum Teufel, was bringt nichts? Nun rück schon endlich mit der Sprache heraus. Womit bist du nicht einverstanden?«

»Mit ihm«, sagte Chris Mitchell knapp und deutete auf den Höfling, der noch immer mit dem Unbekannten am Kai sprach.

»Thomas Doughty?«, fragte Drake unwillig. Wegen Thomas waren sie beide in letzter Zeit mehrmals aneinander geraten. »Ich weiß, dass du ihn nicht sonderlich magst...«

Chris Mitchell fiel ihm ins Wort. »Hör zu, Francis«, sagte er mit kühler Stimme. »Mir steht es nicht zu, dir irgendwelche Vorschriften über die Wahl deiner Freunde zu machen.«

»Auch sonst nicht«, ergänzte Francis Drake hart.

»Das brauchst du mir nicht extra zu sagen. Ich will dir aber nur einen Rat geben. Wir kennen uns jetzt lange genug, sodass du wohl weißt, wie ernst ich so etwas meine.«

»Gib dir keine Mühe, Chris«, erwiderte Francis Drake mit leicht überheblichem Unterton. »Ich führe hier das Kommando und ich stelle die Mannschaft zusammen. Thomas Doughty wird an dieser Fahrt teilnehmen. Er hat mich darum gebeten und ich konnte und wollte ihm diese Bitte nicht abschlagen. Außerdem hätte man mich auch zwingen können, ihn an Bord zu nehmen. Sein Name ist am königlichen Hof immerhin um einiges bekannter als meiner.«

»Ich weiß, dass wir dieses nutzlose Höflingsgesindel mitnehmen müssen.«

»Chris!«

»... und damit Reibereien zwischen ihnen und den Matrosen von vornherein garantiert sind«, fuhr Chris Mitchell ungerührt fort. »Aber ich sehe nicht ein, dass wir einen Mann an Bord nehmen müssen, dem man nicht vertrauen kann.«

»Du meinst doch nicht etwa Thomas Doughty?«

»O doch!«

»Hüte deine Zunge, Chris! Du strapazierst unsere Freundschaft in letzter Zeit allzu sehr!«

»Mein Gott, verschließ dich doch nicht den Tatsachen!«,

fauchte Chris Mitchell ihn an. »Du lässt dich von diesem Höfling geradezu blenden.«

»Was hast du gegen ihn konkret vorzubringen?«, fragte Drake fast feindselig.

Chris Mitchell wich dem stechenden Blick nicht aus. »Es gibt Anzeichen dafür, dass Thomas Doughty sich mehrmals mit Lord Burghley getroffen hat!«

»Und?«

»Du weißt selbst, dass der Lord ein Gegner dieser Expedition ist!«, sagte Mitchell mit gedämpfter Stimme. »Doughty ist auch noch mit anderen gesehen worden, von denen bekannt ist, dass sie dieses Unternehmen nicht billigen. Mein Gott, siehst du denn nicht, dass ich dich nur warnen möchte?«

Francis Drake presste die Lippen zusammen. Ähnliche Gerüchte waren auch ihm schon zu Ohren gekommen, aber er weigerte sich standhaft, ihnen Glauben zu schenken. Thomas Doughty konnte unmöglich gegen ihn intrigieren. Weshalb sollte er auch? Nein. Es war blanker Unsinn, was da geredet wurde.

Chris Mitchell blickte Drake prüfend von der Seite an und erkannte, dass seine Worte nichts hatten ausrichten können.

»Du hast Recht«, sagte Mitchell resignierend. »Was mische ich mich in deine Angelegenheiten. Du hast das Kommando. Und du trägst die Verantwortung.«

Francis Drakes Blick wandte sich von Doughtys schlanker Gestalt und ruhte wieder auf Mitchell.

»Verzeih mir, wenn ich so ruppig zu dir war, Chris«, sagte Drake und legte ihm eine Hand auf die Schulter. »Mir schwirrt so viel durch den Kopf. Bald geht es los und es gibt noch so viel zu bedenken. Was jedoch Doughty angeht, da machst du dir wirklich unnötige Sorgen.«

»Ich hoffe, du behältst Recht«, erwiderte Chris Mitchell.

»Ich behalte immer Recht«, sagte Francis Drake lachend und wurde sich gar nicht bewusst, dass er seine herrische Rechthaberei offen eingestand. Andere konnten sich irren, er nicht – davon war er fest überzeugt.

25

Wenige Tage später, es war der 15. November 1577, segelte die kleine Flotte von Plymouth los. Chris Mitchell hatte das Gespräch nicht noch einmal auf Doughty gebracht, weil er einsah, dass jeder Versuch in dieser Hinsicht vergeblich war. Er spürte aber eine grimmige Befriedigung, als Thomas Doughty sich schon am ersten Tag bei den Matrosen äußerst unbeliebt machte.

Ein Decksjunge eilte gerade mit einer Pütz Wasser über das Deck, als Thomas Doughty ihm mit hochnäsiger Arroganz den Weg verstellte. Der Junge konnte einen Zusammenprall noch im letzten Augenblick verhindern, jedoch glitt ihm dabei der Ledereimer aus der Hand. Das Wasser ergoss sich über die Planken – und die glänzenden Schuhe des Höflings.

»Entschuldigung, Sir!«, stammelte der Junge.

Thomas Doughty fuhr mit einem Wutschrei zurück. »Du lausiger Dreckskerl!«, schrie er unbeherrscht und schlug mit seinem Spazierstock zu.

Der Junge stürzte auf die Planken und verbiss sich den heftigen Schmerz, der ihm die Tränen in die Augen trieb. Als er sich schnell wieder aufrappelte, traf ihn der Stock ein zweites Mal, diesmal auf dem Rücken.

»Das soll dir eine Lehre sein, einem Gentleman die

Schuhe zu ruinieren!«, rief Thomas Doughty. »Das nächste Mal sorge ich dafür, dass du nicht so glimpflich davonkommst!«

Nun waren die Matrosen auf englischen Schiffen weiß Gott keine verweichlichten Burschen, sondern raue Gesellen, die einem Decksjungen das Leben ganz schön sauer machen konnten. Aber dies hier war etwas anderes. Thomas Doughty gehörte nicht zur Besatzung. Hätte der Kapitän, der Bootsmann oder irgendein anderer Vorgesetzter die Hiebe ausgeteilt, so hätte keiner der Matrosen ein Wort darüber verloren. Dass Thomas Doughty sich jedoch dieses Recht herausnahm, empörte sie.

Francis Drake war auch nicht gerade erfreut, als er von diesem Zwischenfall hörte. Vorsichtig bat er Thomas Doughty, Bestrafungen jeglicher Art doch besser ihm, dem Kapitän, zu überlassen.

Da sah der Höfling ihn mit einem überheblichen Lächeln an. »Aber Francis«, antwortete er fast pikiert, »erstens war das doch keine Bestrafung, sondern nur eine Zurechtweisung, die auf der Stelle erfolgen musste. Der Bursche hatte sich mir gegenüber ungebührlich benommen. Als Gentleman kann ich so etwas nicht dulden. Außerdem gehöre ich nicht zu deiner Mannschaft.«

Francis Drake runzelte die Stirn. Seine Freundlichkeit wurde eisig. »Das Oberkommando führe ich, mein lieber Thomas.«

Der Höfling lächelte und spielte mit seinem Spazierstock. »Selbstverständlich, lieber Francis. Das Oberkommando über alle Seeleute. Aber du wirst mich und meine Freunde doch wohl nicht zu diesen gemeinen Matrosen zählen wollen, oder?« Er gab Francis Drake erst gar keine Gelegenheit zu einer Antwort, sondern brach in belustigtes Gelächter aus. »Deine Scherze haben manchmal eine amüsant raue Natur, aber ich mag das. Nun, ich glaube, wir verstehen uns. Du findest mich oben auf dem Achterdeck.« Mit diesen Worten verließ er die Kapitänskajüte.

Francis Drake blickte ihm verdutzt und verärgert zugleich nach. Es gefiel ihm gar nicht, wie Thomas Doughty sich gegenüber seinen Matrosen verhielt. Was ihm jedoch überhaupt nicht passte, war, dass Thomas Doughty klar zu erkennen gegeben hatte, dass er nicht bereit war, Befehle entgegenzunehmen.

»Wir werden sehen«, stieß Francis Drake hervor und lenkte seine Gedanken auf weit wichtigere Dinge. Es wurde allmählich Zeit, dass er Mannschaft und Offiziere vom wahren Ziel dieser Expedition unterrichtete. Und er versuchte, sich vorzustellen, wie die Kapitäne auf seine Eröffnung wohl reagieren würden.

Francis Drake setzte sich an den Sekretär und holte das Logbuch hervor, in das er alles eintrug, was irgendwie von Bedeutung war. Er blätterte mehrere Seiten zurück und las noch einmal die Mannschaftsliste durch. Hundertvierundsechzig Mann, die er fast alle höchstpersönlich ausgesucht hatte, nahmen an dieser gefährlichen Reise teil. Und da waren auch die Schiffe und ihre Kapitäne aufgeführt.

Pelican – sein 100-Tonnen-Flaggschiff. Dann kam die *Elizabeth* mit 80 Tonnen. Sie wurde von Kapitän John Winter befehligt. Das dritte Schiff hieß *Marigold*, war eine hübsche seetüchtige Bark von 30 Tonnen und stand unter dem Kommando von John Thomas. Das vierte Schiff, nun, das war die alte *Swan*, ein Schnellsegler von 50 Tonnen, der der Flotte als Vorratsschiff diente und von John Chester kommandiert wurde. Das fünfte und kleinste Schiff war die *Christopher*, eine Pinasse von knapp 15 Tonnen, und der Kapitän war Thomas Moone.

Ein schwaches Lächeln glitt über Drakes Gesicht, als er den Namen las. Er war froh, den ehemaligen Zimmermann auf dieser Reise bei sich zu wissen. Auf ihn würde er sich verlassen können. Auf Chester und John Thomas vermutlich auch. Kapitän John Winter dagegen legte sich gern mit ihm an.

Francis Drake seufzte. Die Küste Marokkos, die zu jener Zeit auch Berberei oder Berberküste genannt wurde, musste schon bald am Horizont auftauchen. Dann würde es Zeit, seine Offiziere und Mannschaft über die wahre Natur dieser Reise aufzuklären. Er musste Sicherheitsvorkehrungen treffen, denn es war nicht auszuschließen, dass einige Matrosen die Neuigkeit nicht gerade freundlich aufnehmen würden. Und Meuterei auf englischen Schiffen war nicht gerade eine Seltenheit. Manchmal reichte schon ein geringfügiger Anlass. Brachten die Matrosen ihrem ehemaligen Kapitän noch eine Spur von Sympathie entgegen, setzten sie ihn gnädigerweise auf einer einsamen Insel aus und ließen ihm Proviant und Werkzeuge, die er zum Überleben benötigte, zurück. Hatte der unglückliche Kapitän an Bord seines Schiffes jedoch mit der neunschwänzigen Peitsche regiert, machte man kurzen Prozess mit ihm und knüpfte ihn an der Rah auf.

Mit einer heftigen Bewegung klappte Francis Drake das Logbuch zu. Eine Meuterei an Bord eines seiner Schiffe? Undenkbar! Das würde er nie zulassen!

26

Die Flotte ankerte in einer kleinen Bucht, die von hohen, kaum bewachsenen Bergzügen geschützt wurde. Die Felsen waren von einer grau braunen Tönung und stiegen nach einem gut zweihundert Meter breiten Strand aus Sand, Kieseln und niedrigen Büschen steil an. Ein schmaler klarer Bach schnitt durch das kahle Gestein und versickerte im warmen Sand, bevor er das Ufer erreichte.

Francis Drake hatte die Frischwasserfässer auffüllen lassen und währenddessen die Kapitäne und Höflinge zu sich gebeten. Im angenehm kühlen Schatten eines großen Sonnensegels, das vier Matrosen der *Pelican* mit Holzstangen im Handumdrehen am Ufer errichtet hatten, gab Francis Drake Antwort auf die drängenden Fragen der Männer.

Allein Thomas Doughty verhielt sich völlig ruhig und beteiligte sich vorerst nicht an dem erregten Gespräch. Aber er war ja auch als Einziger neben Francis Drake schon *vor* der Abreise in alles eingeweiht worden. Dass auch Chris Mitchell informiert gewesen war, hatte Francis Drake ihm natürlich verschwiegen.

»Das ist ungeheuerlich!«, empörte sich John Winter, der Kapitän des zweitgrößten Schiffes, der *Elizabeth*. John Winter war gut fünf Jahre älter als Drake, von untersetzter Gestalt, kräftig und bekannt dafür, dass er sein Schiff mit fester Hand führte.

»Ich würde es eher eine Überraschung nennen«, meldete sich nun Thomas Moone, der Kapitän der Pinasse *Christopher*. Er warf Francis Drake einen anerkennenden, fast verschwörerischen Blick zu. »Wir können uns glücklich schätzen, mit dieser wichtigen Mission betraut worden zu sein.«

John Winter funkelte ihn böse an. »Ich habe mich an dieser Expedition unter der Voraussetzung beteiligt, dass wir nach Alexandria segeln. Und jetzt nehmen wir Kurs auf den amerikanischen Kontinent und sollen ohne *roteiro* einen Weg durch die Magellanstraße suchen. Man hat uns getäuscht!« Zustimmungsheischend blickte er in die Runde.

John Thomas, der besonnene Kapitän der Bark *Marigold*, räusperte sich und ergriff das Wort. »Gentlemen, ich nehme an, dass keiner unter uns erfreut ist, dass man uns über das wahre Ziel dieser Reise getäuscht hat«, begann er mit gesetzten, wohl überlegten Worten.

»Das können Sie laut sagen, Kapitän Thomas!«, rief John Winter erbost. »Und ich bin nicht bereit, das so ohne weiteres einfach hinzunehmen.«

»Auf den ersten Blick ist dies also wenig schmeichelhaft für uns«, fuhr John Thomas mit ruhiger Stimme fort, ohne auf den Zwischenruf von Kapitän Winter einzugehen. »Andererseits leuchten mir die Gründe für eine derartige Täuschung nur allzu gut ein. Es handelt sich hier nicht um *irgendeine* Expedition, Gentlemen. Wir sind im Auftrag unserer Königin auf dem Weg zur Magellanstraße. Und so betrachtet, empfinde ich es als Ehre, Teilnehmer dieser Reise zu sein.«

»Sehr wahr gesprochen!« Das war Thomas Moone.

Zustimmendes Gemurmel erhob sich.

Francis Drake war erleichtert. »Es geht nicht nur um die Magellanstraße, sondern auch darum, mit reicher Beute zurückzukehren«, fügte er hinzu. »Und Sie können versichert sein, dass ich nichts unversucht lassen werde, um die Laderäume unserer Schiffe mit Schätzen zu füllen.«

John Winter sah ein, dass er mit seinem Protest auf wenig Gegenliebe stieß, und hielt sich deshalb zurück. Da ergriff Thomas Doughty das Wort. »Wir sollten nicht schon jetzt Entscheidungen treffen, die erst in der Zukunft oder auch gar nicht von uns verlangt werden«, meinte er. »Je nach den jeweiligen Umständen wollen wir beschließen, was zu tun ist.«

Francis Drake wurde hellhörig und versteifte sich plötzlich. Diese Töne gefielen ihm gar nicht. »Meine Befehle sind klar und unmissverständlich, Thomas«, sagte er und bemühte sich, seine Stimme nicht allzu scharf klingen zu lassen. »Wir sollen den Seeweg ins Südmeer finden, nach der *Terra Australis Incognita* suchen und spanische Schiffe kapern sowie ihre Siedlungen plündern!«

Thomas Doughty sah ihn mit scheinbarer Verwirrung an und lächelte. »Niemand widerspricht dir, Francis«, sagte er liebenswürdig. »Natürlich werden *wir* alles versuchen, was in *unserer* Macht steht. Aber du wirst uns doch wohl nicht von den Entscheidungen ausschließen wollen, oder? Ich glaube, dass meine Freunde und ich auch ein Wort mitzureden haben.«

Francis Drake warf ihm einen kalten Blick zu und kündigte ihm in diesem Augenblick innerlich die Freundschaft auf. »*Ich* führe das Oberkommando!«, antwortete er mit warnendem Unterton. »Das solltest du auch besser nicht vergessen, Thomas!« Und um die Wirkung seiner scharfen Worte auf die anderen etwas abzuschwächen, fügte er, ohne jedoch Thomas Doughty anzusehen, hinzu: »Selbstverständlich werde ich keine Entscheidung über Ihre Köpfe hinweg treffen.«

Thomas Moone sagte in das Schweigen: »Zum Teufel, auf Francis Drake kann man sich verlassen, Gentlemen. Ich muss es wohl wissen. Jeder, der auf seinen Rat gehört hat, ist als reicher Mann von Westindien nach Hause zurückgekehrt. Und das wird diesmal wieder der Fall sein. Wir haben den besten Mann an der Spitze unserer Flotte. Und für nichts würde ich ihn gegen einen anderen eintauschen wollen!« Dabei bedachte er Thomas Doughty mit einem Blick, der nicht gerade freundlich zu nennen war.

Thomas Moones Worte zeigten die erwünschte Wirkung. Die Mehrzahl der Anwesenden teilte seine Auffassung. Francis Drake hatte immerhin bewiesen, dass er es mit den mächtigen Spaniern aufnehmen konnte. Die Reichtümer, die er von seiner letzten Kaperfahrt mitgebracht hatte, wogen mehr als alles Gerede. Sie wollten reiche Beute machen – und dafür war Francis Drake der beste Garant.

Es gelang Drake, die Besprechung in gutem Einvernehmen mit den Kapitänen und Höflingen zu beenden – ausgenommen die Herren John Winter und Thomas Doughty. Obwohl keiner von beiden auf seiner Position ausdrücklich beharrte, gab sich Drake doch keinen Illusionen hin. Er wusste, dass er ihren Widerstand längst nicht gebrochen hatte.

Dass John Winter verärgert reagierte, konnte er noch verstehen. Mit ihm würde er schon fertig werden. Aber bei Thomas Doughty lag die Sache schon etwas anders. Ihn durfte er nicht unterschätzen. Doughty vermochte großen Schaden anzurichten, wenn er darauf bestand, maßgeblich an den Entscheidungen beteiligt zu werden.

Francis Drake jedoch war nicht gewillt, sich das Oberkommando aus der Hand nehmen oder auch nur irgendwie schmälern zu lassen – von niemandem! Und jeden weiteren Versuch, ihn bei der Ausführung seines Auftrages zu behindern, würde er als das betrachten, was es war – Verrat.

27

Einige Matrosen murrten, als nun auch sie erfuhren, wohin die Reise wirklich ging. Doch die Aussicht auf reiche Beute ließ sie ihren Unmut über das Täuschungsmanöver schnell vergessen. Es gab in England tausende, die sich danach drängten, unter Francis Drake an einer Kaperfahrt teilzunehmen. So war für den Augenblick die Ruhe an Bord der Schiffe wiederhergestellt.

Bei beständigen Winden aus Nordost oder Ostnordost segelte die Flotte zu den Kapverdischen Inseln. Dort sollten die Schiffe noch einmal gründlich überholt und mit genügend frischen Lebensmitteln versorgt werden, bevor sie den Atlantik überquerten. Francis Drake beabsichtigte nämlich, möglichst ohne Zwischenstation bis zur Küste Brasiliens zu segeln.

Auf der Fahrt zu den Kapverdischen Inseln kaperte die Flotte mehrere spanische und portugiesische Schiffe – sehr zum Wohlgefallen der Mannschaft. Es stand also alles zum Besten. Die Stimmung an Bord der Schiffe war gut.

Dennoch blieb Francis Drake nicht verborgen, dass Thomas Doughty die einfachen Seeleute nicht mehr wie früher ignorierte und mit Arroganz behandelte, sondern ihre Sympathie zu gewinnen versuchte.

Auch Chris Mitchell bemerkte dies. »Glaubst du mir jetzt, dass Thomas Doughty nicht der Mann ist, für den du ihn gehalten hast?«, fragte er.

Francis Drake biss sich nervös auf die Unterlippe. »Er fällt mir in den Rücken, daran gibt es keinen Zweifel. Mein Gott, wie man sich in einem Menschen doch nur täuschen kann. Am liebsten würde ich ihn kurzerhand über Bord werfen, den Haien zum Fraß!« Seine geballte Rechte krachte auf die Platte des schweren Eichentisches. »Wie eine dreckige Kakerlake werde ich diesen schmierigen Burschen zerdrücken, falls er es wirklich wagt, sich gegen mich zu stellen.«

Unruhig wanderte Francis Drake in der Kajüte auf und ab. Sein Gesicht war zum Fürchten. Hass glitzerte in seinen Augen. Plötzlich blieb er stehen und wandte sich mit einer abrupten Drehung Chris Mitchell zu.

»Nein, so weit werde ich es gar nicht kommen lassen!«, stieß Francis Drake hervor. »Ich werde nicht tatenlos zusehen, wie dieser schmierige Höfling die Mannschaft gegen mich aufhetzt. Ich werde mir die Führung nicht streitig machen lassen! Eher bringe ich ihn um.«

Chris Mitchell war bei diesem ungezügelten Hassausbruch erschrocken zusammengefahren. Wieder einmal war er Zeuge geworden, wie Francis Drake seine Meinung über einen Menschen mit beängstigender Endgültigkeit total geändert hatte. Aus überschwänglicher Freundschaft war im Handumdrehen abgrundtiefer, schrankenloser Hass geworden. Und Chris Mitchell fragte sich, wann Francis ihn wohl fallen lassen würde. Chris machte sich nichts vor, in erster Linie hatte Francis *seinen* Ruhm und *seinen* Vorteil im Auge. Und er benutzte andere Menschen wie lebende Schachfiguren.

»Du vergisst seine Stellung«, sagte Chris Mitchell nun, um Francis in seinem Hass vor schwerwiegenden Fehlern zu bewahren. »Ich habe noch nie einen Hehl aus meiner Abneigung gegenüber Thomas Doughty gemacht, dennoch würde ich mir an deiner Stelle jeden Schritt gut überlegen. Du hast nicht den geringsten Beweis, dass es sich so verhält, wie du es behauptest. Niemand wird etwas auf Gefühle und Verdächtigungen geben.«

»Dieser Schleimer geht mir noch ins Netz, verlass dich darauf!«, stieß Drake hervor.

»Wir sollten ihn schärfer im Auge behalten«, schlug Chris Mitchell vor.

»Das ist von jetzt an deine Aufgabe!«, befahl Francis Drake, ohne lange zu überlegen.

Chris Mitchell verzog den Mund zu einem spöttischen Lächeln. »Du änderst manchmal erschreckend schnell deine Ansichten, Francis«, sagte er mit leichtem Vorwurf.

»Unsinn!«, erwiderte Francis Drake scharf und wischte Mitchells Bemerkung mit einer unwilligen Geste beiseite. »Ich passe mich neuen Gegebenheiten einfach schneller an als andere, das ist alles. Du weißt also, was du zu tun hast?«

»Ich werde mein Möglichstes versuchen«, versicherte Chris Mitchell.

»Das ist das Mindeste, was ich von dir erwarte«, sagte Francis Drake und milderte dann seinen Befehlston mit dem Zusatz: »Ich weiß, dass ich mich auf dich hundertprozentig verlassen kann, Chris. Du wirst mir den Schuft schon ans Messer liefern, nicht wahr? Wir werden uns doch nicht von diesem Intriganten die Chance unseres Lebens verderben lassen. Wenn wir die *Terra Australis Incognita* entdecken, werden wir nicht nur reich sein, sondern auch in die Weltgeschichte eingehen!«

»Du vielleicht, ich bestimmt nicht«, sagte Chris Mitchell trocken.

Francis Drake sah ihn scharf an und eine steile Falte bildete sich auf seiner Stirn. »Was willst du damit sagen?«, fragte er misstrauisch.

»Dass wir uns besser um die aktuellen Probleme kümmern sollten als um unseren Nachruhm«, antwortete Chris Mitchell gelassen. »Ich knöpfe mir also Doughty vor.«

Das war leichter gesagt als getan. Thomas Doughty war

nicht auf den Kopf gefallen. Sein Versuch, ein Mitspracherecht der Höflinge durchzusetzen, war gescheitert und hatte Francis Drake natürlich hellhörig gemacht. Dennoch gab er die Sache nicht verloren. Es war auf englischen Schiffen allgemein üblich, dass die Reisebegleiter von Rang ein gewichtiges Wort mitzureden hatten. Darauf wollte er auf keinen Fall verzichten.

Thomas Doughty war jedoch schlau genug, um Situationen richtig einzuschätzen und zu erkennen, dass er im Augenblick nichts auszurichten vermochte. Die Reise verlief ganz nach Plan. Die Winde waren günstig und ein paar Prisen hatten sie auch schon gemacht. Die Männer auf den Schiffen waren zufrieden und hatten kein Ohr für seine Argumente. Er beschloss also, fürs Erste abzuwarten.

28

Auf der Höhe der Kapverdischen Inseln kreuzte ein portugiesisches Kauffahrteischiff den Kurs der englischen Flotte. Die Karavelle setzte sofort alle Segel und versuchte zu fliehen. Durch ein geschicktes Manöver brachte Francis Drake die *Pelican* jedoch in Luv des Portugiesen und nahm ihm den Wind aus den Segeln.

Inzwischen waren alle Mann auf Gefechtsstation. Die Stückpforten der vierzehn schweren Kanonen unter Deck waren aufgeklappt, die Geschütze ausgefahren und feuerbereit. Waffen wurden an die Mannschaft ausgeteilt. Die portugiesische Karavelle sah nach einer fetten Prise aus.

»Schuss vor den Bug!«, befahl Francis Drake.

Die kleine Kanone im Bug der *Pelican* brüllte auf. Pulverrauch wehte über das Deck. Die Geschützbedienung hatte gut gezielt. Die Kugel klatschte eine Kabellänge vor dem Portugiesen ins Meer. Eine Wasserfontäne spritzte vor dem Bug hoch. Mit diesem Warnschuss wurde der Portugiese aufgefordert, auf der Stelle beizudrehen. Doch noch zögerte der fremde Kapitän.

»Er ziert sich noch«, spottete Chris Mitchell. »Dabei hat er nicht die geringste Chance, uns abzuhängen.«

»Macht ihm Feuer unter dem Hintern!«, rief Francis Drake und gab den Befehl, eine ganze Breitseite auf die portugiesische Karavelle abzufeuern. »Zielt auf Masten und Segel!«

Sekunden später erzitterte das Schiff, als die Kanonen an Backbord wie ein gewaltiger Schuss krachten. Die Kettenkugeln fetzten das schwere Segeltuch des Portugiesen wie dünnes Papier auf, durchtrennten einen Teil der Steuerbordtakelage und rissen mehrere Rahen von den Masten.

Der Kapitän der Karavelle gab nun auf und drehte das Schiff mit wild schlagenden Segeln in den Wind. *Santa Maria* hieß der Kauffahrer.

Mit einem Prisenkommando ging Francis Drake an Bord des Schiffes und versicherte dem Kapitän und der verängstigten Mannschaft, dass niemand etwas zu befürchten habe, wenn sie täten, was man von ihnen verlangte.

Das Aufbringen der *Santa Maria* hatte sich gelohnt. Das Schiff hatte wertvolle Fracht geladen: hervorragende Portweine, Woll- und Leinentücher sowie Seide und Samt. Das Kostbarste an Bord der *Santa Maria* war jedoch ein schmächtiger, schnurrbärtiger Mann namens Nuña da Silva. Er war einer jener erfahrenen Lotsen, die sich an der Küste Brasiliens und im Südmeer auskannten. Francis Drake ließ ihn hinüber auf die *Pelican* bringen, und es gelang ihm, den Portugiesen als Lotsen zu gewinnen.

Als es nun darum ging, wer auf der *Santa Maria* das

Kommando führen sollte, schlug Chris Mitchell Thomas Doughty vor. »Da drüben kann er wenigstens kaum Schaden anrichten.«

Francis Drake lächelte kühl. »Du hast mich überzeugt. Doughty soll ruhig glauben, er stünde wieder in meiner Gunst. Vielleicht kann ich ihn auf diese Weise leichter überführen.«

Thomas Doughty nahm das Kommando auch mit unverhohlener Befriedigung und war fest davon überzeugt, Francis Drake zum Einlenken gezwungen zu haben. Endlich hatte der Generalkapitän, wie Francis Drake von seinen Männern genannt wurde, die besondere Stellung der Reisebegleiter akzeptiert und entsprechend zu würdigen gewusst.

Doch schon nach wenigen Tagen gab es Ärger. Ein Teil der Männer, die als Prisenkommando mit Thomas Doughty auf der *Santa Maria* weilten, beschwerten sich, dass der Höfling wertvolle Schmuckstücke, die er den Portugiesen abgenommen hatte, unterschlage.

»Ich werde dem sofort nachgehen!«, versprach Francis Drake und begab sich auf die *Santa Maria*. Thomas Doughty protestierte heftig, als man seine Kajüte gründlichst durchsuchte. Das Ergebnis allerdings war recht mager. Man fand nur ein paar Münzen fremdländischer Währung, einen kleinen Diamantring und mit Goldfäden durchwirkte Schuhe.

Francis Drake genügte das. Er enthob Thomas Doughty auf der Stelle seines Amtes. Und als der Höfling seine Wut an den Seeleuten auf der *Pelican* auslieft, machte Drake kurzen Prozess mit ihm: Er verbannte ihn auf den Schnellsegler *Swan*. Bei Kapitän John Chester wusste er ihn gut aufgehoben.

Nachdem sich die Flotte auf den Kapverdischen Inseln

verproviantiert und mit Wasser versorgt hatte, nahm sie am 2. Februar des Jahres 1578 Kurs auf Brasilien.

Es wurde eine schrecklich lange Überfahrt. Dreiundsechzig Tage vergingen, ohne dass sie Land sichteten. Widrige Winde, Stürme, aber vor allem die Kalmen, Regionen der Windstille, machten die Mannschaft gereizt. Es gab nichts zu tun. Die Männer lungerten an Deck herum und gerieten wegen lächerlicher Kleinigkeiten miteinander in Streit.

Hier und da wurden sogar Stimmen laut, die sich über das wahre Ziel der Reise beklagten. Die unerträgliche Schwüle, die kein noch so schwacher Lufthauch milderte, trug auch nicht dazu bei, die Stimmung zu bessern. Das Wasser in den Fässern wurde brackig und schmeckte widerlich.

»Zur Hölle mit dem Spanierpack!«, fluchten die Matrosen, und selbst die Aussicht auf reiche Beute vermochte sie nicht aufzumuntern. Die Atmosphäre war explosiv und eine Meuterei lag in der Luft. Und diesmal hatte Thomas Doughty noch nicht einmal seine Finger im Spiel. Er registrierte den Umschwung der Stimmung mit Genugtuung und wartete den besten Zeitpunkt ab, um das Kommando an sich zu reißen.

Francis Drake tat, was in seiner Macht stand, um die Männer zu beschwichtigen. Es erschreckte ihn jedoch, wie wenig ansprechbar sie waren. Die schlapp an den Rahen hängenden Segel schienen ihnen bis auf wenige Ausnahmen Zuversicht und Vertrauen zu nehmen. Der Mangel an Wasser wirkte sich von Tag zu Tag bedenklicher aus. Kein Regen linderte den Durst der Männer. Es sah schlecht für Francis Drakes Expedition aus.

Als die Situation jedoch auf ihren kritischen Höhepunkt zusteuerte, füllte ein leichter Wind wieder die Segel der Schiffe. Und fürs Erste waren die Gedanken an Meuterei vergessen. Die Männer waren beschäftigt. Die Schiffe machten Fahrt und die Küste kam näher.

Am 6. April 1578 sichteten sie Land.

Brasilien!

Francis Drake hielt sofort Ausschau nach einem geeigneten Hafen, doch die Küste war zu zerklüftet und felsig und ließ eine Landung nicht zu. So segelte er weiter nach Süden. Ein heftiger Sturm mit starkem Niederschlag brachte Trinkwasser für die Matrosen. Das Stimmungstief war überwunden und keine zwei Wochen später erreichten sie die Mündung des Rio de la Plata. Francis Drake segelte mehrere Meilen flussaufwärts und ankerte schließlich vor einer Felseninsel, die nicht weit vom Festland lag und den Schiffen einen idealen Hafen bot. Sie fanden genügend Quellwasser und zahlreiche Robben, die ein vorzügliches Fleisch hergaben und eine willkommene Bereicherung des Küchenzettels darstellten.

Ende April gab Francis Drake den Befehl zum Auslaufen. Das nächste Ziel war Patagonien, der südliche Teil des Kontinents, der bis an die Magellanstraße reichte, eine raue, unwirtliche Gegend voller Gefahren.

Am 20. Juni erreichten sie die Bucht von Port Saint Julian.

29

Hier war schon Magellan vor über fünfzig Jahren auf seiner ersten Reise um die Welt vor Anker gegangen. Eine blutige Geschichte verband sich mit diesem Ort: Hier hatten einige von Magellans Leuten gemeutert. Magellan hatte kurzen Prozess gemacht, einen Galgen aus Fichtenholz errichten lassen und den Rädelsführer aufgehängt.

Francis Drake ließ das Beiboot längsseits fieren, weil er mit einer Hand voll Männer die Bucht von Port Saint Julian nach einer geeigneten Stelle für die Frischwasserübernahme absuchen wollte. Außerdem gab es Anzeichen dafür, dass Eingeborene hier lebten.

»Sind genügend Geschenke für die Eingeborenen im Boot?«, erkundigte sich Francis Drake beim Bootsmann und trat ans Schanzkleid. Er trug einen leichten Brustpanzer, eine Muskete mit Pulverhorn und Kugeltasche sowie sein Schwert. Die sieben Männer, die ihn begleiten würden, waren zusätzlich noch mit Pfeil und Bogen bewaffnet. Sie mussten auf alles vorbereitet sein. Man wusste niemals, wie die Heiden auf ihr Kommen reagieren würden.

»Aye, aye, Sir«, antwortete der Bootsmann. »Glasperlen, Messer, Glocken und jede Menge bunte Bänder liegen achtern in der Truhe.«

Chris Mitchell trat auf Drake zu. »Soll ich nicht besser doch mitkommen?«, fragte er leise.

Drake verneinte. »Du bleibst an Bord und vertrittst mich. Du bist hier wichtiger.«

»Wie du meinst.«

»Worauf warten wir noch?«, rief Francis Drake und schwang sich über das Schanzkleid. Er setzte sich achtern ins Boot und ergriff die Pinne. Das Boot schwankte stark, als die sieben anderen Männer zustiegen. Metall klirrte gegen Metall. Greg Oliver, der bullige Geschützmeister der *Pelican*, warf die Leine am Bug los.

»Wir nehmen Kurs auf das südliche Ufer«, sagte Francis Drake, als die Männer sich in die Riemen legten und das Boot geschmeidig durch das Wasser glitt.

»Aye, aye, Sir.«

Thomas Hood, ein hoch aufgeschossener Mann mit einem pockennarbigen Gesicht, blickte suchend zum Ufer hinüber. Ein merkwürdiger Ausdruck lag auf seinem Gesicht. »Ob von Magellans Galgen noch was übrig ist?«, fragte er mit rauer Stimme.

»Wir werden sehen«, antwortete Drake. Die Meuterei war für ihn kein geeigneter Gesprächsstoff. Er lenkte die Gedanken seiner Begleiter deshalb geschickt auf andere Dinge.

Die Bucht von Port Saint Julian wurde von eindrucksvollen Bergketten gesäumt. Im Süden ragten hohe, spitze Felsen in den Himmel, die wie steinerne Türme aussahen. Ein dichter Baum- und Buschbestand überzog den Küstenstreifen. Und mehrere kleinere Inseln, die zwischen den Ufern lagen, boten günstige Ankerplätze.

Francis Drake steuerte das Beiboot an eine Stelle des Ufers, die darauf schließen ließ, dass sich in unmittelbarer Nähe eine Quelle befand. Das Land stieg hier wie in Wellen an und trug eine üppige Vegetation.

»Kapitän!«, rief Greg Oliver, der Geschützmeister, warnend, als sie aus dem Boot sprangen und es mit vereinten Kräften ein Stück auf den Ufersand hochzogen.

»Heiden!«, stieß Thomas Hood im gleichen Augenblick hervor und griff nach seinem Bogen.

»Keine hektischen Bewegungen!«, warnte Francis Drake. »Wir dürfen sie nicht verschrecken. Und immer schön lächeln, das verstehen sie.«

Zwei Eingeborene waren aus einem Gebüsch getreten und starrten die Engländer verängstigt und zugleich voller Neugierde an. Sie waren bis auf den ledernen Lendenschurz nackt und überragten Drake und seine Leute mindestens um Haupteslänge. Ihr Haar hatten sie mithilfe von Federn hochgesteckt. Ihre muskulösen, dunkelhäutigen Körper hatten sie mit einer dicken Schicht weißer und schwarzer Farbe bemalt. Bewaffnet waren sie mit Pfeil und Bogen.

Zum Zeichen der Freundschaft und Friedfertigkeit lächelte Francis Drake. Und demonstrativ streckte er die leeren, waffenlosen Hände aus, die Handflächen nach außen gekehrt. Gleichzeitig redete er mit ruhiger, betont freundlicher Stimme auf sie ein, doch näher zu kommen. Er hoffte, dass sie seinen Tonfall richtig deuteten, auch wenn sie seine Sprache nicht verstanden.

Francis Drake hatte auch wirklich Erfolg.

Die Neugierde gewann bei den beiden Eingeborenen die Oberhand. Sie kamen näher, anfangs nur sehr zögernd. Doch dann fassten sie Vertrauen, erwiderten das Lächeln und redeten nun in einer unverständlichen, sehr gutturalen Sprache auf die Engländer ein und betasteten bewundernd die Bogen der Männer. Was die Musketen darstellen sollten, konnten sie sich nicht vorstellen. Auf jeden Fall betrachteten sie diese nicht als Waffen.

Greg Oliver, der Geschützmeister, blickte Francis Drake spöttisch an. »Soll ich ihnen einmal zeigen, was wir zu leisten vermögen?« Er war ein Meister im Bogenschießen und so treffsicher wie kein anderer.

»Tun Sie das«, antwortete Francis Drake, der von dieser Idee recht angetan war. »Es kann nicht schaden, wenn die Heiden Respekt bekommen. Eine kleine Demonstration unserer Stärke wird dafür sorgen, dass sie erst gar nicht auf irgendwelche dummen Gedanken kommen. Zeigen Sie, was Sie können, Oliver!«

»Nichts lieber als das, Kapitän!«, versicherte Greg Oliver mit einem versteckten Lächeln und zog einen jener extra in England gefertigten Pfeile aus dem Köcher.

Die beiden Eingeborenen traten unwillkürlich einen Schritt zurück und griffen ihrerseits zu den Waffen. Greg Oliver erklärte ihnen jedoch mithilfe ausdrucksstarker Gesten, dass er ihnen nur seine Schießkünste zeigen wollte.

Die Gesichter der Eingeborenen hellten sich wieder auf und sie nickten begeistert.

»Da!... Der Baum!... Mein Ziel!«, sagte der Geschützmeister zu den Eingeborenen und machte ihnen klar, dass er den etwa dreißig Meter entfernten, kleinen Baum treffen wollte. Dann legte er den Pfeil auf die Sehne, spannte den Bogen mit kräftigem Zug und ging kurz ins Ziel. Mit einem hellen Sirren schoss der Pfeil im nächsten Moment von der Sehne – und blieb mit zitterndem Schaft genau in der Mitte des Baumstammes stecken.

»Ein vortrefflicher Schuss!«, lobte Francis Drake beeindruckt.

Auch die Eingeborenen waren von dem Schuss recht angetan, ohne jedoch begeistert zu sein. Sie legten nun gleichfalls einen Pfeil auf die Sehne und schossen. Ihre Pfeile schwirrten weit am Baum vorbei und bohrten sich in einer Entfernung von rund fünfzig Metern in den Ufersand. Greg Oliver verstand im Augenblick nicht, was die Eingeborenen damit beweisen wollten. Doch Francis Drake hatte begriffen.

»Es geht ihnen ums Weitschießen.«

»Ach, so ist das«, lachte Greg Oliver und warf den beiden Eingeborenen einen belustigten Blick zu. »Ihr glaubt, den Wettkampf schon gewonnen zu haben, was?«

Die Eingeborenen verstanden ihn zwar nicht, grinsten ihn aber an, als wollten sie seine Vermutung bestätigen. Sie klopften stolz auf ihre Bogen und Pfeile.

»Euch wird das Grinsen schon vergehen«, sagte Greg Oliver freundlich. »Macht die Augen hübsch weit auf, damit ihr auch alles gut mitbekommt.«

Er legte einen zweiten Pfeil auf die Sehne und zog ab. Der Pfeil schien sich in den grau verhangenen Himmel bohren zu wollen, dann erreichte er den höchsten Punkt seiner Flugbahn und stürzte zur Erde zurück. Dabei beschrieb er einen gewaltigen Bogen. Mehr als dreißig Meter hinter den Pfeilen der Eingeborenen blieb er im Boden stecken.

Fassungslos hatten die beiden die Flugbahn verfolgt. Jetzt waren sie beeindruckt. Sie bestanden darauf, dass Greg Oliver noch zwei weitere Pfeile abschoss. Vermutlich wollten sie sichergehen, dass es kein Zufall gewesen war. Dann ließen sie es jedoch an Bewunderung nicht fehlen.

»Das haben Sie ausgezeichnet gemacht, Oliver«, sagte Francis Drake zufrieden, als er sah, wie unbekümmert die hoch gewachsenen Eingeborenen wurden. Er wandte sich an Thomas Hood. »Holen Sie die Truhe mit den Geschenken aus dem Boot.«

Die bunten Bänder, die Glasperlen und vor allem die Messer verfehlten ihre erhoffte Wirkung nicht. Fasziniert hielten sie die Glasperlen vor ihr Gesicht und betasteten den Stoff der Bänder.

Francis Drake war schon überzeugt, von diesen Heiden nichts befürchten zu müssen, als plötzlich ein dritter Eingeborener zwischen den dicht stehenden Büschen hervortrat. Mit wütenden Gebärden kam er näher. Es schien ihm gar nicht zu gefallen, dass seine Stammesgenossen so vertraut mit den fremden Männern umgingen. Mit düsterer Miene musterte er Francis Drake und seine Begleiter. Dann fuhr er die beiden Eingeborenen an, die sich mit einem Redeschwall verteidigten und die Geschenke vorwiesen. Zum Schluss deuteten sie dann auf Greg Oliver und seinen Bogen.

Francis Drake reichte dem dritten Eingeborenen ebenfalls Geschenke. Doch er weigerte sich, sie anzunehmen. Schließlich riss er Francis Drake das Messer aus der Hand und blickte unschlüssig auf die funkelnde Klinge.

»Dieser Kerl gefällt mir ganz und gar nicht«, knurrte Thomas Hood und legte vorsichtshalber seine rechte Hand auf das Griffstück seiner Muskete.

»Es besteht kein Grund zur Aufregung«, erwiderte Francis Drake mit Gelassenheit. »Was können die drei schon gegen uns ausrichten?«

»Vielleicht sollten wir dem neuen Heiden auch eine Kostprobe von der Reichweite unserer Bogen geben?«, schlug Robert Winter vor, ein ebenso guter Schmied wie Bogenschütze. Und als Francis Drake nichts dagegen einzuwenden hatte, legte er einen Pfeil auf die Sehne.

Er spannte den Bogen – und plötzlich riss die Sehne mit einem hellen, peitschenden Ton. Der Pfeil fiel dem Schmied vor die Füße.

Einen Augenblick lang herrschte betroffenes Schweigen.

»Zum Teufel!«, fluchte Robert Winter dann.

Völlig verwirrt und verunsichert, was sie nun von den Waffen der fremden Männer halten sollten, blickten die Eingeborenen auf den Bogen. Dieser unglückliche Zufall hatte die abschreckende Wirkung dieser Waffe und ihre angebliche Überlegenheit zunichte gemacht. Wie konnte man vor einem Bogen Respekt haben, der schon beim ersten Versuch so kläglich versagte.

Der Eingeborene, der zuletzt gekommen war, begann nun wieder, eifrig auf seine Stammesgenossen einzureden. Sein Gesicht drückte unverhohlene Geringschätzung aus.

»Hölle und Verdammnis!«, stieß Robert Winter zwischen den Zähnen hervor. »Wieso musste das ausgerechnet jetzt passieren. Dabei habe ich die Sehne bestimmt nicht überspannt.«

»Das ist eben Pech«, sagte Francis Drake. »Machen Sie sich keine Vorwürfe.«

»Ich glaube, wir sollten besser zum Boot zurückkehren,

Kapitän«, murmelte Greg Oliver. »Dieser dritte Eingeborene macht einen reichlich unangenehmen Eindruck. Und wenn mich nicht alles täuscht, hat er in seinem Stamm einiges zu sagen.«

Francis Drake nickte. »Ich glaube zwar nicht, dass wir Ärger mit diesen Heiden bekommen werden, aber es ist vielleicht wirklich besser, wenn wir uns zurückziehen. Es darf jedoch nicht wie ein überstürzter Rückzug oder gar wie eine Flucht aussehen.«

Bis zu der Stelle, wo ihr Boot auf dem steinigen Ufersand lag, waren es nicht mehr als dreißig Meter. Doch kaum hatten sich die Engländer mit betont freundlichen Gesten verabschiedet und den Heiden den Rücken gekehrt, als der dritte, ihnen feindlich gesinnte Eingeborene blitzschnell einen Pfeil auf die Sehne seines Bogens legte. Während er den Bogen spannte und den Pfeil abschoss, stieß er einen markerschütternden Schrei aus, der weithin zu hören war.

Robert Winter spürte einen heftigen Schlag gegen seine rechte Schulter, als der Pfeil ihn unterhalb des Schulterblattes traf und ihn nach vorn taumeln ließ.

»Ich hab's doch gewusst!«, stieß Greg Oliver wutentbrannt hervor. »Diese hinterhältigen Kerle greifen uns an!«

»Sie schneiden uns den Weg ab!«, schrie Thomas Hood entsetzt, als mindestens zehn Eingeborene rechts von ihnen auftauchten und sie unter Beschuss nahmen.

Einen Augenblick herrschte Verwirrung unter den Männern.

Robert Winter verwünschte in diesem Moment seinen Leichtsinn. Weil der Brustpanzer so schwer und lästig war, hatte er ihn nicht angelegt und auch auf den Schild verzichtet. Und das wurde ihm zum Verhängnis. Als er sich nämlich umwandte, um dem Gegner ins Auge sehen zu können, schoss der Eingeborene, der das Zeichen zum Angriff gegeben hatte, seinen zweiten Pfeil auf ihn ab.

Der Rohrpfeil mit der Feuersteinspitze traf den Schmied genau in die Brust und durchbohrte die Lunge. Mit einem gellenden Schrei ging Robert Winter in die Knie. Mit beiden Händen umklammerte er den Schaft des Pfeiles, der aus seiner Brust ragte.

»Nicht in Deckung gehen!«, brüllte Francis Drake, als er sah, dass seine Männer es mit der Angst zu tun bekamen und sich hinter niedrigen Felsen zu Boden werfen wollten, die jedoch kaum Schutz boten.

»Schützt euch mit den Schilden und zerbrecht so viele Pfeile wie nur irgendwie möglich!«, befahl Francis Drake mit kühler Stimme, die keinen Widerspruch duldete. »Wenn sie erst ihre Pfeile verschossen haben, sind sie uns auf Gnade oder Ungnade ausgeliefert. Dann gehen wir zum Gegenangriff über!«

»Der Kapitän hat Recht!«, schrie Greg Oliver. »Vorwärts, Männer!« Er zog seine leichte Muskete aus dem Waffengürtel und spannte den Hahn. Doch das Pulver wollte nicht zünden. »Verdammtes Ding!«, fluchte er, während er an Francis Drakes Seite den Uferhang hochstürmte.

Der Geschützmeister wollte gerade zum zweiten Mal versuchen, die Muskete abzufeuern, als er von drei Pfeilen gleichzeitig getroffen wurde. Die Wucht der Geschosse warf ihn nach hinten. Mit einem röchelnden Laut stürzte er zu Boden. Er war auf der Stelle tot.

Nun stieg die Wut in Francis Drake auf. Ohne lange zu überlegen, beugte er sich zu dem toten Geschützmeister hinunter und nahm die Muskete an sich. Noch im Knien richtete er die Waffe auf den Eingeborenen, der für dieses Blutvergießen verantwortlich war.

»Fahr zur Hölle!«, zischte Francis Drake und drückte ab. Diesmal zündete das Pulver und die Muskete krachte. Die Waffe war mit einer Kugel und mit Schrot geladen gewesen. Diese Geschosse trafen den Eingeborenen voll und waren von verheerender Wirkung. Vor grässlichen Schmerzen brüllend, wälzte er sich im Gras und presste seine Hände vor seinen aufgefetzten Leib.

Waren die Eingeborenen durch den beherzten Gegenangriff der Engländer verunsichert worden, so nahm der ihnen unerklärliche Tod ihres Anführers ihnen jeglichen Mut. Sie wichen zurück.

Thomas Hood hatte sich an die Spitze der Kämpfer gesetzt. Er schützte seine linke Brusttasche mit einem Schild und schwang mit der rechten Hand das schwere Schwert. Wie ein Rachegott drang er auf die Heiden ein und sein Schwert war blutverschmiert.

Die Eingeborenen gaben nun jeglichen Widerstand auf und flüchteten in die Büsche. Thomas Hood wäre ihnen auch dort noch gefolgt, wenn Francis Drake ihn nicht zurückgehalten hätte.

»Robert Winter ist wichtiger als die verdammten Heiden!«, schrie Francis Drake ihn an und deutete auf den schwer verwundeten Schmied. »Wir müssen ihn unverzüglich auf das Schiff bringen, damit er ärztlich versorgt werden kann!«

Außer Robert Winter hatten noch drei weitere Männer Verletzungen davongetragen, doch handelte es sich bei ihnen nur um ungefährliche Wunden.

»Und was geschieht mit Greg Oliver?«, fragte Thomas Hood und blickte zu der Stelle hinüber, wo die Leiche des Geschützmeisters lag.

»Die Lebenden haben Vorrang«, sagte Francis Drake nüchtern. »Es dämmert schon. In wenigen Minuten bricht die Nacht herein. Obwohl ich nicht glaube, dass die Eingeborenen noch einen Angriff wagen werden, kann ich es doch nicht ausschließen. Wir holen den Leichnam morgen bei Tagesanbruch. Gott sei seiner Seele gnädig!«

Sie schoben das Boot ins Wasser und griffen zu den Riemen. Eine unheilvolle Stille senkte sich über die Bucht. Nur das leise Plätschern der Riemen war zu hören. Es wurde schnell dunkel und das Ufer verschwamm mit der hereinbrechenden Nacht. Die Lichter auf den Schiffen wiesen den niedergeschlagenen Männern den Weg.

30

Kurz nach Sonnenaufgang kehrte Francis Drake mit einem gut ausgerüsteten Boot und schwer bewaffneten Männern zum Ufer zurück, wo am Tag zuvor der Kampf stattgefunden hatte. Der Leichnam des Geschützmeisters lag noch an derselben Stelle, wo Greg Oliver tödlich getroffen zu Boden gestürzt war. Die Eingeborenen waren nachts an die Stätte ihres heimtückischen Überfalls zurückgekehrt. Sie hatten dem Toten die Kleidung abgenommen und ihm einen Pfeil durch das rechte Auge gebohrt.

Obwohl Francis Drake nichts unversucht ließ, gelang es nicht, Robert Winter zu retten. Er starb am zweiten Tag nach dem Kampf an seiner schweren Brustverletzung. Greg Oliver und Robert Winter wurden zusammen in ein Grab gelegt und mit allen Ehren bestattet.

Nach der Beerdigung, die auf der flachen Insel stattfand, vor der die Schiffe ankerten, zog sich Drake mit Mitchell in die Achterkajüte des Flaggschiffes zurück.

»Die Stimmung unter den Männern gefällt mir nicht«, sagte er, als sie beide allein waren.

»Ja, Port Saint Julian ist kein Ort, der die Seelen der Matrosen beflügelt.«

»Du meinst damit die Geschichte mit Magellan und der Hinrichtung?«

»Ja.«

»Zum Teufel mit Magellan, unsere Schiffe müssen dringend überholt werden. Wir mussten einfach hier ankern.«

»Das ändert nichts daran, dass die Leute sich ihre Gedanken machen, Francis. Wir haben schon viele Männer verloren. Und dabei sind wir noch nicht einmal in der Magellanstraße.«

Francis Drake starrte mit finsterem Blick vor sich hin. Schließlich brach er sein Schweigen. »Wir bleiben nicht einen Tag länger als unbedingt nötig, Chris. Ich werde dafür sorgen, dass die Männer nie ohne Beschäftigung sind. Sie sollen sich nicht zu Tode schuften, aber doch immer etwas zu tun haben. In der Freizeit kommen sie nur auf dumme Gedanken. Und das müssen wir unbedingt verhindern.«

Chris Mitchell stimmte ihm zu. »Es liegen noch ein paar kritische Wochen vor uns. Sind wir erst einmal im Südmeer, werden die Männer schon zufrieden sein. Dann winken uns allen Ruhm und reiche Beute. Aber bis dahin müssen wir sie bei der Stange halten.«

»Wir dürfen vor allem Thomas Doughty nicht aus den Augen lassen«, schärfte Francis Drake seinem Vertrauten ein. »Er wird bei Höflingen und Matrosen mehr Gehör finden als je zuvor. Er kann uns und unserem Auftrag höchst gefährlich werden. Also behalte ihn im Auge!«

Fast zwei Wochen vergingen, in denen die Schiffe ausgebessert wurden – und Thomas Doughty Stimmung gegen

Francis Drake und das Ziel der Reise machte. Er gewann von Tag zu Tag mehr Einfluss. Aber noch war er weit davon entfernt, die Mehrheit der Seeleute auf seiner Seite zu haben.

Doch die Geschichte vergangener Meutereien hatte gezeigt, dass es oft gar nicht notwendig war, die Mehrheit der Besatzung hinter sich zu haben. Es genügte meist schon, wenn die Meuterer rücksichtslos genug waren und überraschend zuschlugen. Die meisten einfachen Leute unterwarfen sich dann bereitwillig den Befehlen der neuen Anführer.

Das wusste Thomas Doughty nur zu genau.

31

Chris Mitchell wischte sich den Schweiß von der Stirn und stützte sich auf den leicht geschwungenen Holzschaft der Zimmermannsaxt. Er blickte über das Oberdeck der portugiesischen Prise *Santa Maria*. Das Schiff war für die Weiterreise nicht mehr zu gebrauchen gewesen, und deshalb hatte Francis Drake befohlen, die *Santa Maria* abzutakeln und in Stücke zu zerlegen. Die Planken, Balken, Masten und Taue konnten gut für die Instandsetzung der anderen Schiffe verwendet werden.

Doch nun wurde es allmählich Zeit, die Arbeit einzustellen und an Bord der *Pelican* zurückzukehren. Die Sonne war schon hinter den schroffen Bergzügen im Westen verschwunden und tauchte die regenschweren, tief hängenden Wolken in ein fahles rötliches Licht. In diesen Breiten brach die Nacht sehr schnell herein. Und auch wenn sich die Eingeborenen nicht mehr hatten blicken lassen, gebot es doch das Gesetz der Vorsicht, vor der Dunkelheit im Schutz des befestigten Lagers am Ufer der Insel oder auf den Schiffen zu sein.

»Lasst es gut sein, Männer. Morgen ist auch noch ein Tag«, rief Chris Mitchell und schulterte die Zimmermannsaxt.

Als er von Bord gehen wollte, kam der Trompeter John Brewer auf ihn zu. Er machte einen aufgeregten Eindruck und blickte sich verstohlen um.

»Ich muss Sie unbedingt sprechen, Mitchell«, raunte er mit merkwürdig atemloser Stimme.

»Was gibt es denn, John?«

»Nicht hier«, murmelte John Brewer. »Wir müssen ungestört sein.«

»Nehmen wir das Boot da«, schlug Chris Mitchell vor und deutete auf das Ruderboot, das im seichten Wasser dümpelte. »Ich hatte sowieso vor, zur *Pelican* hinüberzurudern. Sind wir in dem Boot ungestört genug?«

John Brewer warf ihm einen leicht unwilligen Blick zu. »Machen Sie sich nicht über mich lustig«, knurrte er und zog das Boot heran. »Ich habe gute Gründe, weshalb ich ungestört mit Ihnen reden möchte. Eigentlich sollten Sie mir dankbar sein!«

»Da muss ich aber erst einmal wissen, um was es sich handelt«, erwiderte Chris Mitchell. Er gab sich gelassener, als er in Wirklichkeit war. John Brewer war nicht der Typ des Aufschneiders und Wichtigtuers. Wenn er so geheimnisvoll tat, steckte auch etwas dahinter.

Sie ruderten das Boot ins tiefe Wasser hinaus. Dreißig Meter vom Ufer entfernt hörte Chris Mitchell auf zu pullen. »So, jetzt sind wir allein, John. Legen Sie los.«

»Sie wissen vermutlich, dass ich dem Proviantmeister ein wenig zur Hand gehe und die Bestandslisten führe«, begann John Brewer umständlich.

»Ich weiß«, sagte Chris Mitchell ungeduldig. »Aber kommen Sie bitte direkt zur Sache. Worum handelt es sich?«

»Um Thomas Doughty!«

»Was ist mit ihm?«

»Ich bin zufällig Zeuge eines Gespräches zwischen ihm und Richard Cook geworden. Und was ich da gehört habe, hat mir ganz und gar nicht gefallen«, berichtete der Trompeter. »Ich stand gerade hinter einem hohen Stapel Kisten, als die beiden das Zelt betraten.«

»Was haben sie miteinander gesprochen?«, fragte Chris Mitchell aufgeregt und dämpfte seine Stimme unwillkürlich, als hätte er Angst, jemand könnte sie belauschen; was hier auf dem Wasser natürlich völlig unmöglich war.

Richard Cook war ein Reisebegleiter wie Thomas Doughty und stammte aus wohlhabendem Haus. Im Gegensatz zu Thomas Doughty hatte Richard Cook es bisher jedoch unterlassen, offen Front gegen Francis Drake und das Ziel dieser Expedition zu machen. Das bedeutete jedoch nicht, dass er Doughtys Intrige abgeneigt gegenüberstand. Er verhielt sich nur diplomatischer und wollte vermutlich abwarten, wer letztlich die Oberhand gewann, um dann nicht auf der Seite der Verlierer zu stehen.

»Thomas Doughty war sehr erregt«, fuhr John Brewer fort. »Er schimpfte über den Kapitän und behauptete, die Expedition sei schon jetzt gescheitert, Francis Drake würde niemals den richtigen Weg durch die Magellanstraße finden, und außerdem sei es politisch mehr als unklug, die Spanier zu diesem Zeitpunkt so zu provozieren.«

»Das ist typisch für Doughty! Und was hat Richard Cook erwidert?«, wollte Chris Mitchell wissen.

»Dass es noch zu früh sei, um von einem Scheitern sprechen zu können«, antwortete John Brewer. »Doughty wollte diese Antwort aber nicht gelten lassen und drang in Cook, klar Stellung gegen Francis Drake zu beziehen.«

»Dieser Hundesohn!«

»Richard Cook zögerte jedoch. Darauf schlug Thomas Doughty vor, das Gespräch heute Nacht fortzusetzen.«

»Wo?«, fragte Chris Mitchell knapp.

»Sie wollen sich auf der Bark treffen.«

»Auf der *Marigold*?«

»Ja. Richard Cook hat an Bord der *Marigold* eine Kajüte. Dort wollen sie alles Weitere besprechen. Ich hatte den Eindruck, dass Thomas Doughty fest entschlossen ist, schon in allernächster Zeit seine Vorstellungen durchzusetzen.«

»Der Entschluss wird ihm nichts nutzen«, knurrte Chris Mitchell und griff wieder zum Riemen. »Kommen Sie, wir müssen unverzüglich Francis Drake von dem geplanten Zusammentreffen unterrichten.«

Zehn Minuten später lag das Ruderboot längsseits der *Pelican*. Chris Mitchell und John Brewer kletterten an der Strickleiter hoch und suchten Francis Drake in seiner geräumigen Achterkajüte auf. Schweigend und mit unbeweglichem Gesicht hörte der sich den Bericht des Trompeters an. Dann blickte Francis Drake zu Chris Mitchell hinüber. »Thomas Doughty liefert sich selbst ans Messer.«

»Es sieht so aus, als plane Doughty eine Verschwörung«, sagte Chris Mitchell. »Vergiss aber nicht, dass wir noch keine Beweise haben.«

»Für mich ist sein Verhalten Beweis genug, Chris!«, rief Francis Drake hasserfüllt, und seine Augen funkelten. »Es ist doch eindeutig, dass er versucht, die Kommandogewalt über diese Expedition an sich zu reißen. Aber auf Meuterei steht die Todesstrafe! Ich werde doch nicht untätig herumsitzen und warten; ich werde ihm zuvorkommen und ihn zur Rechenschaft ziehen.«

32

Dunkelheit lag über der Bucht von Port Saint Julian. Am wolkenverhangenen Nachthimmel waren weder Mond noch Sterne zu erkennen. Ein kühler Wind aus Nordost kam von See her und hatte die Männer unter Deck getrieben. Wasser klatschte gegen die Schiffsrümpfe und gurgelte um die Ankerketten. Das Gelächter der Matrosen drang aus dem Zwischendeck der *Pelican* nach draußen.

Thomas Doughty zog seinen Umhang enger um die Schultern, als er aus dem Niedergang an Deck trat. Er schwang sich an Steuerbord über die Reling und kletterte in das Beiboot hinunter, das ihn zur *Marigold* bringen sollte. Es war nicht ungewöhnlich, dass die Männer sich gegenseitig besuchten. Weshalb sollte er nicht zur *Marigold* hinüberrudern dürfen, wenn er sich in seiner Kabine an Bord der *Pelican* langweilte? Es konnte ja niemand wissen, was er dort mit Richard Cook besprechen wollte.

Er bemerkte die drei Gestalten nicht, die hinter dem Steuerbordschanzkleid auftauchten und ihn nicht aus den Augen ließen, während er zur *Marigold* pullte, die nur eine Viertel Kabellänge vom Flaggschiff entfernt ankerte.

»Liegt das Boot für uns bereit?«, fragte Francis Drake leise, als Thomas Doughty nur noch schemenhaft zu erkennen war.

»Das Boot liegt an Backbord.«

»Gut«, sagte Francis Drake. »Wir warten noch einen Augenblick.«

Francis Drake, Chris Mitchell und John Brewer lauschten angestrengt in die Dunkelheit. Thomas Doughty war kein Seemann und hatte wenig Übung im Pullen. Jedes Mal, wenn er die Riemen ins Wasser eintauchte, gab es ein klatschendes Geräusch. Und wenn er die Riemen durchzog, plätscherte es deutlich. In der Stille der Nacht war das gut zu hören.

Dann hörten sie einen dumpfen Laut.

»Ich glaube, er hat angelegt«, brach John Brewer das Schweigen.

»Dann wollen wir jetzt rüberrudern«, sagte Francis Drake. Er trug an seinem Gürtel Schwert und Dolch. Auch Chris Mitchell und John Brewer waren bewaffnet. Zudem war John Thomas, der Kapitän der *Marigold*, informiert. Er und seine Mannschaft standen vorbehaltlos zu dem wahren Ziel der Expedition. Francis Drake hatte nichts dem Zufall überlassen.

Mitchell und Brewer pullten das kleine Boot zur Bark hinüber und vertäuten es neben dem Boot, mit dem Thomas Doughty herübergekommen war.

John Thomas erwartete sie schon.

»Wo ist Doughty?«, fragte Francis Drake, kaum dass er auf Deck stand.

John Thomas wies zum Achterschiff. »Bei Richard Cook in der Kajüte.«

Sie begaben sich nach achtern. John Thomas ging voraus und blieb schließlich vor einer schmalen Tür stehen.

Francis Drake nickte und lockerte unwillkürlich den Dolch in der Scheide. Gedämpfte Stimmen drangen zu ihnen in den Gang. Wortfetzen waren zu verstehen.

»… es gibt keinen anderen Weg! Er führt uns ins Verderben. Nicht nur uns, sondern auch ganz England. Es ist reinster Wahnwitz, was er plant!«

Kein Zweifel, das war Thomas Doughtys Stimme.

Thomas Doughty hatte sich offensichtlich in Rage geredet, deshalb konnte man ihn einigermaßen gut verstehen. Richard Cook dagegen blieb besonnen und auch gedämpft im Ton. Seine Antwort war im Gang kaum zu verstehen. Francis Drake und Kapitän Thomas schnappten nur gelegentlich Wortfetzen auf.

»... sehr gut überlegen ... immerhin im Auftrag der Königin ... ein erfahrener Kapitän«, hörten sie ihn sagen.

»Ich bin nicht der Einzige, der die Überzeugung vertritt, dass diese Expedition aufgehalten werden muss, bevor sie sich zu einer nationalen Katastrophe entwickelt«, erwiderte Thomas Doughty beschwörend. »Männer, die am königlichen Hofe höchste Ämter bekleiden, halten dies Unternehmen für eine ungeheure Gefahr!«

Offenbar hatte Richard Cook die letzte Behauptung bezweifelt, denn Thomas Doughty versicherte: »Ich gebe dir mein Wort als Gentleman, dass es sich so verhält. Es ist im Sinne Englands, wenn wir uns mit aller Härte gegen Francis Drake und das Ziel seiner Expedition stellen. Du wirst uns doch nicht im Stich lassen, oder?«

Einen Augenblick herrschte Schweigen.

Francis Drake hielt den Atem an. Er hoffte, dass sich Richard Cook auch weiterhin neutral verhielt. Auf diese Weise würde er als Zeuge bei einem Prozess aussagen und Thomas Doughty belasten können.

Wie entschied sich Cook? Seine Worte waren nicht zu verstehen.

»Du musst mich falsch verstanden haben, Richard!«, brauste Thomas Doughty nun auf. »Das ist nicht nur ein Gedanke, sondern ein reiflich überlegter Plan, den ich schon bald in die Tat umsetzen werde. Und niemand wird mich daran hindern können.«

»Das werden wir ja sehen«, murmelte Francis Drake.

»Deshalb rate ich dir«, fuhr Thomas Doughty mit drohendem Unterton fort, »dich aus der Sache herauszuhalten, wenn du schon nicht bereit bist, mich aktiv zu unterstützen.«

»Das reicht«, raunte Francis Drake dem Kapitän der *Marigold* zu. »Haben Sie alles mitbekommen, was Doughty gesagt hat? Ist Ihnen klar, was seine Worte bedeuten?«

John Thomas nickte knapp. »Meuterei.«

»Vergessen Sie das nicht!«, knurrte Francis Drake und stieß die Tür zu Richard Cooks Kajüte mit einer heftigen Bewegung auf. Die beiden Männer fuhren erschrocken herum.

»Sie?«, stieß Richard Cook verständnislos hervor.

»Ich hoffe, ich störe nicht, Gentlemen!«, sagte Francis Drake mit beißendem Spott und deutete eine Verbeugung an. Dabei ließ er Thomas Doughty nicht aus den Augen.

»Was hat das zu bedeuten?«, fragte Thomas Doughty und bemühte sich, sein Erschrecken hinter einer Maske von Arroganz zu verbergen.

»Das wissen Sie sehr wohl, Doughty!«, stieß Francis Drake hervor. »Sie haben den Bogen überzogen und mich schändlichst hintergangen. Aber Sie waren nicht geschickt genug, mein Freund. Das wird Sie den Kopf kosten.«

»Was reden Sie bloß für einen Unsinn!«, empörte sich Thomas Doughty und bemühte sich, die Fassung zu wahren. »Ich verlange auf der Stelle eine Erklärung für Ihr beleidigendes Verhalten! Sie haben es nicht mit irgendeinem Ihrer dreckigen Matrosen zu tun, vergessen Sie das nicht!«

Francis Drake bedachte Thomas Doughty mit einem verächtlichen Blick und verschränkte die Arme vor der Brust. Er war sich seiner Sache nun völlig sicher und kostete seinen Triumph aus.

»Geben Sie sich keine Mühe, Doughty«, sagte er abfällig. »Sie erreichen mit Ihrem scheinheiligen Gewäsch ja doch nichts. Das Spiel ist vorbei. Aus Ihrer Meuterei wird nichts.«

Der Höfling wurde blass und stand einen Augenblick wie erstarrt. Er begriff, dass sein Plan gescheitert war. Unwillkürlich zuckte seine Rechte zum Dolch hinunter. Er wollte die gefährliche Waffe aus der Scheide reißen.

Doch Kapitän Thomas schlug die Hand des Höflings mit einem wuchtigen Hieb zur Seite und entwaffnete ihn, bevor er wusste, wie ihm geschah.

»Chris!«, rief Francis Drake über seine Schulter. »Fessel ihm die Hände und führ ihn ab.«

Thomas Doughty leistete keinen Widerstand. Sein Gesicht wurde aschfahl. Er war intelligent genug, um zu wissen, was ihm bevorstand. Sein Ehrgefühl verbot es ihm, um Gnade zu bitten.

»Kapitän Thomas, Sie sind mir dafür verantwortlich, dass der Gefangene weder die Flucht ergreifen noch selbst Hand an sich legen kann«, sagte Francis Drake mit Nachdruck. »Ich verlasse mich dabei ganz auf Sie.«

»Das können Sie auch«, erwiderte John Thomas und fragte, als Doughty abgeführt worden war: »Was geschieht mit ihm?«

»Ich werde ihm den Prozess machen – hier in Port Saint Julian!«, erklärte Francis Drake mit schneidender Schärfe. »Genauso wie Magellan es getan hat. Doughty wird sich wegen versuchter Meuterei zu verantworten haben und dafür seine gerechte Strafe bekommen!«

33

Der Prozess gegen Thomas Doughty fand zwei Tage später, am 30. Juni 1578, statt. Auf Befehl des Generalkapitäns Drake hatten sich die Mannschaften der Schiffe am Ufer der felsigen Insel versammelt, um der öffentlichen Gerichtsverhandlung beizuwohnen. Die vierzig ranghöchsten Männer der Flotte fungierten bei diesem Prozess als Richter.

Francis Drake ging auf Nummer Sicher und bot nicht weniger als neunundzwanzig Zeugen auf, die Doughty des Verrats und der versuchten Meuterei beschuldigten. Am stärksten wurde er von John Brewer, John Thomas und von einem Schiffszimmermann namens Edward Bright belastet – sowie von Francis Drake selbst.

»Nur ein Gericht Ihrer Königlichen Majestät kann und darf mich zur Rechenschaft ziehen«, protestierte Doughty.

»O nein!«, widersprach Francis Drake heftig. »England ist weit. Und niemand weiß, wie lange wir noch fern der Heimat sein werden. Als Generalkapitän dieser Flotte habe ich das Recht und die Pflicht, in besonders schwerwiegenden Fällen, die eine sofortige Entscheidung verlangen, ein Gericht einzuberufen. Und dies ist ein solcher Fall!«

Als Thomas Doughty erkannte, dass er den Prozess nicht verhindern konnte, bemühte er sich, die Vorwürfe zu entkräften. In vielen Fällen gelang es ihm auch, die Zeugenaussagen als unglaubwürdig darzustellen.

Aber Francis Drake war nicht gewillt, Doughty auch nur die geringste Chance zu geben. Es ging ihm überhaupt nicht darum, Doughty Gerechtigkeit widerfahren zu lassen. Er war entschlossen, sich des gefährlichen Widersachers hier in Port Saint Julian ein für alle Mal zu entledigen. Es nützte auch nichts, wenn Thomas Doughty für den Rest der Reise gefesselt unter Arrest gehalten wurde. Doughty musste sterben.

Francis Drake war ein ausgezeichneter, ja geradezu brillanter Redner, der es verstand, bei Richtern und Mannschaften den Eindruck zu erwecken, Thomas Doughty habe sich schon vor Beginn der Reise mit Lord Burghley gegen ihn, Francis Drake, verschworen.

»Wir alle wissen, dass Lord Burghley ein erklärter Gegner jeglicher Aktionen ist, die sich gegen die Spanier richten!«, wetterte Francis Drake. »Die Königin selbst, die mich mit dieser für England so wichtigen Mission beauftragt hat, wusste schon, weshalb sie auf strengster Geheimhaltung bestand. Lord Burghley durfte nichts von dieser Expedition erfahren. Das war auch Thomas Doughty bekannt. Doch was hat Doughty vor wenigen Augenblicken hier vor dem versammelten Gericht ausgesagt, Gentlemen? Ich habe es noch genau in meinem Ohr!« Francis Drake machte eine dramatische Pause und sagte dann mit erhobener, anklagender Stimme: »Er hat ausgesagt, dass er höchstpersönlich Lord Burghley von Ziel und Zweck dieser Expedition unterrichtet habe – gegen die Order unserer Königin. Allein das ist schon Hochverrat, auf den die Todesstrafe steht!«

Thomas Doughty hatte diese Aussage wirklich gemacht. Und es nützte ihm nun gar nichts mehr, dass er versuchte, die Folgerung, die Francis Drake daraus schloss, für unsinnig zu erklären.

Und Drake zog die Schlinge immer enger. Er ließ den Schiffszimmermann Edward Bright vor das Gericht kommen. Der Zimmermann sagte unter Eid aus, Thomas Doughty schon in Plymouth von Verschwörung habe reden hören.

»Bis zu diesem Tag hatte ich jedoch nicht daran glauben wollen«, beschloss Edward Bright seine Aussage, die Thomas Doughty den Todesstoß versetzte.

Obwohl das Gericht noch mehrere Stunden am Ufer der Insel tagte, war der Prozess zu diesem Zeitpunkt schon entschieden. Schließlich trat die vierzigköpfige Jury zusammen und fällte nach kurzer Beratung das Urteil.

John Winter, Kapitän der *Elizabeth* und Sprecher der Jury, verkündete schließlich das Urteil: »Die Jury erklärt Thomas Doughty in allen Anklagepunkten für schuldig. Im Namen Ihrer Majestät Königin Elisabeth I. von England verurteilen wir den Angeklagten zum Tode durch das Schwert des Scharfrichters!«

Beklemmende Stille folgte dem Urteilsspruch.

Thomas Doughty zuckte nicht einmal mit der Wimper. Der Verlauf des Prozesses hatte ihm jegliche Illusionen genommen und er hatte mit dem Todesurteil gerechnet.

Auch das Gesicht von Francis Drake zeigte nach außen hin keinerlei Gefühlsregung. Nur Chris Mitchell bemerkte das kurze triumphierende Aufblitzen in den Augen des Generalkapitäns. Er hatte sein Ziel erreicht: Sein gefährlichster Widersacher war endgültig ausgeschaltet. Chris Mitchell wurde das bedrückende Gefühl nicht los, dass Francis Drake so manche Zeugenaussage vorher zu seinem eigenen Vorteil erheblich beeinflusst hatte.

Wenngleich Thomas Doughty auch das harte Urteil wie ein echter Gentleman annahm, war sein Überlebenswille doch stark genug, um Francis Drake und die Richterjury um Gnade zu bitten. Er bat, nicht hingerichtet, sondern an der Küste von Peru ausgesetzt zu werden.

Francis Drake schlug ihm das rundweg ab.

Zwei Tage später fand die Hinrichtung statt. Oberhalb der Zelte hoben eine Hand voll Matrosen ein Grab aus und stießen dabei auf einen großen Mühlstein, der in zwei Teile zerbrochen war. Vermutlich stammte er noch aus Magellans Zeiten. Francis Drake ordnete an, den Mühlstein als Grabstein zu verwenden.

Auf Wunsch des zum Tode Verurteilten zelebrierte Francis Fletcher, der Prediger und Pfarrer der Flotte, das heilige Abendmahl vor der Hinrichtung.

Schließlich war es so weit.

Thomas Doughty wurde zur Hinrichtungsstätte geführt. Der schwere Holzblock stand bereit. Und der Scharfrichter wartete mit dem Schwert, dessen Klinge fast so breit war wie die einer Axt.

Thomas Doughty war aschfahl im Gesicht und schluckte schwer, als er das Schwert sah. Er bewahrte jedoch die Fassung. Der Tod, der ihm bevorstand, würde schnell eintreten und war eines Gentlemans würdig. Das Gericht hätte ihn auch zum Tode durch den Strang verurteilen können. Doch um einem solch entehrenden Urteil zuvorzukommen, hatte Thomas Doughty während des Prozesses keinen Hehl daraus gemacht, dass das Hängen an der Rah nur etwas für Seeleute und Hunde war. Zum Glück hatten sich die Richter seiner Meinung angeschlossen.

Francis Fletcher murmelte ein letztes Gebet. Thomas Doughty kniete vor dem Holzblock nieder und entblößte seinen Nacken. Er war plötzlich ganz ruhig.

»Sieh zu, dass du auch gut triffst!«, rief er dem Scharfrichter mit spöttischer Stimme zu. »Ich habe einen kurzen Hals! … Gott schütze die Königin!« In Erwartung des Schlages schloss er die Augen.

Fragend blickte der Scharfrichter zu Francis Drake hinüber. Dieser nickte knapp. Der Scharfrichter packte das Schwert mit beiden Händen, holte weit aus und ließ es auf den entblößten Nacken von Thomas Doughty hinuntersausen. Der Kopf rollte über den Rand des Holzblockes und fiel in den Sand.

Die versammelten Mannschaften, Offiziere und Reisebegleiter starrten wie gelähmt auf den enthaupteten Körper von Thomas Doughty. Es war ein grausiges Bild.

Francis Drake schritt auf den Richtblock zu, beugte sich hinunter und ergriff den blutenden Kopf an den Haaren. Er hielt ihn für alle gut sichtbar in die Höhe und rief mit klarer, warnender Stimme: »So enden Verräter!«

34

Die Hinrichtung des meuternden Höflings verfehlte ihre Wirkung nicht. Francis Drake hatte bewiesen, dass er willens und auch in der Lage war, seine Macht als Generalkapitän zu behaupten. Niemand wagte es von nun an, seine Entscheidungsgewalt anzuzweifeln. Dass er sich mit dieser Hinrichtung auch viele Feinde gemacht hatte, ließ ihn kalt.

»Es ist mir gleichgültig, was sie heute von mir halten«, sagte Francis Drake, als Chris Mitchell ihn daraufhin ansprach. »Der Erfolg wird mir letztlich Recht geben.«

Am 17. August 1578 verließ die Expeditionsflotte, jetzt nur noch aus drei Schiffen bestehend, Port Saint Julian und nahm Kurs auf die Magellanstraße, deren Einfahrt sie drei Tage später erreichte.

Schon aus vier Seemeilen Entfernung konnte man die erschreckend steilen schwarzgrauen Klippen erkennen, die nahe der Einfahrt ins Meer hinausragten. Capo Virgin Maria hatten die Spanier diese vorspringenden Felsen genannt, gegen die die unruhige See donnerte, dass die Gischt hoch in den fahlen Himmel spritzte.

Francis Drake hielt in Sichtweite des Kaps einen Gottesdienst ab und änderte den Namen seines Flaggschiffes im Gedenken an seinen Gönner und Freund, Sir Christopher Hatton, in *Golden Hind* um. Sir Hatton führte in seinem Wappen nämlich eine goldene Hindin, eine Hirschkuh. Dann fuhr die kleine Flotte in die Magellanstraße ein.

Bereits am ersten Tag kam Sturm auf. Das Labyrinth der engen Wasserstraßen brachte die englischen Schiffe mehr als einmal in ernsthafte Gefahr. Mehrmals drohten die Schiffe an den felsigen Ufern der Magellanstraße zu zerschellen. Eisige Winde fegten über die Decks, und so mancher Matrose und Reisebegleiter wünschte sich insgeheim: »Hätte Thomas Doughty doch mit seiner Verschwörung Erfolg gehabt!«

Die Flotte brauchte sechzehn Tage, um durch die hundertfünfzig Seemeilen lange Magellanstraße ins Südmeer zu gelangen. Am 6. September hatten sie es endlich geschafft – vor ihnen lag der Pazifik.

Francis Drake hatte geplant, am pazifischen Ende der Magellanstraße an Land zu gehen und einen Dankgottesdienst abzuhalten, doch das Wetter vereitelte diese Absicht. Die böigen Winde wuchsen zu einem wilden Sturm an, der die Schiffe weit nach Süden trieb. Nach acht Tagen, als der Sturm noch nichts von seiner Heftigkeit verloren hatte, verfinsterte sich zu allem Unglück auch noch der Mond. Die abergläubischen Seeleute nahmen das als böses Omen.

Hilflos waren die drei Schiffe dem grausamen Spiel der Naturkräfte ausgeliefert. Kaum einer wagte noch zu hoffen, diesem tosenden Inferno jemals zu entkommen. Stündlich konnte die aufgepeitschte See sie verschlingen.

»Wir werden immer weiter nach Süden getrieben«, meldete Chris Mitchell mit vor Erschöpfung heiserer Stimme am dreiundzwanzigsten Sturmtag. »Wir sind längst über Feuerland hinaus, Francis. Es ist ein Wunder, dass wir noch nicht auf dem Grund der See liegen. Die Männer sind kaum noch in der Lage, ein Tau zu belegen.«

Eine gewaltige Hecksee leckte am Achterkastell hoch und klatschte gegen die Fenster der Kapitänskajüte, die mit Brettern zugenagelt waren. Dennoch drang Wasser durch die Ritzen. Auf dem Schiff gab es nicht eine trockene Stelle mehr.

Francis Drake wischte sich eine nasse Haarsträhne aus der Stirn. Sein Gesicht war eingefallen und von fahler Blässe. Die Strapazen hatten auch ihn gezeichnet, doch seine Energie und der Glaube an den Erfolg seiner Mission waren ungebrochen.

»Dieser Sturm hat auch sein Gutes«, sagte Francis Drake.

Chris Mitchell sank müde auf die Holzbank. »Ich kann dem Sturm nichts Gutes abgewinnen, Francis«, knurrte er und sehnte sich nach einer trockenen Koje und ein paar Stunden Schlaf.

»Wir wissen jetzt wenigstens, dass die Gelehrten sich geirrt haben«, erklärte Francis Drake und ignorierte das Heulen des Sturms in der Takelage. »Es gibt hier keinen neuen, unbekannten Kontinent. Die *Terra Australis Incognita* können wir vergessen. Hier ist nichts als unendliche Wasserwüste.«

Chris Mitchell betrachtete den Generalkapitän mit halb bewunderndem, halb verständnislosem Ausdruck. »Wir können jeden Augenblick elendig absaufen und du machst dir Gedanken über diesen verdammten Kontinent? Hier geht es um unseren Kopf, Francis!«

»Nicht nur darum«, erwiderte Francis Drake gelassen.

»Der nächste Brecher kann die *Golden Hind* in die Tiefe reißen, aber dich scheint das völlig kalt zu lassen. Manchmal machst du sogar mir Angst. Hast du denn überhaupt keine Gefühle?«

»Alles zu seiner Zeit«, lautete Drakes kühle Antwort.

In derselben Nacht, es war der 30. September, steigerte sich der Sturm zu einem Orkan. Francis Drake harrte auf dem Achterdeck aus, durch eine Leine gesichert. Seine Kleider waren klitschnass, die Haare vom Salzwasser verkrustet.

Die Kommandos des Generalkapitäns gellten über das Deck. Mühsam richtete sich das Schiff nach jedem schweren Brecher wieder auf und ging den nächsten Wellenberg an.

Wenige Stunden vor Einbruch der Dunkelheit war die von John Thomas befehligte Bark *Marigold* an Backbord aus einer grauen Wand von Gischt und Regenschauern aufgetaucht. Jetzt sah man die Bark nur dann und wann einmal als tiefschwarzen Schatten.

In dieser Nacht ereilte die *Marigold* ihr schreckliches Schicksal. Sie hatte schon vor Tagen alle Masten verloren. Und nun zertrümmerte ein gewaltiger Brecher auch noch ihr Ruder. Damit war sie in dieser Hölle verloren. Die Schreie der Besatzungsmitglieder drangen bis zur *Golden Hind* hinüber, als die Bark Schlagseite bekam und ihr Untergang nicht mehr abzuwenden war.

»Können wir ihnen nicht helfen?« Chris Mitchell umklammerte die Backbordreling auf dem Achterdeck und starrte mit zusammengekniffenen Augen zu jener Stelle in der wasserdurchtränkten Dunkelheit, wo die Männer der *Marigold* verzweifelt um ihr Leben kämpften.

»Wir sind noch nicht einmal in der Lage, uns selbst zu helfen, geschweige denn den Männern auf der *Marigold*«, gab Francis Drake zur Antwort. »Die meisten unserer Leute sind schwer erkrankt, und der Rest ist kaum dazu fähig, unser Schiff vor den schlimmsten Schlägen des Orkans zu schützen. Hier ist jeder auf sich gestellt...«

»Gott sei ihrer Seele gnädig«, murmelte Chris Mitchell, als die Schreie verstummten. Die Wogen hatten die Bark für immer verschlungen. Und er fragte sich, wann die *Golden Hind* ihr in das nasse Grab folgen würde. Viel fehlte wahrlich nicht. Sie hatten den Fockmast verloren und einen Anker. Das Schiff leckte zudem derart, dass die wenigen Männer, die noch einigermaßen bei Kräften waren, unermüdlich an den Pumpen standen.

Francis Drake wusste, dass die *Golden Hind* verloren war, wenn die Seeleute die Hoffnung auf Rettung aufgaben und den Kampf gegen die See als sinnlose Anstrengung betrachteten. Deshalb hielt er sich so oft wie möglich oben auf Deck auf und sprach ihnen Mut zu.

»Jeder Sturm nimmt einmal ein Ende! Sollen alle Strapazen und Opfer sinnlos gewesen sein?«, redete er auf sie ein und riss sie aus ihrer gefährlichen Resignation. »Wir haben es bis ins Südmeer geschafft. Unermessliche Schätze liegen vor uns. Wir müssen jetzt nur durchhalten. Wir sind die ersten Engländer, die die Magellanstraße passierten. Wir dürfen nicht aufgeben, denn Gott ist mit uns! Wir haben eine heilige Mission zu erfüllen!«

Nach zweiundfünfzig endlos langen, zermürbenden Tagen flaute der Sturm endlich ab, die windgepeitschten Wogen glätteten sich und der Himmel spannte sich wieder klar und hell über dem Pazifischen Ozean.

»Die Expedition ist gescheitert!... Francis Drake ist tot!... Die *Golden Hind* ist im Orkan mit Mann und Maus untergegangen!... Drake hat einfach zu viel gewagt und alles verloren!«

Diese erschütternde Nachricht brachte Kapitän John

Winter, der das Kommando über die *Elizabeth* geführt hatte, nach England und begrub damit die Hoffnungen und Wünsche zahlreicher Leute, die Geld in das Unternehmen gesteckt hatten. Anfang Oktober verlor John Winter ungefähr auf der Höhe des 57. Breitengrades Francis Drakes Flaggschiff, die *Golden Hind*, aus den Augen. Nachdem sich der Sturm gelegt hatte, trat John Winter die Heimreise an und segelte zurück durch die Magellanstraße. Er erreichte England am 2. Juli des folgenden Jahres. Er berichtete von Thomas Doughtys Hinrichtung und versäumte es dabei selbstverständlich nicht, sich selbst in gutes Licht zu setzen. Wer hätte ihm auch widersprechen können, da außer ihm und der Besatzung der *Elizabeth* scheinbar niemand sonst die Expedition überlebt hatte?

35

John Winter war mit seiner Nachricht ein wenig zu voreilig gewesen. Die *Golden Hind* war nicht gesunken, und Francis Drake fühlte sich wie neugeboren, als sich das Wetter besserte und er endlich Kurs auf die Küste Perus nehmen konnte.

Schon wenige Wochen nach dem entsetzlichen Sturm, es war der 6. Dezember, unternahm Francis Drake mit seinen Leuten den ersten großen Überfall auf eine der spanischen Siedlungen. Ein indianischer Lotse, den die Engländer Tage zuvor an Bord genommen hatten, führte sie in den Hafen Valparaiso.

Unter gerefften Segeln lief die *Golden Hind* im Hafen ein. Eine bauchige spanische Galeone lag in der Bucht vor Anker.

»Irgendwie ist mir unheimlich zumute«, sagte Chris Mitchell, als sie sich dem feindlichen Schiff näherten. »Wir riskieren eine Menge.«

Francis Drake lachte siegesgewiss. »Gar nichts riskieren wir, Chris. Es ist so, als würden wir uns mitten im Palast des spanischen Königs befinden. Die hochnäsigen Spanier sind fest davon überzeugt, dass es keinem Engländer gelingen kann, in das von ihnen beherrschte Südmeer einzudringen. Deshalb haben sie bestimmt nicht die geringsten Sicherheitsvorkehrungen getroffen. Wahrscheinlich werden die Leute die *Golden Hind* für ein spanisches Schiff halten.«

»Und wenn nicht?«

»Unser Schiff ist klar zum Gefecht«, antwortete Francis Drake gelassen, und sein Blick wanderte über das Deck. Die Männer kauerten mit Entermessern, schussbereiten Musketen und Schwertern hinter dem Schanzkleid. Die Geschütze waren geladen und auf die Galeonen gerichtet. Was konnte da schon schief gehen?

»Wenn die Spanier Verdacht schöpften, läge ihr Schiff bestimmt nicht mit nackten Masten und geschlossenen Geschützpforten vor Anker«, fügte Francis Drake hinzu. »Du kannst sicher sein, dass die Burschen dort drüben völlig ahnungslos sind. Bevor sie begriffen haben, wie ihnen geschieht, werden wir die Galeone in unsere Gewalt gebracht haben.«

»Vermutlich hast du mal wieder Recht«, bemerkte Chris Mitchell. »Es will mir nur nicht in den Kopf, dass wir es so leicht haben sollen.«

»Dafür haben wir es die letzten Monate ja auch weiß Gott schwer genug gehabt«, erwiderte Francis Drake und gab den Befehl, die Segel noch mehr zu reffen.

Trommelwirbel drang auf einmal über das Wasser.

Chris Mitchell starrte angestrengt zur spanischen Galeone hinüber und brach dann in schallendes Gelächter aus. »Es ist kaum zu glauben, aber die Spanier begrüßen uns sogar mit Trommelwirbel! Wenn die wüssten ...«

Nur drei Kabellängen trennten die beiden Schiffe. Die *Golden Hind* glitt mit achterlichem Wind auf die spanische Galeone zu. Francis Drake wartete noch einen Augenblick, bevor er den Befehl zum Beidrehen gab. Auf sein Kommando hin legte der Rudergänger das Ruder hart nach Backbord und das Schiff beschrieb eine scharfe Halse. Die Segel killten, als sich die *Golden Hind* in den Wind drehte und sich nun auf gleicher Höhe mit der spanischen Galeone befand. Noch nicht einmal drei Meter lagen zwischen beiden Schiffen.

»Enterkommando vor!«, rief Francis Drake.

Zwei Dutzend Männer sprangen hinter dem Schanzkleid hervor und schleuderten ihre Enterhaken, die sich in der Takelage und hinter der Reling der Galeone verfingen. Kurz darauf krachte die *Golden Hind* gegen die bauchige Galeone, und im gleichen Augenblick sprangen die englischen Freibeuter auf das feindliche Schiff hinüber, das Schwert in der Rechten und eine Muskete in der Linken, bereit, jeglichen Widerstand mit Waffengewalt zu brechen.

Die wenigen Spanier jedoch, die sich auf der Galeone befanden und zur Begrüßung der »Landsleute« auf Deck angetreten waren und sogar einen Krug mit chilenischem Wein bereithielten, dachten überhaupt nicht an Widerstand.

Zuerst hatten sie das schnittige Segelmanöver der *Golden Hind* verständnislos beobachtet und sich gefragt, weshalb das einlaufende Schiff kein Beiboot zu Wasser ließ, um an Bord der Galeone zu kommen. Und dann waren sie vor Entsetzen erstarrt, als die Enterhaken flogen und die bis an die Zähne bewaffneten Männer aus den Wanten der *Golden Hind* auf die Galeone hinübersprangen.

»Engländer!«, schrie einer der Spanier, und seine Stimme überschlug sich.

Der spanische Lotse ließ vor Schreck den Weinkrug fallen. Alle anderen Matrosen flüchteten hinunter in den Laderaum, doch der Lotse blieb an Deck zurück. In einer Reflexbewegung griff er nach seinem Kurzschwert.

Doch in diesem Moment war der Zimmermann Tom Moone schon bei ihm. Er schlug dem Spanier die Faust ins Gesicht und brüllte ihn in der Sprache des Lotsen an: »Nieder mit dir, du Hund!« Zitternd vor Todesangst, sank der Lotse auf die Knie.

»Da versucht jemand zu fliehen!«, schrie Francis Drake, als er eine Gestalt bemerkte, die am Großmast vorbeihuschte und zum Achterkastell hochsprang.

Vier Engländer nahmen sofort die Verfolgung auf, vermochten den Flüchtenden jedoch nicht mehr einzuholen. Beherzt sprang der Spanier über das Schanzkleid und schwamm dem Ufer entgegen.

Francis Drake unterdrückte einen Fluch. »Der Bursche wird die Bevölkerung warnen. Aber wir werden ihnen nicht genug Zeit lassen, um alle Schätze vergraben oder aus der Stadt bringen zu können. Verschließt die Ladeluke!«, befahl er. »Und dann lasst das spanische Beiboot und unser eigenes zu Wasser. Wenn wir uns nur beeilen, gibt es in der Stadt noch genügend wertvolle Beute!«

In Windeseile wurden die beiden Boote zu Wasser gelassen und bemannt. Die Männer trieben die Boote mit schnellem Riemenschlag über die Bucht ans Ufer.

Mit schussbereiten Musketen und blankgezogenen Schwertern stürmte Francis Drake mit zwei Dutzend Männern in die Stadt. Doch schon nach wenigen Minuten war klar, dass die Bewohner in panischer Angst geflohen waren.

»Ich gebe die Stadt zur Plünderung frei!«, verkündete Francis Drake.

Das war ganz nach dem Geschmack der englischen Freibeuter. Monatelang hatten sie auf solch eine Gelegenheit gewartet. Jetzt stürmten sie in die Häuser, schlugen Türen und Fenster mit dem Enterbeil ein und plünderten nach Herzenslust.

Francis Drake stand seinen Männern in nichts nach. Er ließ seinem Hass gegen die katholische Kirche freien Lauf und plünderte die Kapelle der Stadt. Er erbeutete einen silbernen Kelch, zwei silberne Gefäße und eine kostbare Altardecke. Anschließend brach er mit seinen Gefährten ein Lagerhaus auf.

Als Francis Drake nach einigen Stunden wieder auf die gekaperte Galeone zurückkehrte, eilte ihm Chris Mitchell, der auf der Prise zurückgeblieben war, mit einer freudigen Nachricht entgegen.

»Wir haben Gold unten im Laderaum gefunden!«, rief er begeistert.

»Wie viel?«

»Vierhundert Pfund!« Chris Mitchell lachte übermütig und strahlte vor Freude über das ganze Gesicht.

»Das ist ein recht guter Anfang«, sagte Francis Drake gelassen und nur mit dem Anflug eines zufriedenen Lächelns.

»Anfang?« Chris Mitchell verzog das Gesicht, als hätte er auf eine Zitrone gebissen. »Vierhundert Pfund bestes Gold! Das ist ein Vermögen, Francis. Die Barren bringen uns mindestens 40 000 Dukaten. Und dabei haben wir noch nicht einmal einen einzigen Schuss abgeben müssen.«

»Nun beruhige dich, Chris. Du hast ja Recht, wir können

wahrlich zufrieden sein. Aber gegen das, was uns noch an Schätzen auf dieser Seite des Kontinents erwartet, sind diese vierhundert Pfund nicht mehr als ein schäbiges Trinkgeld. Wir werden den Papisten eine Lehre erteilen, die sie nie vergessen werden. Und glaube mir, Valparaiso stellt nur den sehr bescheidenen Anfang dar!«

36

Francis Drakes scheinbar überhebliche Voraussage erfüllte sich wirklich. Auf der Suche nach Trinkwasser gelangten die englischen Freibeuter wenige Wochen nach dem erfolgreichen Überfall auf Valparaiso zu einem Ort namens Tarapaca. Ein Erkundungstrupp, der an Land nach einer Wasserstelle suchen sollte, stieß in Sichtweite der kleinen Ansiedlung auf einen Spanier, der ausgestreckt im Gras lag und schlief.

Es war Tom Moone, der die Silberbarren neben dem Schlafenden entdeckte. »Seht mal da!«, rief er mit gedämpfter Stimme und hob einen der Barren hoch. »Der Kerl muss sich ja verteufelt sicher fühlen, dass er das Silber einfach so unbewacht liegen lässt.«

»Wer sollte es ihm auch stehlen?«, fragte der spindeldürre Jo Rance verschmitzt.

»Wir«, erwiderte Tom Moone mit breitem Grinsen.

»Aber das kann der doch nicht wissen«, sagte Jo Rance und kratzte sich am Hinterkopf. »Was meint ihr, sollen wir ihn aufwecken und uns vorstellen?«

»Weshalb sollen wir seinen gesunden Schlaf verkürzen?«, mischte sich Chris Mitchell ein, dem der Wortwechsel zwischen Tom und Jo Spaß bereitet hatte. »Es wäre ein zum Himmel schreiendes Unrecht. Nehmen wir die Silberbarren an uns und sorgen wir dafür, dass er ruhig weiterschlafen kann.«

Mit dreizehn Silberbarren, die das Gewicht von gut 4000 spanischen Dukaten hatten, zog der Erkundungstrupp weiter. Tage darauf lief ihnen bei einem ähnlichen Landunternehmen ein Spanier in die Arme, der acht schwer beladene Lamas mit sich führte.

»Es ist eines Edelmannes nicht würdig, dass er Lasttiere treibt«, sagte Tom Moone, als der Spanier in lautes Gezeter ausbrach und um Gnade bettelte. »Wir sollten das Problem für ihn lösen, Männer.«

»Richtig, Tom!«, stimmte ihm Jo Rance zu und öffnete einen der Leinensäcke. Er enthielt fünfzig Pfund Feinsilber. Und jedes Lama trug zwei dieser Säcke. Das bedeutete, dass der Spanier mindestens achthundert Pfund Feinsilber aufgeladen hatte. Jo Rance pfiff durch die Zähne. »Herrje, ist das eine Menge Silber. Was muss das für diesen Mann eine schwere Bürde sein!«

»Wir werden ihn davon befreien und nicht einmal Dank dafür erwarten«, verkündete Tom Moone; und die Männer brachen in schallendes Gelächter aus, während der Spanier verzweifelt die Hände rang.

Ohne sich weiter um den Spanier zu kümmern, ergriffen die Engländer die Stricke, die man den Lamas um den Hals gelegt hatte, und trieben die Tiere mit höchster Eile zu jener Stelle, wo die Boote lagen.

Francis Drake war sehr zufrieden, als er von den achthundert Pfund Feinsilber hörte. Er teilte jedoch nicht die Begeisterung der Besatzung.

»Achthundert Pfund sind eine hübsche Beute«, sagte er zu Chris Mitchell, als sie am selben Abend in der Kapitänskajüte zu Abend aßen. »Aber es ist nicht das, was mir vorschwebt, Chris. Dieses Silber ist nicht mehr als ein Tropfen auf den heißen Stein.«

»Immerhin summiert es sich«, gab Chris Mitchell zu bedenken und schenkte Wein nach. Die Vorratskammern der *Golden Hind* waren gefüllt und sie besaßen mehr Wein als Wasser.

Francis Drake machte eine unwillige Handbewegung und stocherte in seinem Essen herum. »Die verfluchten Spanier haben mir und John Hawkins in San Juan de Ulua eine hinterhältige Falle gestellt und ihr Ehrenwort gebrochen. Damals habe ich geschworen, mich für dieses Unrecht zu rächen. Der Überfall auf die Schatzkarawane vor Nombre de Dios war der erste Teil meiner Rache, Chris. Ich bin aber noch längst nicht zufrieden. Ich beabsichtige nicht, mich mit ein paar Brosamen abspeisen zu lassen, und mehr als Brosamen sind diese Silberbarren ja nicht. Ich will Gold, haufenweise Gold, und ich werde es auch bekommen, verlass dich darauf. Wir haben mit unserem Beutezug ja gerade erst angefangen.«

»Vergiss nicht, dass wir hier im Südmeer völlig auf uns gestellt sind«, gab Chris Mitchell zu bedenken. »Noch kann die Nachricht von unserer Ankunft nicht sehr weit gedrungen sein, aber in ein paar Wochen wird sich die gesamte Küste bis hoch nach Panama in höchster Alarmbereitschaft befinden. Man wird uns verfolgen!«

»Bis dahin sind wir schon längst wieder über alle Berge«, erwiderte Francis Drake unbeeindruckt. »Es ist natürlich bedauerlich, dass wir die anderen Schiffe verloren haben. Aber wir schaffen es auch allein.«

»Dein Wort in Gottes Ohr«, seufzte Chris Mitchell, der manchmal das Gefühl hatte, Francis Drake stelle sein Glück zu sehr auf die Probe.

Eine Woche nach diesem Gespräch überraschten die

englischen Freibeuter in dem kleinen Hafen Arica zwei ahnungslos vor Anker liegende Barken.

Die eine Bark erleichterten sie um vierzig Silberbarren, die andere dagegen hatte nichts an Bord, was des Mitnehmens wert gewesen wäre. Einige Seeleute waren deshalb verärgert und steckten das Schiff kurzerhand in Brand.

Auf dem Weg nach Lima fiel den Engländern eine weitere Bark in die Hände. Beute machten sie keine, erhielten dafür aber von einem verängstigten spanischen Matrosen eine wichtige Information.

»Im Hafen von Lima liegen dreißig Schiffe, von denen mehr als die Hälfte voll einsatzbereit ist. Sie werden zurzeit mit Silberbarren und wertvollen Stoffen beladen«, berichtete der Spanier. »Besonders das Schiff von Miguel Angel soll eine besonders wertvolle Ladung an Bord nehmen.«

»Das trifft sich gut«, meinte Francis Drake.

»Du willst dich doch wohl nicht mit der gesamten spanischen Südmeerflotte im Hafen von Lima anlegen?«, fragte Chris Mitchell verblüfft.

»Zu einem Gefecht wird es gar nicht kommen«, versicherte Drake beruhigend.

Der Zimmermann Tom Moone meldete nun auch Bedenken an. »Ich nehme es allein mit einem Dutzend Papisten auf, aber mit einem Schlag dreißig feindliche Schiffe auf dem Hals zu haben, ist eine andere Sache. Wir sollten nicht übermütig werden, auch wenn Gold und Silber noch so sehr locken.«

»Von Übermut kann keine Rede sein«, erklärte Francis Drake. »Wir nutzen nur die Gunst der Stunde, Freunde. Ihr habt selbst erlebt, wie ahnungslos die Spanier in Valparaiso waren. Wir wurden mit Trommelwirbel und Wein begrüßt und das bei strahlendem Sonnenschein. Wenn wir uns bei Einbruch der Dunkelheit in den Hafen von

Lima einschleichen, wird niemand Verdacht schöpfen. Und wenn sie merken, wer sich da unter sie gemischt hat, wird schon alles vorbei sein.«

Thomas Moone blickte den Generalkapitän skeptisch an. »Wir setzen alles auf eine Karte ...«

»Es ist eine Trumpfkarte«, korrigierte ihn Francis Drake mit einem entwaffnenden Lächeln. Er wandte sich dem Rudergänger zu und gab den Befehl: »Wir nehmen Kurs auf Lima!«

37

Schwache Lichter tanzten in der Dunkelheit über dem Wasser. Die Masten der spanischen Schiffe ragten wie schwarze Skelette in den Nachthimmel. Wolkenfelder wurden von einer warmen Nordwestbrise über die Bucht getrieben. Die Häuser am Ufer verschwammen in der Dunkelheit mit den düsteren Berghängen, die sich hinter der Siedlung erhoben.

Es war eine Stunde vor Mitternacht, als Francis Drake den Befehl zum Einlaufen gab. Er befand sich an Bord einer Pinasse, die wendiger und leichter zu manövrieren war als die *Golden Hind.* Er hatte außerdem das große Beiboot mit Bewaffneten bemannen lassen. Dieses Beiboot wurde von Tom Moone kommandiert, während Chris Mitchell an Bord der *Golden Hind* den Generalkapitän vertrat.

Die Pinasse und das Beiboot glitten so leise wie möglich durch das Wasser, gefolgt von der *Golden Hind,* die einen Abstand von nicht ganz zwei Kabellängen hielt.

Francis Drake trug einen leichten Brustpanzer und hatte sein Schwert umgegürtet. Zwei Musketen lagen griffbereit.

Die Männer in der Pinasse und dem Beiboot waren mit Entermessern, Hellebarden und Pfeil und Bogen ausgerüstet. Atemlose Spannung lag über den Booten.

»Geschossen wird nur auf mein Kommando!«, schärfte Francis Drake den Leuten noch einmal ein, als sich die Umrisse der ersten spanischen Galeone vor ihnen aus der Dunkelheit schälten. »Und klirrt nicht mit den Hellebarden und Entermessern!«

Die Freibeuter gaben durch Nicken zu verstehen, dass sie sehr wohl wussten, was auf dem Spiel stand. Und so manch einer hielt den Generalkapitän nun endgültig für größenwahnsinnig und gänzlich übergeschnappt. Das war das reinste Selbstmordkommando, wenn auch nur irgendetwas schief ging. Andererseits war dieses Unternehmen so frech und tollkühn, dass es gerade deshalb Erfolg haben konnte.

Tom Moone fuhr mit dem kleinen Boot voraus. Seine Leute hatten ihre Waffen unter Decken und Leinentüchern versteckt. Als das Beiboot die erste spanische Galeone erreichte, rief Tom Moone einen Matrosen an, der gelangweilt an der Reling stand.

»He, Kamerad, wo liegt das Schiff von Miguel Angel?«, erkundigte er sich, und sein Spanisch war so perfekt, dass nur ein äußerst misstrauischer Spanier Verdacht geschöpft hätte.

»Miguel Angel?«, fragte der spanische Matrose gedehnt zurück und lehnte sich über die Reling. Die englischen Freibeuter fürchteten, der Mann würde jeden Augenblick Alarm schlagen. Vorsichtig tasteten sie nach ihren Waffen. »Was wollt ihr denn um diese späte Stunde noch bei Señor Angel?«

»Zum Feiern ist es nie zu spät, Kamerad«, antwortete Tom Moone mit bewundernswürdiger Kaltblütigkeit. »Also, wo liegt der Kahn?«

»Drüben auf der anderen Seite der Bucht«, gab der Spanier nun bereitwillig Auskunft und deutete auf eine dickbäuchige Galeone. »Direkt neben dem Schiff von Señor Alonso Rodriguez Baptista.«

»Danke!«, rief Tom Moone und beeilte sich, dass er mit dem Boot aus dem Blickfeld des Spaniers kam.

Francis Drake gab der Mannschaft seiner Pinasse Befehl, wieder zu Tom Moone aufzuschließen. Als die beiden Boote auf einer Höhe lagen, hieß Francis Drake Tom Moone, die Ankertaue von allen Schiffen zu kappen, an denen sie jetzt vorbeikämen.

»Die Galeonen und Karavellen werden auf das Ufer zutreiben und nicht in der Lage sein, uns zu verfolgen«, raunte Francis Drake mit gedämpfter Stimme.

Tom Moone lachte leise. »Die Besatzungen werden alle Hände voll zu tun haben, um Kollisionen zu vermeiden. Eine blendende Idee, nicht wahr, Männer?«

Zustimmendes Gemurmel erhob sich und die ungeheure Spannung wich von den Leuten.

Beiboot und Pinasse wurden mithilfe der Riemen vorangetrieben. Tom Moone zog sein breites Entermesser und bedeutete dem Mann achtern an der Ruderpinne, auf die nächste Galeone zuzusteuern.

Augenblicke später hatten die Freibeuter die Ankertaue des ersten Schiffes gekappt. Langsam wurde es auf das Ufer zugetrieben.

»Beeilung jetzt!«, feuerte Francis Drake seine Leute an. »Sowie an Bord der Schiffe Alarm gegeben wird, müssen wir mit starker Gegenwehr rechnen. Zum nächsten Schiff!«

Innerhalb weniger Minuten gelang es den englischen Freibeutern, die Ankertrosse von sieben Schiffen zu kappen, und damit war eine große Gefahr abgewendet. Diese spanischen Schiffe konnten ihnen nicht mehr gefährlich werden.

Francis Drake befand sich mit seiner Pinasse nur noch fünfzig Meter von der angeblich mit Gold und Silber beladenen Galeone des Miguel Angel entfernt, als auf einem der treibenden Schiffe Alarm geschlagen wurde.

Aufgeregte Stimmen schallten über das Wasser. Flüche und Verwünschungen folgten. Männer rannten über die Decks. Kommandos wurden geschrien. Der ganze Hafen geriet in Aufruhr.

»Das hat aber lange gedauert«, bemerkte einer der Männer in der Pinasse hämisch.

»Haltet euch bereit zum Entern!«, rief Francis Drake mit scharfer Stimme.

Vor ihnen wölbte sich der bauchige Schiffsrumpf der Galeone aus dem Wasser. Francis Drake stand vorn am Bug der Pinasse, die kraftvoll durch das Wasser schnitt.

»Jetzt!«

Die Enterhaken flogen hoch in die Dunkelheit, als die Pinasse längsseits ging. Die Freibeuter brauchten nun keine weiteren Befehle mehr, jeder wusste, was er zu tun hatte. Alles war vorher genau besprochen worden. Drei Männer blieben im Boot zurück, alle anderen kletterten an den Strickleitern hoch und schwangen sich über die Reling.

Francis Drake ließ es sich nicht nehmen, als einer der Ersten die Füße auf das Deck des feindlichen Schiffes zu setzen. Es war für ihn jedes Mal aufs Neue ein befriedigendes, ja fast erhebendes Gefühl, an Bord eines feindlichen Schiffes zu gehen – mit dem Schwert in der Hand.

Die Spanier, die sich vorn auf der Back versammelt hatten und darüber rätselten, was der Lärm auf den anderen Schiffen wohl für eine Ursache haben konnte, wurden vom Angriff der Engländer völlig überrascht.

Während Francis Drake mit seinen Männern mittschiffs

an Steuerbord aufenterte, stürmten Tom Moone und seine Leute das Schiff über das Achterkastell.

Panik brach unter den spanischen Matrosen und der Hand voll Soldaten aus, als die Freibeuter von allen Seiten auf sie eindrangen. Kaum einer der Spanier war bewaffnet. Und nur zwei Offiziere leisteten Widerstand. Einer davon griff Francis Drake an, doch dieser schlug ihm mit einem wuchtigen Schwerthieb die Waffe aus der Hand.

»Nieder mit den Waffen!«, brüllte Tom Moone und rammte einem offensichtlich lebensmüden Spanier, der mit einem Dolch auf ihn einstürmte, den Lauf seiner Muskete in den Magen. Er brauchte noch nicht einmal abzudrücken, um ihn außer Gefecht zu setzen. Der Spanier gab einen erstickten Laut von sich, klappte nach vorn zusammen und ging zu Boden. Der Dolch schlitterte über das Deck. Tom Moone stieß ihn mit dem Fuß außer Reichweite.

»Wer Widerstand leistet, ist des Todes!«, rief nun Francis Drake. »Das Schiff ist fest in unserer Hand und Widerstand sinnlos! ... Wer zur Waffe greift, erhält keinen Pardon!«

Zähneknirschend gaben sich die Spanier geschlagen.

Francis Drake ließ das Schiff sofort durchsuchen und verhörte den ranghöchsten Offizier, der sich an Bord befand. Die Enttäuschung war groß, als Drake erfuhr, dass das Gold und Silber noch nicht verladen worden waren. Der Laderaum der Galeone war so leer wie eine hohle Nuss.

In ihrer Wut über diesen Fehlschlag wollten die Freibeuter im ersten Moment das Schiff in Brand setzen und alle Offiziere töten. In Angst um sein Schiff verriet der Erste Offizier, dass die Galeone, die nur eine Kabellänge entfernt ankerte, gerade mit einer kostbaren Ladung aus Panama gekommen war.

»Was hat sie geladen?«, fragte Francis Drake knapp.

»Kostbare kastilische Stoffe!«, antwortete der Offizier hastig.

Drake überlegte nicht lange. »Sperrt die Leute in den Laderaum und dann entern wir das Schiff aus Panama!«

Minuten später sprangen die Freibeuter wieder in die Boote. Inzwischen hatte der Lärm den ganzen Hafen aus seiner Nachtruhe gerissen. Die Spanier wussten nun, dass Feinde in den Hafen eingedrungen waren. An Land sprangen Soldaten fluchend von ihren Bettstellen und hasteten verschlafen aus ihren Quartieren, ohne zu wissen, was sie tun und wo sie Stellung beziehen sollten. Die Offiziere waren genauso verwirrt und ratlos wie alle anderen.

Es herrschte ein heilloses Durcheinander und diese völlige Verwirrung kam den Freibeutern zugute. Feinde waren in der Bucht, doch niemand vermochte zu sagen, wo sie sich denn nun befanden. Die wenigen Informationen, die von Schiff zu Schiff gingen, widersprachen sich zudem noch. Viele Spanier wollten überdies nicht glauben, dass wirklich Engländer in den Hafen eingedrungen waren, so sicher fühlten sie sich an der pazifischen Küste.

»Engländer? ... Unmöglich!«, lautete so manch ein ärgerlicher Kommentar. »Jemand muss einen besonders bösen Albtraum gehabt haben. Nie im Leben werden Engländer das Südmeer befahren!«

Nun, Francis Drake und seine Männer entsprangen zwar keinem Albtraum, hatten aber eine albtraumhafte Wirkung. Als sie sich dem aus Panama kommenden Schiff näherten und von den Spaniern an Deck bemerkt wurden, sprangen viele von ihnen in panischer Angst über Bord. Es blieben jedoch noch genügend Matrosen und Soldaten an Bord zurück, um den Engländern den Überfall zu erschweren.

»Nehmt sie unter Beschuss!«, befahl Francis Drake, als die ersten Schüsse auf sie abgefeuert wurden.

Die Bogen- und Hakenbüchsenschützen zielten auf die Verteidiger und zwangen sie mit einer Salve in Deckung. Das Krachen der Gewehre hallte über die Bucht. Und im nächsten Augenblick brüllten zwei Geschütze auf der *Golden Hind* los. Die Kanonenkugeln fauchten durch die Nacht und klatschten auf der anderen Seite der Galeone ins Wasser, ohne Schaden angerichtet zu haben. Chris Mitchell hatte bewusst danebenschießen lassen, denn er baute auf die demoralisierende Wirkung des Geschützfeuers.

Seine Hoffnung erfüllte sich. Der Pfeilhagel, das Krachen der Hakenbüchsen und das Wummern der schweren Bordgeschütze erweckten bei den Spaniern den Eindruck, von einer feindlichen Flotte umzingelt worden zu sein.

Als die Freibeuter nun aufenterten, zogen sich die Spanier auf das Achterdeck zurück. Sie kämpften nicht mehr um ihr Schiff, sondern bestenfalls noch um ihre Ehre.

Kurz bevor die Spanier kapitulierten, wurde einer der Freibeuter von einer Musketenkugel tödlich in die Brust getroffen. Er wurde nach hinten gerissen, taumelte schreiend gegen die Reling und stürzte auf das Deck. Er war schon tot, als er auf den Planken aufschlug.

Fast erschrocken darüber, wirklich einen Feind niedergestreckt zu haben, ließen die Spanier auf dem Achterdeck ihre Waffen sinken.

»Es war ihr gutes Recht und ihre Pflicht, sich zu verteidigen!«, rief Francis Drake und stellte sich einer Hand voll seiner Männer in den Weg, die den Tod ihres Kameraden rächen wollten. »Der Kampf ist vorbei, Leute. Und solange ich das Kommando führe, werden all unsere Gefangenen höflich und freundlich behandelt. Wir sind keine Schlächter!«

Die fünf Freibeuter, die eben noch hatten Blut vergießen

wollen, zogen die Köpfe ein und traten zurück. Sie bewunderten und fürchteten zugleich ihren Generalkapitän, dessen Autorität seit Thomas Doughtys Hinrichtung unanfechtbar war.

Francis Drake wandte sich an Tom Moone. »Es bleibt uns nicht viel Zeit. Wir müssen schnellstens aus dem Hafen verschwinden, bevor die anderen Schiffe gefechtsklar sind und uns in Stücke schießen. Wir schleppen unsere Prise deshalb einfach aus dem Hafen und plündern sie, wenn wir uns in Sicherheit befinden. Sperren Sie die Besatzung unter Deck ein!«

»Aye, aye, Sir!«

»Sie selbst bleiben an Bord des Schiffes«, trug Francis Drake ihm auf. »Wählen Sie zehn Leute aus Ihrer Mannschaft. Das müsste als Prisenkommando völlig ausreichen.«

»Ohne Frage«, bestätigte Tom Moone und war stolz, dass der Generalkapitän ihm die wertvolle Prise anvertraute. Er bestimmte die Männer, die mit ihm auf der spanischen Galeone bleiben sollten. Dann wurden die Spanier in Windeseile entwaffnet und unter Deck getrieben.

Schleppleinen wurden bereitgelegt.

»Mit Ausnahme des Prisenkommandos alle Mann wieder in die Boote!«, befahl Francis Drake, als alle Vorbereitungen getroffen waren.

Die Freibeuter schwangen sich über das Schanzkleid und kletterten hinunter in die Boote. Ihre Kameraden warfen ihnen die Leinen zu, die achtern festgemacht wurden. Dann stemmten sich die Männer gegen die Riemen. Es kostete sie viel Kraft, die Prise aus dem Hafen zu schleppen.

Von einigen spanischen Schiffen wurde auf sie geschossen, doch die Musketenkugeln richteten keinen Schaden an, weil sie schon viele Meter vor ihrem Ziel wirkungslos ins Wasser fielen. Geschützfeuer hätte die Engländer noch in Bedrängnis bringen können, aber es gelang den Spaniern in der allgemeinen Aufregung und Verwirrung nicht, auch nur eine Kanone gefechtsklar zu machen. Mit ohnmächtiger Wut mussten sie deshalb zusehen, wie ihre Todfeinde die Galeone aus dem Hafen schleppten und schon nach wenigen Minuten mit ihrer Beute in der Schwärze der Nacht verschwanden, als wäre alles nur ein Spuk gewesen.

Dreißig spanische Schiffe waren von einem lächerlichen englischen 100-Tonnen-Schiff, einer Pinasse und einem Beiboot matt gesetzt worden. Für die stolzen Spanier bedeutete Drakes tolldreister Handstreich eine schreckliche Demütigung.

38

Die Freibeuter nutzten die günstigen Winde. Und als es aufbriste, ließ Francis Drake nicht eine Handbreit Segel reffen. Er wollte so viele Seemeilen wie nur irgend möglich zwischen sich und Lima bringen. Er rechnete damit, dass die Spanier mit mehreren Schiffen die Verfolgung aufnehmen würden.

Das taten die Spanier auch. Nur vergaßen sie in der Eile die wichtigsten Dinge. Zwei spanische Kriegsschiffe stachen in See – und stellten viel zu spät fest, dass weder Kanonenkugeln noch Pulver an Bord waren. Ein anderes Schiff lief ohne jeglichen Proviant aus und musste wieder umkehren. Wieder einmal blieb Drake das Glück treu. Sein Vorsprung wurde mit jeder Stunde größer. Die Spanier hatten ihre Chance vertan und versäumten es sogar, Boten entlang der Küste zu schicken, um alle Siedlungen und Häfen bis hoch nach Panama vor El Draque, wie sie den gefürchteten englischen Freibeuter nannten, zu warnen.

Kurz nach Sonnenaufgang ließ sich Francis Drake von der *Golden Hind* zur Prise übersetzen. Die See war ruhig und glatt. Der Wind war eingeschlafen.

Tom Moone empfing den Generalkapitän.

»Nun, was hat die Durchsuchung des Schiffes ergeben?«, erkundigte sich Francis Drake gut gelaunt.

Tom Moone lachte. »Eine lohnende Prise, Sir. Wir sind voll auf unsere Kosten gekommen. Die Galeone hat nicht nur teure Stoffe geladen, sondern auch eine Unmenge Weinkrüge und Gold, das ich in der Eignerkajüte in einer Truhe gefunden habe.«

Francis Drake stieg mit Tom Moone in den Laderaum hinunter und begab sich dann in die verschwenderisch ausgestattete Kajüte, um die Beute zu begutachten. Viel Gold war es ja nicht, was ihnen da in die Hände gefallen war, aber der Überfall hatte sich trotzdem gelohnt.

»Sonst noch etwas?«, fragte Drake.

Tom Moone strich sich über den Bart. »Der Besitzer des Schiffes...«

»Heißt er nicht Alonso Rodriguez Baptista?«

»Ja.«

»Was ist mit ihm?«

»Baptista ist bei dem nächtlichen Gefecht gestern verwundet worden«, berichtete Tom Moone. »Ein Pfeil hat ihn in die rechte Schulter getroffen.«

»Wie geht es ihm?«, fragte Francis Drake besorgt. Es war nicht sein Stil, seinen Beutezug mit Leichen zu markieren. Er wusste sehr wohl, welche Grausamkeiten die Spanier begingen, wenn ihnen Feinde lebend in die Hände fielen. Sie waren Meister im Foltern und quälten ihre Gefangenen im Namen der Inquisition, rangen ihnen auf dem Streckbrett höchst zweifelhafte Geständnisse ab, um ihre Opfer letztlich doch bei lebendigem Leib auf dem Scheiterhaufen zu verbrennen.

Francis Drake dachte jedoch nicht daran, Gleiches mit Gleichem zu vergelten. Sein Hass ließ ihn glücklicherweise nicht zu einem blutrünstigen Marodeur werden.

»Einer meiner Männer hat die Wunde versorgt«, sagte Tom Moone. »Der Pfeil ist nicht sehr tief eingedrungen. Die Schmerzen halten sich in Grenzen. Dem Schneckenfresser geht es also gar nicht so übel.«

Francis Drake nickte zufrieden und schritt gedankenversunken in der Kajüte auf und ab. Schließlich ging er zur Tür. Und über die Schulter sagte er zu Tom Moone: »Bringen Sie diesen Baptista an Deck. Ich will mit ihm sprechen. Und sorgen Sie auch für zwei Becher und einen Krug Wein.«

»Wird sofort erledigt, Sir!«

Tom Moone begab sich unter Deck, während Francis Drake zum Vorschiff hochstieg. Sein Blick glitt über die See, die wie ein poliertes Silbertablett im Sonnenlicht funkelte. Einen Augenblick dachte er daran, dass er die Männer gleich in die Boote schicken musste, falls der Wind nicht wieder auffrischte.

Kurz darauf kam Tom Moone mit Alonso Rodriguez Baptista an Deck. Der Spanier war von schlanker, mittelgroßer Gestalt. Sein hageres Gesicht wirkte eingefallen und blutleer. Ein gehetzter Ausdruck stand in seinen Augen.

Dieser Mann stirbt gleich vor Todesangst!, fuhr es Francis Drake durch den Kopf, als er den Spanier erblickte. Einen kurzen Moment fühlte er Schadenfreude, dann aber tat Baptista ihm Leid.

»Sie... Sie sind El Draque?«, fragte Rodriguez Baptista

mit zittriger Stimme. Er umklammerte mit der linken Hand die Reling, als dächte er daran, im nächsten Augenblick über Bord zu springen.

»Ja«, sagte Francis Drake und war betroffen, als in den Augen des Schiffseigners nun blankes Entsetzen aufflackerte. Welch schreckliche Gräuelmärchen mussten die Spanier in Umlauf gesetzt haben, wenn Rodriguez Baptista derart reagierte?

Bevor Francis Drake ihn beruhigen und versichern konnte, dass sich Baptista keine Sorgen um sein Leben zu machen brauche, stieß der Spanier hervor: »Verschonen Sie mich, El Draque! … Ich bin reich! Meine Familie wird ein hohes Lösegeld zahlen. Sie können jede Summe fordern. Geben Sie mir Feder und Papier, dann setze ich einen entsprechenden Brief auf.«

»Nein!«

»Jede Summe soll mir recht sein!«, versicherte Rodriguez Baptista. Er fürchtete derart um sein Leben, dass er in seiner Todesangst sogar vor Francis Drake auf die Knie fiel. »10 000 Pesos oder …«

»Nein!«, schnitt Francis Drake ihm unwillig das Wort ab. Er hasste Kriecher und winselnde Jammergestalten wie Baptista, die alles zu tun bereit waren, wenn sie damit nur ihre eigene Haut retten konnten. »Stehen Sie auf!« Er gab Tom Moone einen Wink.

Der Zimmermann packte Baptista und zerrte ihn hoch. »Feige Hundeseele!«, zischte er verächtlich. »Reiß dich zusammen. Noch ist deine letzte Stunde nicht gekommen.«

»Ich nehme keine Geisel und erpresse auch kein Lösegeld!«, stellte Francis Drake klar. Seine Stimme war kühl und abweisend. »Für Gefangene habe ich auf meinem Schiff außerdem keinen Platz.«

Rodriguez Baptista deutete Drakes Worte völlig falsch und glaubte sich schon so gut wie zum Tode verurteilt. Er wurde noch bleicher.

»Töten Sie mich nicht!«, rief er beschwörend. »Wenn Sie mich am Leben lassen, werden Sie es nicht bereuen. Ich sage Ihnen alles, was ich weiß. Und mein Wissen ist ein Vermögen wert... mehr noch, es ist nur mit einer Tonne Gold aufzuwiegen.«

Francis Drake stutzte und zog die Augenbrauen hoch. Eine steile Falte bildete sich auf seiner Stirn. Das klang ja so, als könnte ihm dieser Jammerlappen noch von großem Nutzen sein.

»Ich habe immer ein offenes Ohr für interessante Vorschläge«, sagte Francis Drake äußerlich gelassen.

»Versprechen Sie, mich zu verschonen und freizulassen?«

»Ich gebe Ihnen mein Wort, dass Ihnen kein Haar gekrümmt wird«, sagte Francis Drake mit ausdrucksloser Miene. »Sind Sie nun beruhigt?«

»Das Wort eines Ehrenmannes genügt mir selbstverständlich völlig«, versicherte Rodriguez Baptista eiligst und mit hoffnungsvollem Unterton. Sein Gesicht bekam gleich wieder etwas Farbe. Ein falsches Lächeln zeigte sich sogar auf seinen Lippen. »Jedermann weiß, dass ein so berühmter Mann, wie Sie es sind, El Draque, niemals sein heiliges Ehrenwort brechen würde...«

»Kommen Sie zur Sache!«, fuhr ihm Drake scharf in die Rede. »Was haben Sie mir an Informationen anzubieten?«

Rodriguez Baptista blickte sich unsicher um, ob auch niemand seiner Landsleute in Hörweite war, räusperte sich dann umständlich und sagte: »Vor genau vierzehn Tagen hat die *Nuestra Señora de la Concepcion* den Hafen von Lima verlassen und Kurs auf Panama genommen!«

»Was hat das Schiff geladen?«, Drake hatte Mühe, seine innere Erregung nicht offen zu zeigen.

»Es ist bis unter die Ladeluke voll mit Gold, Silber, Schmuck und Edelsteinen!«, verriet Rodriguez Baptista mit heiserer, halblauter Stimme. »Dieses Schiff fährt jedes Jahr die Küste längs nach Norden und nimmt in den verschiedenen Häfen die Erträge der Silberminen sowie alle gesammelten Goldschätze an Bord, um sie zur Landenge von Panama zu bringen.«

Francis Drake war mit einem Schritt bei Rodriguez Baptista und packte ihn mit festem Griff an seinem Brokatjackett. »Sprichst du auch die Wahrheit?«, presste er hervor.

»Bei der geheiligten Jungfrau Maria, jedes Wort ist wahr!«, beteuerte Baptista erschrocken.

»Was wissen Sie noch über das Schiff?«, fragte Francis Drake und gab ihn frei. Er spürte, wie das Blut vor Erregung in seiner Schläfe pochte. Ein mit Schätzen voll beladenes spanisches Schiff – davon hatte er all die Jahre geträumt. Und nun konnte dieser Traum Wirklichkeit werden.

»Es ... es hat einen Beinamen.«

»Welchen?«

»*Cacafuego*.«

»*Cacafuego*?«, wiederholte Tom Moone stirnrunzelnd. »Das klingt in meinen Ohren gar nicht gut. *Cacafuego* heißt nämlich ...«

»Feuerspucker«, kam ihm Francis Drake zuvor und verzog das Gesicht zu einem breiten Lächeln. »Ein recht viel versprechender Name, Señor Baptista.«

»Das Schiff trägt den Beinamen wegen seiner starken Bewaffnung«, erklärte Rodriguez Baptista mit einem entschuldigenden Schulterzucken. »Es hat mindestens zwanzig Kanonen und eine halbe Hundertschaft Soldaten an Bord. Es gleicht einer schwimmenden Festung.«

»Jede Festung ist einnehmbar«, erwiderte Francis Drake ungerührt und sagte dann mehr zu sich selbst: »Nun, wir werden ja sehen.« Er ließ Rodriguez Baptista erst gehen, als er sicher sein konnte, alles von ihm erfahren zu haben, was er über diesen Feuerspucker wusste.

»Der Teufel soll mich holen, wenn ich mir diese Gelegenheit entgehen lasse!«, stieß Francis Drake hervor, und sein Gesicht drückte wilde, unbeugsame Entschlossenheit aus. Er musste dieses sagenhafte Schatzschiff einfach eingeholt haben, bevor es den sicheren Hafen von Panama erreichte. Dann würde sich schon herausstellen, wessen Feuer am wirkungsvollsten war.

Drei Stunden nach diesem Gespräch mit Rodriguez Baptista kehrte das Prisenkommando wieder an Bord des englischen Schiffes zurück. Die Freibeuter hatten zuvor die Galeone um den wertvollsten Teil ihrer Ladung erleichtert und dabei auch Baptistas private Truhen nicht geschont. Anschließend hatten sie noch die wenigen Geschütze der Galeone unbrauchbar gemacht, um Baptista nicht in Versuchung zu führen ...

Auf der *Golden Hind*, die jetzt eine gute Chance hatte, ihrem Namen völlig gerecht zu werden, wurde jeder verfügbare Fetzen Segel gesetzt. Die Freibeuter nahmen, vom Jagdfieber gepackt, die Verfolgung auf.

»Wir werden notfalls dem Teufel ein Ohr absegeln, wenn das der einzige Weg ist, um den Feuerspucker einzuholen!« Francis Drake lachte übermütig. Der Wind fuhr durch sein zerzaustes Haar und zerrte am Hemd. Ein wahres Glücksgefühl durchströmte ihn.

Der glücklichste Mensch im Südmeer war an diesem Tag vermutlich aber Alonso Rodriguez Baptista. Er stand auf dem Achterkastell vor der Schmuckbalustrade und schaute dem Freibeuterschiff nach, das sich schnell nach

Nordwesten entfernte. Er konnte sein Glück einfach noch nicht fassen. Es war ihm unbegreiflich, dass El Draque ihm nicht nur das Leben geschenkt, sondern ihm auch noch das Schiff gelassen hatte.

Als er sich einigermaßen gefasst hatte, rief er die Mannschaft an Deck zusammen. Und nachdem er seine eigene Tapferkeit gerühmt hatte, die angeblich El Draque veranlasst hatte, ihnen allen die Freiheit zu schenken, sagte er: »Ein jeder von euch muss damit rechnen, über diesen ungeheuerlichen Überfall befragt zu werden. Aber keiner hat etwas zu befürchten, Männer, denn wir haben tapfer gekämpft! Wir haben zu den Waffen gegriffen und gekämpft, obwohl die Piraten mit erdrückender Übermacht unser Schiff von allen Seiten gestürmt haben. Es waren mehr als hundert bis an die Zähne bewaffnete Engländer, die wie die Teufel über uns herfielen! Ja, wir hatten nicht die geringste Chance. Männer, das könnt ihr ruhig angeben, wenn man euch danach fragt. Außerdem waren ja auch noch die Kanonen des Freibeuters auf uns gerichtet, mindestens zwanzig an der Zahl. Sie hätten uns in Stücke geschossen. Aber wir haben heldenhaft gekämpft, auch wenn wir uns schließlich der gewaltigen Übermacht ergeben mussten!« Rodriguez Baptista machte eine dramatische Pause und rief dann pathetisch: »Die Engländer haben unser Schiff geentert, Sieger aber sind wir geblieben. Steuermann, wir nehmen Kurs auf Lima!«

Nur zu bereitwillig machten sich die Seeleute auf der Galeone Baptistas Version von den mehr als hundert schwer bewaffneten Freibeutern und dem 20-Kanonen-Schiff zu Eigen. Damit ließ sich alles entschuldigen.

Sie ahnten nicht, dass ihre maßlose Übertreibung von Drakes Besatzung und seiner Bewaffnung nicht unwesentlich dazu beitrug, dass die Spanier die Verfolgung der Freibeuter nur sehr halbherzig aufnahmen. Denn wer wollte sich schon mit solch einem gefährlichen Seeteufel in ein Gefecht einlassen?

39

Wie ein Lauffeuer hatte sich die Kunde von dem sagenhaften Schatzschiff auf der *Golden Hind* herumgesprochen. Streitigkeiten und Reibereien der Seeleute untereinander waren schlagartig vergessen. Jeder Befehl der Offiziere wurde unverzüglich und sogar freudig ausgeführt. Jeder wusste, was auf dem Spiel stand.

»Wer den Feuerspucker zuerst entdeckt, bekommt von mir eine Kette aus massivem Gold!«, verkündete Francis Drake, um die Wachsamkeit seiner Besatzung noch mehr zu schärfen. Nun war der Ausguck stets besetzt.

Die *Golden Hind* flog förmlich über die See. Unter voller Besegelung jagte das Freibeuterschiff längs der Küste nach Nordwesten. Die Masten und das Spantenwerk ächzten und erzitterten unter der starken Belastung.

Die Tage verstrichen, ohne dass die starke Anspannung von den Männern wich. Sie erfuhren von den spanischen Karavellen und Galeonen, die sie während ihrer Verfolgung quasi im »Vorbeisegeln« kaperten und ausplünderten, dass sich der Vorsprung des Schatzschiffes immer mehr verringerte.

»In zwei Tagen passieren wir den Äquator«, sagte Chris Mitchell, als die Verfolgung schon fast zwei Wochen dauerte. Die nervliche Anspannung machte sich auch bei ihm bemerkbar. Er konnte wie fast alle Männer auf dem Schiff an nichts anderes als an den Feuerspucker denken. »Und dann ist es nicht mehr weit bis nach Panama...«

»Wir holen von Stunde zu Stunde auf«, unterbrach Francis Drake ihn. »Der Feuerspucker wird es nicht bis nach Panama schaffen, das steht fest.«

»Ich bin mir da nicht so sicher.«

»Sein Vorsprung ist von zwei Wochen auf lächerliche zwei Tage zusammengeschrumpft«, sagte Francis Drake. »Denk an die Bark vor drei Tagen. Der Kapitän war der Schatzgaleone erst am Tag zuvor begegnet. Nein, die Galeone entkommt uns nicht mehr. Wir werden sie gleich hinter dem Äquator einholen.«

»Falls uns nicht der Wind im Stich lässt«, brummte Chris Mitchell und blickte zum Großsegel hoch, das sich vor dem Mast blähte. Die *Golden Hind* war noch nie so schnell gesegelt. Es sah alles sehr viel versprechend aus. Und dennoch, in zwei Tagen konnte viel passieren. Chris hielt es für klüger, ein wenig Skepsis zu bewahren. Er wollte sich lieber angenehm überraschen lassen, als bitter enttäuscht zu werden.

Es war Francis Drakes Neffe und Page, der vierzehnjährige John Drake, der sich die von allen begehrte Goldkette verdiente. Es war der 1. März 1579, als John Drake in die Wanten sprang und in den Mastkorb aufenterte. Er löste Jo Rance ab, der mit missmutigem Gesicht an Deck hinunterstieg.

Kaum hatte sich John Drake in den Ausguck geschwungen, als er eine Mastspitze sah. Er stieß einen Freudenschrei aus und rief mit zum Schalltrichter geformten Händen: »Segel voraus!«

Alles stürmte an Deck.

Chris Mitchell und Tom Moone enterten sofort zu John Drake in den Mastkorb auf, um sich mit eigenen Augen zu überzeugen. Zehn Minuten später gab es keinen Zweifel mehr – das Schiff dort am Horizont war die *Nuestra*

Señora de la Concepcion, der Feuerspucker. Die Beschreibung, die Baptista und die Kapitäne mehrerer anderer aufgebrachter Schiffe abgegeben hatten, deckte sich bis ins Detail mit dem Aussehen des nun gesichteten Schiffes: die Takelage, die Besegelung und die Form des Vorder- und Achterkastells. Alles traf zu.

»Bei Gott, es ist der Feuerspucker!«, bestätigte Tom Moone.

Es war genau drei Uhr nachmittags.

Francis Drake besprach sich sofort mit seinen Leuten.

»In zwei bis drei Stunden liegen wir mit dem Spanier auf einer Höhe«, sagte Tom Moone.

»Richtig und das gefällt mir nicht«, erwiderte Francis Drake. »Das Schiff trägt den Beinamen Feuerspucker nicht ohne Grund. Ein Seegefecht bei Tag könnte für uns katastrophale Folgen haben. Wir müssen sie überrumpeln, *bevor* sie ihr Schiff gefechtsklar gemacht haben.«

»Dann müssen wir Segel reffen«, mischte sich einer der Höflinge ein, die sich an Bord der *Golden Hind* befanden. »Bei Einbruch der Dunkelheit rauschen wir heran und entern die Galeone.«

Francis Drake lächelte gutmütig. »Im Prinzip haben Sie Recht, leider lässt sich Ihr Vorschlag so nicht verwirklichen. Der Kapitän der Galeone hat uns bestimmt auch schon gesichtet und bemerkt, dass wir eine Menge Tuch gesetzt haben. Wenn wir jetzt Segel reffen und damit unsere Fahrt verringern, wird ihn das ohne Frage misstrauisch machen.«

Tom Moone nickte. »Das stimmt. Bis jetzt wird man uns für ein Handelsschiff halten, das es reichlich eilig hat, und völlig arglos sein. Sowie wir aber unsere Segelfläche verringern, wird der spanische Kapitän ahnen, dass irgendetwas faul ist.«

Francis Drake nickte zustimmend. »Und das müssen wir auf jeden Fall vermeiden.«

»Aber wie?«, fragte Chris Mitchell grübelnd. »Wir dürfen nicht ein einziges Segel verkürzen und müssen doch so viel Fahrt verlieren, dass wir den Feuerspucker erst bei Einbruch der Dunkelheit erreichen. Mit einem Treibanker gelingt uns das nie.«

Tom Moone verzog das Gesicht zu einer verdrießlichen Miene. »Ich hätte nie gedacht, dass ich mich mal ärgern sollte, weil das Schiff zu schnell segelt...«

»Wie wäre es mit einer Kursänderung?«, schlug Chris vor.

»Unmöglich«, sagte Francis Drake. »Eine Kursänderung nach Osten würde uns in gefährliche Nähe der Küste bringen. Und ein Schlag nach Westen würde die Spanier misstrauisch machen. Was sollen wir im Westen, nachdem wir mit solcher Fahrt hinter der Galeone aufgetaucht sind? Nein, nein, es muss alles logisch und unverdächtig bleiben.«

»Eine schwere Sache«, murmelte Tom Moone.

Francis Drakes Gesicht hellte sich auf. »Sie haben völlig Recht, Tom. Eine schwere Sache... wir müssen aus der *Golden Hind* eine schwere Sache machen, damit sie nicht mehr so flott vorankommt. Ein Treibanker reicht nicht aus, um unser Schiff langsamer zu machen, aber ein Dutzend müssten doch Wirkung zeigen. Lasst Taue und Matratzen auswerfen und Tonnen. Es wird der *Golden Hind* bestimmt merklich schwer fallen, all das Zeug hinter sich durch das Wasser zu ziehen!«

»Damit müsste es zu schaffen sein!«, rief Tom Moone begeistert und machte sich sofort an die Arbeit. Eine halbe Stunde später hatte das Schiff wirklich an Fahrt verloren, dafür trieben im Kielwasser mehrere Matratzen und Tonnen, die mit dem Schiff durch festes Tauwerk verbunden waren.

Francis Drake atmete auf, als er feststellte, dass sie sich dem Feuerspucker nicht mehr so rasch näherten. Zwar schob sich die *Golden Hind* immer näher an ihr ahnungsloses Opfer heran, aber es würde noch Stunden dauern, bis der Feuerspucker in Rufweite war.

Die Mannschaft nutzte die Zeit, um das Schiff gefechtsklar zu machen. Die Geschützmannschaften kümmerten sich um ihre Kanonen und legten Lunten, Wischer, Stopfer, Pulver und Kugeln bereit. Die Stückpforten blieben jedoch noch geschlossen. Erst kurz vor Beginn des Gefechtes sollten sie geöffnet und die Geschütze ausgerannt werden. Offene Geschützpforten hätten den Argwohn der Spanier erregen können.

Die Männer holten aus der Waffenkammer Brustpanzer, Helme, jede Menge Hellebarden, Hakenbüchsen und Schwerter. Die Bogenschützen prüften noch einmal die Sehne ihres Bogens und die Federn der Pfeile.

»Bereitet ein paar dutzend Brandpfeile vor!«, befahl Francis Drake. Falls sich der Feuerspucker als harter, zäher Gegner herausstellen sollte, würde man versuchen, seine Segel in Brand zu setzen, um ihn manövrierunfähig zu machen.

Chris Mitchell achtete darauf, dass überall auf den Decks Tonnen mit Wasser und Sand bereitstanden. Es war besser, auf alles vorbereitet zu sein. Brandpfeile konnten auch die Spanier verschießen...

Endlich waren alle Vorbereitungen getroffen. Die Waffen lagen bereit, und die Männer konnen es nicht erwarten, dass der Kampf mit dem Feuerspucker begann.

»Wir nehmen ihn von zwei Seiten in die Zange«, erklärte Francis Drake seinen Angriffsplan. »Während die *Golden Hind* die Galeone mit Steuerbordbreitseiten bestreicht, greift die Pinasse, mit zwanzig Schützen bemannt, von der anderen Seite an. Damit müssten wir ihn kriegen ... immer vorausgesetzt, der Spanier ahnt noch nichts von seinem Glück.«

Der Glutball der Sonne schien im Westen auf dem Meer zu schwimmen und den Himmel in lodernden Flammenschein zu hüllen, als Francis Drake den Befehl gab, am Heck die Taue mit den Matratzen und Tonnen zu kappen. Die Entfernung zum Feuerspucker betrug nur noch wenige Kabellängen.

Die Engländer hatten den Eindruck, als würde die *Golden Hind*, befreit von den primitiven Treibankern, sich mit dem Bug aus den Wogen heben und einen Satz nach vorn machen ... als wollte sie die Galeone anspringen.

»Wir legen uns genau in den Kurs des Feuerspuckers und nehmen ihm den Wind aus den Segeln«, rief Francis Drake dem Rudergänger zu. »Wie steht es mit der Pinasse?«

»Mitchell wartet nur darauf, loszuschlagen«, antwortete Tom Moone neben ihm.

»Alle Mann auf Gefechtsstation!«, befahl Drake, als beide Schiffe fast auf einer Höhe lagen und die Schatten im Osten immer länger wurden.

»Der Feuerspucker grüßt. Er hält uns für einen Landsmann.« Tom Moone lachte rau, um seine Anspannung zu überspielen. »Was sollen wir ihm antworten?«

»Noch nichts«, sagte Drake mit ruhiger, beherrschter Stimme. Er beobachtete, dass die Spanier drüben auf der Galeone unruhig wurden. Ein elegant gekleideter Mann eilte an Deck und trat an die Reling.

»Stückpforten auf!«, rief Francis Drake. »Rennt die Geschütze aus! ... Mitchell, wir greifen an!«

Ein dumpfes Rumpeln und Knallen gingen durch das

Freibeuterschiff, als die Kanonen ausgerannt wurden und ihre Mündungen auf die spanische Galeone richteten.

»Streicht die Segel und dreht bei!«, schrie Francis Drake nun zum Feuerspucker hinüber. »Wir sind keine Spanier, sondern Engländer! ... Lasst die Segel einholen, Kapitän de Anton, oder Euer Schiff wird versenkt!«

Kapitän de Anton dachte nicht daran, sich zu ergeben, sondern antwortete: »Welches England ist es, das mir Befehl gibt, die Segel zu streichen? Kommt an Bord und holt selbst die Segel ein!«

»Das werden wir auch tun!«, schrie Francis Drake zurück. »Trompeter, das Angriffssignal! Diese verdammten spanischen Narren sollen sehen, dass mit uns nicht zu spaßen ist!«

40

Die erste Breitseite ließ die *Golden Hind* erzittern. Das Krachen der Geschütze war ohrenbetäubend. Und auf den Explosionsdonner folgten sofort das Bersten und Splittern von Holz, als die schweren Kanonenkugeln in den Rumpf des Feuerspuckers einschlugen. Die Stückpforten der Galeone waren noch geschlossen gewesen. Mehrere Kanonenkugeln hatten die hölzernen Luken, hinter denen die spanischen Geschütze standen, mit unvorstellbarer Gewalt nach innen gedrückt und verheerenden Schaden im Zwischendeck angerichtet. Panik brach unter Deck aus, als schon Augenblicke später die zweite Breitseite einschlug.

Francis Drake setzte den Schutzhelm auf und sprang hinunter ins Kanonendeck. »Säbelt dem Spanier die Masten um!«, feuerte er die Geschützbedienungen an. Er rief den Männern, die mit grimmiger Begeisterung in den Kampf gingen, lobende Worte zu und begab sich wieder auf das Oberdeck.

Ein paar Musketenkugeln jaulten hoch über seinen Kopf hinweg. Francis Drake zog nicht einmal den Kopf ein. Er hielt äußerst wenig von den Schießkünsten der Spanier. Seiner Meinung nach konnte ihn nur ein Zufallstreffer niederstrecken – und vor dem Zufall vermochte man sich nie zu schützen.

Wieder krachten die Kanonen.

Schreie gellten über die Galeone.

Ein schweres Geschoss traf im nächsten Moment den Kreuzmast des Feuerspuckers. Der Mast knickte, von einem lauten Krachen begleitet, zur Seite weg und kippte mit dem Lateinsegel über die Reling ins Meer. Die Takelage riss.

Die Engländer quittierten den Treffer mit Jubel.

»Gleich geht dem Feuerspucker die Puste aus!«, rief Tom Moone begeistert. »Sehen Sie nur, wie verschreckt die Spanier über das Deck laufen.«

Eine erneute Breitseite schüttelte das Freibeuterschiff.

»Der Kapitän soll sich ergeben«, knurrte Francis Drake unwillig. »Er schafft es doch nie, die Galeone noch gefechtsklar zu machen.«

»Er will es nicht anders«, erwiderte Tom Moone.

»Zum Teufel, ich will das Gold und nicht das Schiff versenken!«, schrie Francis Drake, um das Wummern der Geschütze zu übertönen. Die Bogenschützen, die vorn auf der Back Stellung bezogen hatten, ließen nun einen Pfeilhagel auf die Spanier niedergehen.

»Da!«, rief Tom Moone. »Die Pinasse mit Chris Mitchell und seinem Enterkommando!«

Die Pinasse hatte sich, von den Spaniern unbemerkt, am

Heck der Galeone vorbeigeschoben. Jetzt konnten die Freibeuter das Schatzschiff in die Zange nehmen.

»Geschützfeuer einstellen!«, befahl Francis Drake. »Wir gehen sofort längsseits und entern! Geben wir ihnen den Rest, Männer!«

Im nächsten Augenblick schwiegen die Geschütze, doch noch immer trieb beißender Pulverrauch über die Decks. Die *Golden Hind* legte sich nun direkt neben den Feuerspucker. Und dann flogen unzählige Enterhaken. Die Galeone konnte nicht mehr entkommen. Beide Schiffsrümpfe krachten gegeneinander.

Fast gleichzeitig griff Chris Mitchell mit seinen zwanzig Bogenschützen und erprobten Nahkämpfern von der Pinasse aus an. Auch sie schleuderten Enterhaken und kletterten blitzschnell an der Bordwand hoch.

Tollkühn schwang sich Chris Mitchell mit blankgezogenem Schwert über das Schanzkleid. Sein Entertrupp, der viel zu spät von den Spaniern bemerkt worden war, fiel den Verteidigern der Galeone in den Rücken.

Kapitän Juan de Anton, der auf das hohe Achterkastell geflüchtet war, wurde kalkbleich im Gesicht, als er sah, mit welcher Entschlossenheit und Furchtlosigkeit die englischen Freibeuter sein Schiff stürmten.

»Lasst die Waffen sinken!«, rief Juan de Anton nach kurzem Zögern. »Wir ergeben uns!« Und als demonstrative Geste schnallte er den reich geschmückten Gurt mit seinem kostbaren Dolch ab.

Der Feuerspucker kapitulierte.

Juan de Anton wurde auf die *Golden Hind* in die Achterkajüte des Kapitäns gebracht. Francis Drake überraschte seinen unterlegenen Widersacher mit einer reich gedeckten Tafel. »Nehmt es nicht so tragisch, Kapitän de Anton!«, sagte er mit der ihm eigenen Großzügigkeit, die einer gewissen Überheblichkeit nicht entbehrte. »Das Kriegsglück ist wechselhaft. Bitte bedienen Sie sich, ich habe das Beste auftischen lassen, was unsere Vorratskammern zu bieten haben.«

»Wie kommen Sie auf den absurden Gedanken, dass mir jetzt nach Essen zumute sein könnte?«, fragte der spanische Kapitän mit eisiger Stimme.

Francis Drake lächelte freundlich. »Oh, Sie haben allen Grund zum Feiern. Außerdem wird Ihnen ein Schluck Wein nach diesem Schreck bestimmt gut tun. Ganz im Gegensatz zur spanischen Gepflogenheit beabsichtige ich nicht, auch nur einem Ihrer Männer oder Ihnen ein Haar zu krümmen. Ich begnüge mich mit dem, was Ihr Schiff geladen hat, Kapitän. Ich denke, das wird mich für all das, was ich durch spanischen Verrat und Wortbruch habe erleiden müssen, entschädigen. Und nun entschuldigen Sie mich bitte. Ich brenne darauf, in den Laderaum Ihrer Galeone zu kommen. Fühlen Sie sich während meiner Abwesenheit als willkommener Gast meines Schiffes, Kapitän.« Damit wandte er sich zur Tür.

Sprachlos blickte Juan de Anton ihm nach.

»Lasst ihn nicht aus den Augen!«, schärfte Francis Drake der sechsköpfigen Wache ein, die er nur für den Kapitän abgestellt hatte. »Ihr bürgt mir für ihn mit eurem Kopf!«

»Aye, aye, Sir!«

Francis Drake eilte über das Deck, sprang über das Schanzkleid und begab sich mit seinen Offizieren und Freunden in den Laderaum der Galeone.

»Ich kann es nicht fassen!«, stieß Tom Moone mit heiserer Stimme hervor.

»Himmel, was für Schätze!«, rief auch Chris Mitchell.

»Das ist mehr, als ich zu hoffen gewagt habe«, murmelte Francis Drake, nicht weniger fassungslos.

Der Feuerspucker hatte dutzende Tonnen Silber, Gold, Schmuck und andere Wertsachen geladen. Es war atemberaubend, so viele Schätze auf engstem Raum zu sehen. Welche Kiste die Männer auch öffneten, stets fanden sie unvorstellbare Kostbarkeiten.

»Jetzt ist aus dem Feuerspucker ein Silberspucker geworden!«, rief einer der englischen Freibeuter übermütig, als man am nächsten Tag damit begann, die Schätze auf die *Golden Hind* umzuladen.

Es war schwerste Knochenarbeit, sechsundzwanzig Tonnen Silber, dreizehn Kisten gemünztes Gold, achtzig Pfund reines Gold, Truhen voller Juwelen, Perlen und Edelsteine sowie andere kostbare Waren von der Galeone auf das Freibeuterschiff zu bringen.

Vier Tage schufteten die Engländer, um den Bauch der Schatzgaleone zu leeren. Und obwohl die Sonne mit sengender Kraft vom Himmel brannte, wurden keine Beschwerden laut. Die Männer waren mit Freude bei der Arbeit. Kein Wunder: Der gekaperte Feuerspucker hatte einen jeden von ihnen, auch den einfachsten Matrosen, mit einem Schlag zu einem reichen Mann gemacht!

41

Das unbeschreibliche Glück blieb Francis Drake auch weiterhin treu. Nachdem er Kapitän Juan de Anton und seine Mannschaft freigelassen und ihnen die Galeone wieder übergeben hatte, war er weiter nach Norden gesegelt und schon wenige Tage später auf ein zweites Schatzschiff gestoßen, das unter dem Kommando von Don Francisco de Zarate stand.

Francis Drake erbeutete Kisten voller Gold sowie Seekarten und Segelanweisungen, die von unschätzbarem Wert waren. Zwei Lotsen, die sich an Bord des spanischen Schiffes befanden, nahm er gefangen und ließ sie auf die *Golden Hind* bringen.

Die Karten und Skizzen, die Drake in die Hände fielen, zeigten den Pazifik und das Chinesische Meer bis hin zur Inselgruppe der Molukken. Diese Seekarten gehörten zu den wichtigsten spanischen Staatsgeheimnissen. Ihr Verlust an die englischen Freibeuter wog schwerer als eine Schiffsladung Gold, eröffneten sie doch allen englischen Seefahrern und Freibeutern das bisher geheimnisumwitterte, unzugängliche pazifische Südmeer.

Noch aber befand sich das mit Schätzen brechend voll geladene Freibeuterschiff nicht in Sicherheit, sondern im feindlichen Herrschaftsbereich.

Deshalb wurde es Zeit, sich Gedanken über die Heimreise zu machen. Doch auf welcher Route sollte man nach England zurückkehren? Welcher Kurs brachte die wenigsten Gefahren mit sich?

»Die Magellanstraße können wir vergessen«, erklärte Chris Mitchell. »Unser Beutezug längs der Küste hat die Spanier aus ihrem Schlaf gerissen. Bestimmt lauern sie dort mit ihren Kriegsschiffen und warten nur darauf, dass wir ihnen in die Falle segeln. Den Gefallen sollten wir ihnen nicht tun, Francis. Außerdem würde es mir ganz und gar nicht schmecken, noch einmal solche Stürme durchzustehen.«

Francis Drake war derselben Meinung. »Den Gefallen werden wir den Spaniern auch nicht tun«, versicherte er. »Wir werden weiter nach Norden segeln und nach der Nordwestpassage zwischen Pazifik und Atlantik suchen. Irgendwo oben im Norden muss es doch eine Wasserstraße geben.«

Drakes Hoffnung, die Nordwestpassage zu finden, erfüllte sich nicht. Je weiter er nach Norden längs der Küste Kaliforniens segelte, desto schlechter wurde das Wetter. Die Männer murrten und litten unter der eisigen Kälte.

Auf der Höhe von Vancouver gab Francis Drake schließlich die Suche nach der Passage auf. Er segelte wieder zurück nach Süden. In einer Bucht südlich vom heutigen San Francisco ließ Francis Drake die *Golden Hind* gründlich überholen, denn nun gab es keine andere Möglichkeit mehr, als das Wagnis einer Weltumsegelung einzugehen.

Ende Juli 1579 lichtete das Freibeuterschiff die Anker und ging auf Südwestkurs, folgte den Spuren Magellans, der als Erster die Welt umsegelt hatte.

Nach drei quälend langen Monaten auf hoher See gelangte Francis Drake zu den Molukken, den Gewürzinseln. Dort nahm er eine Ladung kostbarer Gewürze an Bord und segelte weiter nach Süden, vorbei an Japan und Indochina. Er durchquerte den Indischen Ozean und umrundete das Kap der Guten Hoffnung, die Südspitze Afrikas.

Die *Golden Hind* geriet noch viele Male in Gefahr und oft hatten die Männer unter Mangel an Trinkwasser zu leiden. Doch gegen Mitte des Jahres 1580 erreichte Francis Drake die Küste von Guinea, für ihn, der hier mit John Hawkins Jagd auf Sklaven gemacht hatte, schon fast heimatliche Gewässer.

Nachdem sich die Freibeuter reichlich mit Zitronen und anderen Früchten sowie mit Trinkwasser versorgt hatten, setzten sie ihre Heimreise bei günstigen Winden fort und sichteten am 26. September 1580 die englische Küste bei Plymouth.

Unbeschreiblicher Jubel brach an Bord der *Golden Hind* aus, als sich der Hafen von Plymouth aus dem nebligen Dunst schälte. Sie waren zwei Jahre, zehn Monate und dreizehn Tage unterwegs gewesen, hatten feindliche Schiffe versenkt, Häfen überfallen und unermessliche Beute gemacht.

»Wir haben es wirklich geschafft«, murmelte Chris Mitchell ergriffen, als die *Golden Hind* in den Hafen einlief. »Viel mehr, als wir je zu erhoffen gewagt hätten, ist in Erfüllung gegangen. Wir sind nicht nur die ersten Engländer, die die Welt umsegelt haben, sondern wir kommen auch als reiche Leute zurück!«

»Was wirst du mit deinem Anteil machen, Chris?«, wollte Francis Drake wissen, der sich einer gewissen Ergriffenheit auch nicht erwehren konnte.

Chris Mitchell warf ihm einen nachdenklichen Blick zu. »Mein Bedarf an Abenteuern und Gefahren ist gedeckt«, sagte er schließlich. »Vermutlich werde ich sesshaft werden und eine Familie gründen. Man soll sein Glück nicht zu oft auf die Probe stellen. Aber so wie ich dich kenne, wird dieser Triumph dich nur zu weiteren Abenteuern und Gefahren anspornen.«

Francis Drake lächelte. »Schon möglich, und ich hoffe, du bist dann wieder dabei. Aber zuerst einmal bin ich auf die Reaktionen der Königin und des Rates gespannt.«

»Sie wird dich adeln«, versicherte Chris Mitchell.

»Oder hängen«, fügte Drake trocken hinzu.

42

Hängen sehen wollten ihn vor allem die spanischen Gesandten, die nach Drakes spektakulärer Kaperfahrt rund um die Erde bei Königin Elisabeth vorstellig wurden und die Bestrafung des Piraten forderten. Die Monarchin befahl schließlich auch, die *Golden Hind* und die Besatzung in die Trockendocks der königlichen Werft in Deptford zu überführen und sie unter Bewachung zu stellen.

Es schien, als säße Francis Drakes Kopf recht locker auf seinen Schultern. Doch statt ihn hinrichten zu lassen, wie es die empörten Spanier mit allem Nachdruck verlangten, begab sich die Königin mit ihrem Hofstaat auf die *Golden Hind*, schlug Francis Drake zum Ritter und ernannte ihn zum Vizeadmiral ihrer Flotte. Dafür erhielt Elisabeth I. die Hälfte der Beute, die auf die für damalige Zeiten ungeheuerliche Summe von zweieinviertel Millionen Goldpfund geschätzt wurde. Die Aktionäre, die Drakes Expedition finanziert hatten, erhielten 4700 Prozent ihres Kapitalanteils. Wer also 100 Pfund investiert hatte, bekam 4700 ausbezahlt. Ein fantastischer Gewinn!

Sir Francis Drake war Englands Nationalheld.

Schon ein Jahr nach seiner Rückkehr wurde er Bürgermeister von Plymouth und drei Jahre später sogar Parlamentsmitglied. Aber wie Chris Mitchell vorausgesagt hatte, zog es ihn bald wieder zurück auf das Deck eines Schiffes.

Im Auftrag der englischen Königin brach Sir Francis Drake im Jahre 1585 mit einer aus fünfundzwanzig Schiffen bestehenden Flotte und zweieinhalbtausend Mann nach Westindien auf. Er eroberte Santiago und plünderte nach altbewährter Drake-Manier die spanischen Niederlassungen.

Der Konflikt zwischen England und Spanien spitzte sich immer mehr zu. Bisher hatten beide Staaten versucht, einen Krieg zu vermeiden. Nun war er unvermeidlich, einzig und allein der Zeitpunkt stand noch nicht fest. Insgeheim betrieben beide Staaten ihre Vorbereitungen. Spanien, das 1580 Portugal annektiert hatte und über die mächtigste Armee und Flotte verfügte, hatte die besten Aussichten, den Krieg für sich zu entscheiden. König Philipp plante eine Invasion Englands und rüstete seine Flotte für dieses gewaltige Unternehmen.

Der Vizeadmiral Sir Francis Drake machte dem König von Spanien jedoch einen dicken Strich durch die Rechnung: Am 2. April 1587 fuhr Drake mit einer schlagkräftigen Flotte in den Hafen von Cadiz ein und überrumpelte die ahnungslosen Spanier mit seinem tolldreisten Angriff.

Die Engländer versenkten, verbrannten oder kaperten über dreißig spanische Schiffe und plünderten nach Herzenslust. Anschließend fing Drake vor den Azoren ein Handelsschiff aus Westindien ab. Die *San Felipe* war das persönliche Eigentum des spanischen Königs und hatte Ladung im Wert von über 100 000 Pfund an Bord. Nachdem er erfolgreich weitere spanische Schiffe vor ihrer heimatlichen Küste gejagt hatte, kehrte er nach England zurück.

»Damit habe ich den Bart des Königs von Spanien angesengt und ihm eine erste Lektion erteilt!«, rühmte sich Sir Francis Drake. Der Reichtum und das ungeheure Ansehen, das er genoss, ließen seine negativen Charakterzüge stärker zutage treten. Er wurde noch anmaßender, arroganter und selbstgerechter, als er es früher schon gewesen war.

Doch noch konnte er sich ein solches Auftreten erlauben. Sein Überfall auf Cadiz hatte die spanische Invasion um ein gutes Jahr verzögert.

1588 kam es dann zur entscheidenden Kraftprobe zwischen England und Spanien. König Philipp hatte seine »unüberwindliche Armada« gegen England geschickt. Die spanische Flotte war beeindruckend und zählte dreiundsechzig große Kriegsschiffe, vier Galeassen und zweiunddreißig kleinere Schiffe mit insgesamt dreißigtausend Soldaten.

England konnte der Armada nur etwa fünfzig Kriegsschiffe und eine Reihe kleinerer Fahrzeuge mit insgesamt fünfzehntausend Mann entgegensetzen. John Hawkins, der vor Jahren von der Königin zum Schatzmeister der königlichen Flotte ernannt worden war, hatte Schiffe bauen lassen, die seinen und Drakes Erfahrungen Rechnung trugen. Sie waren schnell, wendig und mit weit reichenden Kanonen bestückt – und somit den schwimmenden spanischen Festungen überlegen, sofern es ihnen gelang, die Spanier nicht allzu nah herankommen zu lassen.

Sir Francis Drake nahm als Vizeadmiral mit seinen kampferprobten Freibeuterkameraden an dem historisch bedeutsamen Seegefecht teil. Er trug erheblich dazu bei, dass die angeblich unüberwindliche Armada vernichtend geschlagen wurde. Er hielt sich nicht an den Befehl, jedem Nahkampf auszuweichen. Schon gleich zu Beginn der Schlacht im englischen Kanal enterte Drake mit seinen Leuten das Flaggschiff der Andalusier und kurz darauf ein zweites, die er mit kleinen Prisenkommandos in Sicherheit bringen ließ. Er vermochte seine Vergangenheit einfach nicht zu verleugnen, er war nun mal ein draufgängerischer Haudegen und würde es immer bleiben.

Die Seeschlacht dauerte fast zwei Wochen. Nicht ein einziges englisches Schiff ging verloren; die Spanier hingegen hatten hohe Verluste. Die Armada löste sich schließlich auf und zerstreute sich in alle Winde. Zahlreiche spanische Schiffe gingen verloren, als sie die Reise rund um Schottland und Irland als Fluchtroute wählten.

Die Armada war vernichtend geschlagen – und mit diesem Ereignis hatte Francis Drakes Ruhm seinen höchsten Punkt erreicht. Um der Gefahr einer möglichen zweiten Invasion durch einen Gegenangriff zu begegnen, überredete Francis Drake die Königin, ein Flottenunternehmen gegen Spanien auszurüsten. Mit achtzig Schiffen brach Francis

Drake 1589 schließlich gegen Spanien auf. Diese »Gegenarmada« wurde zu einem demütigenden Misserfolg für den bisher vom Glück so begünstigten Freibeuter und Vizeadmiral. Mehr als zehntausend der eingeschifften Soldaten starben an Krankheiten. Zwar wurden ein paar unerhebliche Gefechte auf See gewonnen, die Chance jedoch, der geschwächten spanischen Seemacht die entscheidende Niederlage beizufügen, wurde verpasst.

Sir Francis Drake fiel in Ungnade. Erst Jahre später gelang es ihm, die Gunst der Königin wieder zu erlangen. Er brannte darauf, mit einer neuen Expedition seinen alten Ruhmestaten neuen Glanz zu verleihen.

1595 erhielt er seine Chance. Der Königin war zu Ohren gekommen, dass im Hafen von Puerto Rico eine havarierte Galeone lag, die eine Ladung im Wert von mehr als zwei Millionen Dukaten an Bord hatte.

Eine Flotte wurde zusammengestellt, die schließlich fast dreißig Schiffe zählte. Königin Elisabeth konnte sich jedoch nicht entschließen, Francis Drake den Oberbefehl zu übertragen. John Hawkins und Francis Drake erhielten gemeinsam den Oberbefehl und damit war das Scheitern des Unternehmens schon fast vorherbestimmt. Hawkins und Drake waren nämlich mittlerweile verfeindet und bekämpften sich gegenseitig.

Die Expedition stand unter keinem guten Stern. Ständig stritten sich Drake und Hawkins im Rat der Kapitäne auf der Fahrt nach Westindien. Sie waren beide nach elisabethanischen Maßstäben schon alte Männer, Hawkins war über sechzig und Drake über fünfzig. Sie kränkelten, zerstritten sich über Nebensächlichkeiten und glaubten, dass sich seit ihrer letzten Kaperfahrt nach Westindien dort nichts verändert hätte. Das sollte sich als folgenschwerer Irrtum herausstellen.

Die Spanier hatten aus den bösen Erfahrungen der vergangenen Jahre gelernt und sich auf den Angriff von Freibeutern eingestellt. Bevor die englische Flotte Puerto Rico erreichte, verstarb John Hawkins auf hoher See.

Nun war Francis Drake alleiniger Befehlshaber der Flotte, doch wie sehr er sich auch anstrengte, es gelang ihm nicht, Puerto Rico einzunehmen. Auch der Versuch, Panama mit siebenhundert Mann zu erobern, scheiterte kläglich. Die Niederlage war endgültig und niederschmetternd.

Kurz darauf brach unter der Mannschaft eine tödliche Epidemie aus und raffte die Männer dahin. Francis Drake erkrankte an Ruhr, als die Flotte Kurs nach Osten nahm.

»Bringt meine Rüstung und legt sie mir an«, befahl Drake, als er sein Ende nahen spürte. »Ich will wie ein Mann sterben!«

Francis Drake starb am 28. Januar 1596. In der Bucht von Puerto Bello wurde sein Leichnam in einem Bleisarg der See übergeben, während zwei erbeutete spanische Schiffe wie riesige Fackeln brannten und die Kanonen der englischen Flotte Salut für den toten Admiral schossen.

Der katastrophale Ausgang dieser Westindienexpedition vermochte jedoch nicht, die Legende vom wagemutigsten Freibeuter aller Zeiten zu trüben.

Sir Francis Drake, der Pirat der sieben Meere, ist bis heute unvergessen und zählt zu den wenigen Persönlichkeiten der Geschichte, die noch Jahrhunderte nach ihrem Tod nichts von ihrer Faszination verloren haben.

Liebe Leserinnen, liebe Leser,

seit vielen Jahren biete ich meinem Publikum an, mir zu schreiben, weil es mich interessiert, was meine Leserinnen und Leser von meinem Buch halten. Auch heute noch freue ich mich jedes Mal riesig über das Paket mit den Leserbriefen, die mir einmal im Monat nachgesandt werden. Dann machen meine Frau und ich uns einen gemütlichen Tee-Nachmittag und lesen beide jeden einzelnen Brief. Und daran wird sich auch in Zukunft nichts ändern.

In den letzten Jahren erreichen mich jedoch so viele Briefe, dass sich in meine große Freude über diese vielen interessanten Zuschriften ein bitterer Wermutstropfen mischt. Denn auch beim besten Willen komme ich nun nicht mehr dazu, diese Briefflut individuell zu beantworten; ich käme sonst nicht mehr zum Recherchieren und Schreiben meiner Romane. Und jemanden dafür einzustellen, übersteigt meine finanziellen Möglichkeiten.

Was ich jedoch noch immer tun kann, ist, als Antwort eine Autogrammkarte zurückzuschicken, die ich persönlich signieren werde und die neben meinem Lebenslauf im anhängenden farbigen Faltblatt Informationen über einige meiner im Buchhandel erhältlichen Bücher enthält.

Wer mir immer noch schreiben und eine von mir signierte Autogrammkarte mit Info-Faltblatt haben möchte, der soll bitte nicht vergessen, das Rückporto beizulegen. (Bitte nur die Briefmarken schicken und diese nicht auf einen Rückumschlag kleben!) Wichtig: Namen und Adresse in Druckbuchstaben angeben. Gelegentlich kann ich auf Zuschriften nicht antworten, weil die Adresse fehlt oder die Schrift nicht zu entziffern ist, was übrigens auch bei Erwachsenen vorkommt!

Da ich viel auf Recherche- und Lesereisen unterwegs bin,

kann es manchmal Monate dauern, bis ich die Karte mit dem Faltblatt schicken kann. Ich bitte daher um Geduld.

> Meine Adresse:
> Rainer M. Schröder
> Postfach 1505
> D-51679 Wipperfürth

Wer Material für ein Referat braucht oder aus privatem Interesse im Internet mehr über mein abenteuerliches Leben, meine Bücher (mit Umschlagbildern und Inhaltsangaben), meine Ansichten, Lesereisen, Neuerscheinungen, aktuellen Projekte, Reden und Presseberichte erfahren oder im Fotoalbum blättern möchte, der möge sich auf meiner Homepage umsehen.
  Die Adresse: **http://www.rainermschroeder.com**

Herzlichst Ihr/euer

Rainer M. Schröder

Rainer M. Schröder
Die Falken-Saga

Europa um 1830: Es ist die Zeit der Geheimbünde, Erfindungen und Entdeckungsreisen. Noch ahnt der 16-jährige Tobias Heller nicht, in welches Abenteuer ihn der Besitz eines ägyptischen Ebenholzstockes stürzt. Der Stock mit dem Falkenknauf birgt ein Geheimnis, von dem der zwielichtige Graf von Zeppenfeld nur zu gut weiß. Eine halsbrecherische Flucht durch ganz Europa beginnt – und die Jagd nach dem Schatz der Pharaonen.

Band 1   cbt 30033
Im Zeichen des Falken

Band 2   cbt 30034
Auf der Spur des Falken

Band 3   cbt 30035
Im Banne des Falken

Band 4   cbt 30036
Im Tal des Falken

www.bertelsmann-jugendbuch.de